装备系统工程习题集

史宪铭　赵　美　主编

西北工业大学出版社

西　安

【内容简介】 《装备系统工程习题集》与史宪铭等编写的《装备系统工程》教材配套使用。本书按照《装备系统工程》教材章节结构,包括装备系统工程概述、系统方法论、系统分析、系统预测、系统优化、系统决策、网络计划技术等 7 章内容,每章包括学习要点、习题、习题答案三部分内容。本书习题以编者多年教学经验积累编写而成,同时参考了研究生入学考试和国内外相关教材习题,内容丰富,更具启发性。

本书可作为学习装备系统工程基本理论和方法的重要辅助教材,也可作为教师备课、学生自学,以及研究生入学考试的参考资料。

图书在版编目(CIP)数据

装备系统工程习题集 / 史宪铭,赵美主编. -- 西安:西北工业大学出版社,2024.4. -- ISBN 978-7-5612-9278-5

Ⅰ. E145-44

中国国家版本馆 CIP 数据核字第 20242G847E 号

ZHUANGBEI XITONG GONGCHENG XITIJI
装 备 系 统 工 程 习 题 集
史宪铭　赵美　主编

责任编辑:陈　瑶		策划编辑:张　炜	
责任校对:万灵芝		装帧设计:高永斌　董晓伟	

出版发行:西北工业大学出版社
通信地址:西安市友谊西路 127 号　邮编:710072
电　　话:(029)88493844,88491757
网　　址:www.nwpup.com
印 刷 者:西安五星印刷有限公司
开　　本:787 mm×1 092 mm　　1/16
印　　张:11.75
字　　数:279 千字
版　　次:2024 年 4 月第 1 版　　2024 年 4 月第 1 次印刷
书　　号:ISBN 978-7-5612-9278-5
定　　价:68.00 元

《装备系统工程习题集》编写组

主　　编：史宪铭　赵　美

副主编：王亚彬　程中华　夏　伟

编　　者：宋　浩　高丽丽　刘　彬　马维宁　郝　冰

　　　　　贾红丽　冰　冰　荣丽卿　张会纤　岳　帅

　　　　　李　震　赵　乾　李世齐　曾春花

前　言

　　习题是消化领会教材内容和巩固所学知识的重要环节,是学习掌握装备系统工程基本理论和方法不可或缺的手段。本习题集除可用作"装备系统工程"课程的辅助教材外,还可用作研究生入学考试的参考教材。

　　本习题集参照了国内外同类教辅材料的编写形式,考虑到习题的易学易用性,共设置填空、选择、判断、名词解释、简答、计算题等6种题型。读者可以根据自己的需求选择相应类型的题目进行练习。本书习题编写除注意加强基本理论和方法的基础训练外,还侧重培养学生应用系统工程的理论、方法与技术解决实际问题的能力,启发兴趣,提高创新思维能力,使读者能够在装备系统工程的学习过程中逐步养成利用系统思维来思考问题的习惯,以及采用系统工程的理论和方法解决问题的能力。

　　在编写本书的过程中参考了相关文献资料,在此对其作者深表谢意。

　　由于水平有限,书中难免有疏漏和不足之处,恳请广大读者提出宝贵意见,以便日后做出修订,使本习题集更加完善。

编　者

2023 年 10 月

目　录

第一章　装备系统工程概述

第一节　学习要点

一、系统概述

（一）系统的定义

系统是由相互作用和相互依赖的若干组成部分结合成的具有特定功能的有机整体，而且这个"系统"本身又是它所从属的一个更大系统的组成部分。

（二）系统的属性

系统的属性有很多，常见的属性包括整体性、相关性、层次性、涌现性、目的性与环境适应性。

整体性是系统最基本、最核心的属性，也称为系统的总体性、全局性。整体性是指系统中具有独立功能的要素围绕系统的整体目标相互联系、相互作用，从逻辑上统一和协调为系统的整体行为。系统整体功能不等于各个要素的功能之和，而是具有不同于各组成要素的新功能。在一个系统整体中，即使每个要素都不是最优，但通过协调、综合可以成为具有良好功能的整体系统；反之，即使每个要素都达到了最优，但组成整体的各要素无法协调运行，也就不能构成功能良好的整体系统。

相关性是指系统内部的要素与要素之间、要素与系统之间、系统与其环境之间，存在着这样那样的联系。不同的相关性，使系统（包括子系统）具有不同的功能，也使每一子系统具有表征此系统整体功能的特性。

层次性是指每一个系统都是由子系统组成的，而它本身又是更大系统的一部分（子系统）。系统的层次性可以从许多角度分析。层次性包括空间层次性和时间层次性：空间层次性反映系统范围（组元集合）的包含关系，它为人类认识事物逐步深入提供了一条基本途径——或者由整体到部分不断具体化，或者由部分到整体逐步一般化；时间层次性是由于系统演变具有阶段性，不同发展阶段的系统具有一些质的不同，了解系统发展的时间层次性也就是认识系统的发展变化规律,这对人工系统的开发、设计或运行管理及改造都有重要意义。

涌现性包括系统整体的涌现性和系统层次间的涌现性。系统的各个部分组成一个整体之后,就会产生整体具有而各个部分原来没有的某些东西(性质、功能、要素)。系统的层次之间也具有涌现性,即当低层次上升为高层次时,一些新的性质、功能、要素就会涌现出来。

目的性是指系统整体的特定功能,它提供了设计、建造或改造系统的目标与依据,反映了系统整体行为的方向性。系统工程所研究的对象系统都具有特定的目的。研究一个系统,首先必须明确它作为一个整体或总体所体现的目的与功能。人们正是为了实现一定的目的,才组建或改造某一个系统的。

环境适应性是指系统要获得生存与发展,必须适应外界环境的变化。任何系统都存在于一定的环境之中,在系统与环境之间具有物质的、能量的和信息的交换。环境的变化必定对系统及其要素产生影响,从而引起系统及其要素的变化。环境适应性要求我们研究系统的时候必须放宽眼界,不但要看到系统本身,还要看到系统的环境或背景。

(三)系统的分类

按自然属性分,系统可分为自然系统和人工系统。

按物质属性分,系统可分为实体系统和概念系统。

按与环境的关系分,系统可分为封闭系统和开放系统。

按运动属性分,系统可分为静态系统与动态系统。

按反馈属性分,系统可分为开环系统与闭环系统。系统的输出反过来影响系统的输入的现象,称为"反馈"。增强原有输入作用的反馈称为"正反馈",削弱原输入作用的反馈称为"负反馈"。负反馈使得系统行为收敛,正反馈使得系统行为发散。通常讲的"良性循环"与"恶性循环"都是正反馈作用的表现。一般来说,反馈是指负反馈。没有反馈的系统称为开环系统,有反馈的系统称为闭环系统。

按照综合复杂程度,系统可分为三类九等。第一类为物理系统,包括框架、钟表、控制机械三等;第二类为生物系统,包括细胞、植物、动物三等;第三类为人类社会及宇宙,包括人类、社会、宇宙三等。

钱学森院士提出如下的系统分类:①按照系统规模分为小系统、大系统、巨系统;②按照系统结构的复杂程度分为简单系统和复杂系统。把两个标准结合起来进行分类,形成一种新的完备分类,即将系统分为简单系统和复杂系统。简单系统包括小系统、大系统、巨系统;复杂系统可分为大系统和巨系统,其中巨系统又分为一般复杂巨系统和特殊复杂巨系统(社会系统)。提出此分类后,钱学森院士倡导研究开放的复杂巨系统。

(四)系统的要素

系统含有五个基本要素:功能、组元或组成、结构、运行与环境。

(1)功能,是指将一定的输入(外界对系统的作用)转换为一定的输出(系统对外界的作用)的能力,且这种输入不等于输出。

(2)组元或组成,是指相对独立、具有特定功能的部件或要素。系统的组元依运动的特性一般可以分为三类:固定组元、运转组元和流动组元。人是系统中最活跃的组元。固定组元对运转组元和流动组元起着支持和运动约束的作用;运转组元对流动组元起着加工变换和输送的作用;流动组元则是系统从外界输入,在内部进行加工变换,最后输送出去,从而使系统呈现特定功能的组元。在一切系统中,其组元最终总可以分解为物质、能量和信息三种基本组元,系统的功能也正是对这三种基本组元进行变换或输送的能力。系统之内存在着较为紧密而稳固的组元团体,称为子系统。

(3)结构,是指系统内子系统的划分及子系统功能的分配。无生命的物理系统,含各种人造机器与设备,结构完全决定了子系统间的联系,决定了流动组元的流动,从而在组成固定情况下完全决定了系统的功能。

(4)运行,是在结构的基础上决定了运转组元的实际运动,从而决定了流动组元的实际变换与流通的机制。在有人作为组元的事理系统中,由于具有能动性的组元存在,结构并不能将流动组元的实际流通唯一确定,依托于一定结构上的运行最终决定了系统的实际功能。

(5)环境,是客观存在的与系统有着较密切联系的外界。

组元之间的有序联系形成事物的结构和事物变化的实际运行过程,事物与外界的有序联系形成事物的环境和功能,组成、结构、运行、环境与功能的统一,就是科学的系统概念。

(五)系统功能原理

组元、结构、运行与环境对功能的影响,以及它们之间相互联系、相互作用的规律,称为系统功能原理,它们之间的关系见表1-1。

表 1-1 系统概念五要素之间的关系

	功 能	组 元	结 构	运 行	环 境
组元	组元不同,功能相异。如 $X_1 \neq X_2$,则 $F(X_1) \neq F(X_2)$	能动组元有自我改造能力	组元的功能基本上决定了其在结构中的地位	组元特性影响其在结构制约条件下的自主行为	—
结构	(1)组元相同,结构不同,功能相异。若$C_1(X) \neq C_2(X)$,则 $F[C_1(X)] \neq F[C_2(X)]$。 (2)整体性原理:整体不等于部分之和。如 $C(X) = [X_1, X_2, \cdots, X_p]$,有 $F[C(X)] \neq F(X_1) + \cdots + F(X_p)$	促使组元向胜任其在结构中作用的方向转变	—	结构为运行提供约束,运行一般在结构基础上发挥作用。系统结构上的弊端不可能从运行中得到根本的、持久的、完全的补偿	组元、结构、运行通过系统功能影响环境
运行	组元相同、结构相同,运行不同,功能相异。若$O_1[C(X)] \neq O_2[C(X)]$,则 $F\{O_1[C(X)]\} \neq F\{O_2[C(X)]\}$	运行可以改造组元(自组织)	运行优化可以在一定程度上弥补结构上的缺陷	改善自身的运行(自学习)	—

续 表

	功 能	组 元	结 构	运 行	环 境
环境	(1)环境影响系统的现时功能。若 $E_1 \neq E_2$，则 $F\{O[C(X)],E_1\} \neq F\{O[C(X)],E_2\}$。 (2)环境影响系统功能发展	(1)决定系统可能的输入输出(流动组元); (2)影响系统固定组元与运转组元的补充、更新、改造	(1)系统结构要适应环境; (2)环境提供系统结构改进的目标模型(原型)	(1)环境信息是主体决策的必要基础; (2)提供系统运行改进的目标模型(原型)	—
功能	富有生命力的系统,都有通过优化组元、结构(自组织)、运行(自学习)并主动改造环境,使自身功能不断完善与发展的功能(自组织机制)				

二、系统工程概述

系统工程(System Engineering,SE)是关于组织管理的技术学科。

(一)系统思想

机械决定论认为,所有的现象均可以由最初的简单原因解释,原因决定结果,因果关系唯一确定。还原论认为任何事物均可以分解为独立的基本部分,事物的整体性质或行为是其组成部分性质或行为的加和。

要认识事物特别是复杂事物,仅从组成分析着手认识整体的性质是不够的,还要从这些成分相互关联的特性(它们之间的关系)认识整体的性质,更要将认识的对象视为环境大系统的一部分,从它与环境中其他系统的关联,从它在大系统中所处地位、担负的角色来分析、来认识,这就是现代的系统思想。系统思想并不排斥还原论的思想与分析的方法,而是包容之,同时又增添了新的认识问题的角度和方法,从而对事物可以做出更完整、更深入的洞察。

(二)系统工程的概念

系统工程是关于组织管理的技术学科。它萌芽于 20 世纪 40 年代,50 年代开始越出孕育它的纯工程技术范围进入社会领域,60 年代初步形成了一门独立的学科。

"用系统的观点研究问题","用现代工程方法处理广泛的系统问题",这两种考虑的有机结合就是"系统工程"的基本含义。

系统工程是基于对客观事物运动规律的认识,在系统思想等基本原则的指导下,综合运用现代化的方法、技术工具,最优地或合理地解决问题的方法论。

系统工程的基本内容包含相互关联的三个部分:思想体系、步骤体系和方法体系。思想体系是指立足于系统概念、系统理论的一系列处理问题的指导原则或基本观念;步骤体系是基于上述思想体系制定的处理问题的步骤与逻辑程序;方法体系是系统工程的步骤展开的过程中将系统工程的基本原则具体化的各种方法。

三、系统工程基础理论

(一)一般系统论

一般系统论来源于 1968 年贝塔朗菲的专著《一般系统论——基础、发展和应用》,以及其 1972 年发表的《一般系统论的历史和现状》。贝塔朗菲认为,一般系统论包括三个主要方面的研究领域:数学系统、系统技术(系统工程)和系统哲学。

一般系统论主要包括以下四项基本内容。

(1)系统思想。系统思想是一般系统论的认识基础,是对系统的本质属性(包括整体性、关联性、层次性、统一性)的根本认识。系统思想的核心问题是如何根据系统的本质属性使系统最优化。

(2)系统同构。系统同构是一般系统论的重要理论依据和方法论的基础。数学同构是指不同系统的数学模型之间存在着同构,而复杂系统往往不能用数学形式进行定量的研究,需要将数学同构的概念拓宽为系统同构,并把具有相同的输入和输出且对外部激励具有相同的响应的系统称为同构系统。不同的学科领域之间和不同的现实系统之间存在着系统同构的事实,是各学科进行横向综合和建立一般系统论的客观基础。

(3)开放系统。开放系统是一般系统论中最重要的基本概念。开放系统的特点是系统与外界环境之间有物质、能量或信息的交换,几乎一切系统都是开放系统。

(4)系统哲学。一般系统论是研究一切系统的共同规律的学科,主要研究系统本体论和系统认识论等问题。

(二)信息论

信息是事物(系统)存在方式、运动状态和规律的表征。

信息的特征包括信息的无限扩散性和可共享性、信息加工处理的非损耗性和可利用的无限性、信息的不守恒性和扩延增值性。

消息的信息量。一个消息提供的信息量被定义为该消息所示事件发生概率的倒数的对数,为了方便,对数底数常取为 2,这时信息量的单位为比特(bit),即 $H \triangleq \log_2 \frac{1}{\rho} = -\log_2 \rho$。

信源的平均信息量。如果一个信源可以提供 n 种消息,每种消息出现的概率分别为 $P_1, P_2, \cdots, P_n$,则该信源提供一条消息的平均信息量为 $H = -\sum_{i=1}^{n} P_i \log_2 P_i$。当信源提供的各种消息以等概率出现时,信源的平均信息量最大,为 $H_m = \log_2 n$。

信息和系统的组织化程度之间的关系,称为信息原理。信息原理包括以下 6 条。

(1)为了解系统的组织化状态需要获取的信息量等于系统的熵。

(2)系统拥有的关于组织化的信息量与系统的熵之和为常量,恒等于系统的最大熵。

(3)为提高系统组织化程度输入的信息量等于系统熵的减少或系统拥有信息量的增加。

(4)系统组织化的程度(有序度)与其拥有的信息量成正比,与最大熵成反比。

(5)在系统的最大熵不变情况下,系统有序度的改变量与其输入的信息量成正比。

(6)如果系统的最大熵改变,保持系统的有序度不降低的充分必要条件是,系统拥有的关于自身组织化的信息量的增长率应大于其最大熵的增长率。

信息原理不仅丰富和深化了系统功能原理,还给出了信息与系统发展之间的联系,为系统发展原理的进一步深化奠定了基础。

(三)控制论

控制,是施控者为了使被控对象按照其所希望的方式运行所选择的加于对象系统的主动作用。

控制的实现一般需要四个顺序相继、不断循环的环节,即控制过程:信息获取环节、认识环节、决策环节、实践环节。

控制的选择特性。没有选择就没有控制。

控制的信息特性。控制的信息过程支配控制的物理过程,没有信息就无法控制。

反馈,是指在控制系统运行中,控制者获取有关前面控制效果的信息并作为下一步施控的依据的过程。反馈包括负反馈和正反馈。负反馈的作用是消除干扰,使系统保持稳定运行状态。正反馈的作用是"火上浇油",加强系统正在发生的变化,从而使系统状态偏离原来的目标值越来越远。

控制原理。事理系统的控制原理,是关于控制作用对事理系统发展变化影响规律的结论,即控制过程实质上是高度有序的控制者向有序度较低的被控对象输入信息,使其有序度提高从而得到同化(或改造)的过程。

(四)耗散结构理论

耗散结构理论是普利高津于 1969 年提出的。耗散结构理论认为,任何一个系统的熵变化 dS 可由两部分组成:$dS = d_iS + d_eS$。前一项是系统内部自发产生的熵,根据热力学第二定律,除非系统处于平衡态,否则 d_iS 总是大于零。后一项是系统与外界环境交换物质和/或能量而引起的熵变化,其正负与大小随系统与环境的关系不同而异,可大致分为三种情况:

(1)$d_eS > 0$,这时必有 $dS > 0$。系统与外界进行物质、能量的交换加快了系统的熵增加,系统将变得更加无序。

(2)$d_eS < 0$,而 d_eS 的绝对值小于 d_iS,这时仍有 $dS > 0$。如果系统处于近平衡态,即使系统局部产生一点有序结构,也抵抗不住内部自发产生的熵的破坏,系统仍会趋向于平衡态,不可能出现新的有序结构。

(3)$d_eS \ll 0$,且 d_eS 的绝对值大于 d_iS,有 $dS < 0$。这时系统能够通过与环境进行物质、能量的交换吸收负熵,系统的总熵不断减少,有序度增加,或产生新的有序结构。

一个远离平衡态的开放系统,在外界条件变化达到某一特定阈值时,系统通过与环境不断交换物质和/或能量,能够形成新的稳定有序的结构,实现从无序向有序,或由一种有序状态向另一种更为有序的状态的转变。这种稳定结构称为耗散结构。

耗散结构是一种动态,即"活"的稳定结构,随时都与外界进行物质和/或能量的交换,以维持其有序状态。耗散结构的形成及其有序化发展需要下述四个条件:①系统必须是开放的,且系统与外界之间的物质和/或能量交换达到一定阈值;②系统必须远离平衡态;③系内不同部分之间存在着非线性相干作用；④系统状态会出现涨落。

（五）协同学

哈肯采用统计与动力学考查相结合的方法，在20世纪70年代建立了一门研究系统从无序到有序、从一种序状态向另一种序状态演变的自组织理论——协同学。

哈肯发现，处于非平衡态的系统在涨落存在时，系统状态总是受到两类变量的影响：快变参量和慢变参量。快变参量衰减得快，对系统从稳定到非稳定的过渡影响不大。

协同学的支配原理。在系统从稳定态向非稳定态过渡的过程中，慢变参量支配着快变参量。一般情况下序参量只有很少几个，甚至只有一个，这就把多自由度问题简化为少数几个自由度的问题。

（六）超循环理论

超循环理论是艾根20世纪70年代建立起来的。主要从生物大分子的形成及进化机制揭示系统从低级结构——功能形态向高级结构——功能形态进化的原理。在完成催化作用中的循环称为反应循环。如果一种物质能够促进与自身相同的物质形成，那么称该物质具有自催化功能。自催化功能实际是物质的自我复制能力。

若几种物质不仅有自催化功能，而且在其他物质的生成中依次有催化作用，则称它们形成超循环。超循环是组织的新层次，可以很好地说明生命起源和发展的化学阶段与生物学进化阶段。超循环组织能持续地将一定的输入转变为输出而自身不变，呈现出代谢功能。自复制使系统的结构信息得以从一代传到下一代，这便是遗传；自复制中的局部错误产生遗传的变异。

（七）突变理论

事物的特征一般是它的稳定状态表现出来的性质。事物的质变对应它从一个稳定状态向另一个稳定状态的转变，这种变化可能连续发生，称为渐变，亦可能突然出现，称为突变。

系统状态的变化必然受到一个或几个参量的影响。当参量在某一范围内不只对应系统的一个状态时，则系统在该区域（称为多值区或多态共存区）处于不稳定状态。因为参量稍作变化，或稍有扰动，系统就可能从一个状态跃迁到另一个状态，发生突变。突变理论用数学方法描述系统状态的变化，给出系统处于稳定状态的参量区域和不稳定状态的参量区域（称为分支集）。

突变理论向人们揭示，事物的质变是以渐变还是以突变形式发生，不在于变化速度的大小，而在于经过的中间状态是否稳定。如中间状态是稳定的，则质变形式为渐变；若中间状态不稳定，则质变形式为突变。

突变理论还揭示，一种系统的质变是通过渐变还是通过突变，取决于影响状态变化的参量数值及其演变。突变理论揭示的系统质变规律，为事理系统的控制，特别是控制其变革提供了科学的思路。

（八）混沌与复杂性理论

复杂性定义：复杂性是指系统由于内在元素非线性交互作用而产生的行为无序性的外在表象。与复杂性有关的概念包括随机性、模糊性、混沌边缘、突现、简单性和复杂性等等。

系统复杂性的表现形式包括非线性(不可叠加性)与动态性、非周期性与开放性、积累效应(初值敏感性)、奇怪吸引性、结构自相似性(分形性)等等。

第二节 习 题

一、填空题

1.按照现代系统研究开创者贝塔朗菲的定义,系统是相互作用的诸元素的_____。

2.我国钱学森院士给出的系统定义是系统是由相互作用和相互依赖的若干组成部分_____的具有特定功能的有机整体。

3.所谓功能(Function),是指将一定的_____转换为一定的_____的能力,且这种输入不等于输出。

4.组成,是指_____的集合。

5.系统的组元依运动的特性一般可以分为三类:_____、_____、_____。

6.某些组元之间往往存在着较为紧密而稳固的联系,在与其他组元相互作用时呈现出一定的整体特性体现的是系统的_____。

7.将系统之内存在着较为紧密而稳固的组元团体称为_____。

8.所谓_____,是指系统内子系统的划分及子系统功能的分配,自然包含子系统间的联系。

9.系统的功能是通过与外界进行物质、能量和信息的不等价_____体现的。

10.我们将这种在结构的基础上决定了运转组元的实际运动,从而决定了流动组元的实际变换与流通的机制称为_____。

11.依托于一定结构上的_____最终决定了系统的实际功能。

12.客观存在的与系统有着较密切联系的外界就是系统的_____。

13.按照系统的起源,_____是由自然过程产生的系统。

14._____是人们将有关元素按其属性和相互关系组合而成的系统。

15.凡是以矿物、生物、机械和人群等实体(具有物理属性的存在物)为构成要素的系统称之为_____。

16.凡是由概念、原理、原则、方法、制度、程序等概念性的非物质实体所构成的系统称为_____。

17._____是有人参加的,且人通过主观能动性的发挥可以影响其运行与变化的系统。

18._____是事理系统中的主动者,称为系统的主体。

19._____就是系统的状态变量随时间变化的系统,即系统的状态变量是时间的函数。

20._____是表征系统运行规律的数学模型中不含有时间因素,即模型中的变量不随时间变化的系统,它是动态系统的一种极限状态,即处于稳定的系统。

21._____是指系统与环境之间具有物质、能量与信息的交换的系统。

22.系统按复杂程度可分为简单系统、简单巨系统、_____。

23.系统的层次性可以从许多角度分析,包括_____层次性和_____层次性。

24.根据系统的定义,系统内部各子系统之间存在着有机联系,这种联系即是_____。

25._____是系统的基本属性,它是客观世界的存在形态与运动有规律的最主要表现形式之一。

26.坚持系统思维方式的_____,首先必须把研究对象作为系统来认识,即始终把研究对象放在系统之中加以考察和把握。

27.系统思维方式把_____作为出发点和归宿,通过对系统要素的分析,再回到系统综合的出发点。

28.系统结构是与系统功能紧密相连的,结构是系统功能的_____表征,功能是系统结构的_____表现。

29.要素是功能的_____,而结构是从要素到功能的必经的_____。

30.系统思维方式是一种开放型的_____思维。

31.客观事实都是_____和_____的统一。

32._____,就是指主体在认识客体时要注意纵向层次和横向要素的有机耦合,时间和空间的辩证统一,在思维中把握研究对象的立体层次、立体结构和总体功能。

33.横向思维属于_____,在具体的思维过程中,思维指向是有限的。

34.系统的稳定是_____,任何系统都有自己的生成、发展和灭亡的过程。

35.系统思维方式的动态性正是系统动态性的_____。

36.系统的_____和_____是衡量系统结构是否稳定的标志。

37.任何系统整体都是这些或那些要素为特定目的而构成的_____。

38.狭义地讲,系统科学是指一门科学,它包括_____和_____两个部分。

39.系统科学的知识体系根据其理论概括程度的高低,可以划分为三个层次:系统的基础理论、系统的技术基础、_____技术。

40.系统方法在唯物辩证法的指导下,运用_____,为研究和设计各种系统客体提出基本的原则,引导人们有效地解决各种现实问题。

41.系统是由_____和_____的若干组成部分结合的具有特定功能的(整体)。

42.钱学森主张将一般系统论、耗散结构、协同学等广泛学科成就进行全面总结,建立系统科学的基础理论,叫作_____。

43.霍尔的系统工程三维结构由_____、_____、_____组成。

二、选择题

1.球员个人的素质状况影响着整个球队的成绩,这是由于(　　　)。

A.组元对功能的影响　　　　　　　　B.结构对功能的影响

C.运行对功能的影响　　　　　　　　D.环境对功能的影响

2.所谓系统问题,最主要的表现为(　　　)。

A.系统功能对环境的现时适应性和未来适应性

B.系统功能对环境的现时适应性

C.系统功能对环境的未来适应性

D.系统功能对环境的影响

3.系统工程是( )的技术学科。

A.解决问题   B.决策

C.运筹   D.组织管理

4."三个臭皮匠,赛过诸葛亮"反映了系统的何种属性?( )

A.相关性   B.整体性

C.层次性   D.目的性

5.系统的各个部分组成一个整体之后,就会产生整体具有而各个部分及其总和不具有的特性,这个特性指的是系统( )。

A.整体性   B.相关性

C.涌现性   D.层次性

6.摆明问题阶段的指导思想是( )。

A.系统思想   B.最优化原则

C.整体性原理   D.信息原理

7."组元的性质或行为的加和就是整体的性质或行为",属于哪种认识观点?( )

A.唯物论   B.机械决定论

C.辩证法   D.还原论

8.系统工程的基本内容不包括( )。

A.思想体系   B.步骤体系

C.方法体系   D.概念体系

9.以下科学家没给系统下过科学定义的是( )。

A.贝塔朗菲   B.艾科夫

C.钱三强   D.钱学森

10.系统的五个基本要素是( )。

A.功能、构成、结构、行动、环境   B.功效、组成、结构、行动、环境

C.功能、组成、结构、运行、环境   D.功效、构成、结构、运行、环境

11.( )是指将一定的输入(外界对系统的作用)转换为一定的输出(系统对外界的作用)的能力,且这种输入不等于输出。

A.功能   B.组成

C.运行   D.功效

12.一个系统,人们之所以能够认识到它的存在,就是由于它具有( )。

A.功能   B.组成

C.运行   D.功效

13.系统的组元依运动的特性一般可以分为三类,下列哪一项不是?(　　)

　　A.固定组元　　　　　　　　　　　B.运转组元

　　C.流通组元　　　　　　　　　　　D.流动组元

14.某些组元之间往往存在着较为紧密而稳固的联系,在与其他组元相互作用时呈现出一定的整体特性,即(　　)。

　　A.紧密性　　　　　　　　　　　　B.相关性

　　C.联系性　　　　　　　　　　　　D.系统性

15.将系统之内存在着较为紧密而稳固的组元团体称为(　　)。

　　A.小组元　　　　　　　　　　　　B.子系统

　　C.紧密系统　　　　　　　　　　　D.紧密组元

16.固定组元、运转组元的空间分布和连接,各种流动组元流动方向的规定,亦即子系统构成及子系统间流通成分的质和流动方向的规定,形成了子系统在空间上的有序性,这就是(　　)。

　　A.系统结构　　　　　　　　　　　B.系统顺序

　　C.系统空间　　　　　　　　　　　D.系统秩序

17.我们将这种在结构的基础上决定了运转组元的实际运动,从而决定了流动组元的实际变换与流通的机制称为(　　)。

　　A.运转　　　　　　　　　　　　　B.流动

　　C.运行　　　　　　　　　　　　　D.流转

18.在自然界和人类社会中普遍存在着各种不同性质的系统,下列哪一项不是系统分类?(　　)

　　A.自然系统与人造系统　　　　　　B.实体系统与概念系统

　　C.事理系统、物理系统和生物系统　　D.有用系统与无用系统

19.凡是以矿物、生物、机械和人群等_____为构成要素的系统称之为_____系统。(　　)

　　A.实体、实体　　　　　　　　　　B.物质、物质

　　C.实物、实物　　　　　　　　　　D.自然物、自然物

20.(　　)是指系统与环境之间具有物质、能量与信息的交换的系统。

　　A.生态系统　　　　　　　　　　　B.商业系统

　　C.工厂生产系统　　　　　　　　　D.开放系统

21.根据系统观和系统的定义,一切系统都具有下述四个彼此密切关联的属性,下列哪一项不是系统属性?(　　)

　　A.层次性　　　　　　　　　　　　B.关联性

　　C.相似性　　　　　　　　　　　　D.相关性

22.所谓(　　),是指每一个系统都是由子系统组成的,而它本身又是更大系统的一部分。

A. 层次性   B. 相关性

C. 相似性   D. 动态性

23. 下列哪一项不是 20 世纪 40 年代创立的理论？（   ）

A. 一般系统论   B. 控制论

C. 信息论   D. 统计学

24. 系统思维的特点包括（   ）。

A. 整体性、结构性、立体性、动态性、综合性

B. 整体性、结构性、立体性、静态性、分散性

C. 局部性、模块性、立体性、动态性、综合性

D. 局部性、模块性、多维性、静态性、分散性

25. 系统的要素和结构对功能的作用都是非常重要的。要素是功能的_____，而结构是从要素到功能必经的_____。（   ）

A. 基础、过程   B. 基础、中间环节

C. 原因、过程   D. 原因、中间环节

26. 立体思维是开放思维。因为，主体思维的纵向方面与时间的（   ）相符合，与事物的纵向发展相一致，因而在纵向方面是开放的。

A. 一维性   B. 二维性

C. 三维性   D. 多维性

27. "系统综合程序"是（   ），相互之间存在着反馈，是双向思维。

A. 稳态—动态—稳态   B. 动态—稳态—动态

C. 综合—分析—综合   D. 分析—综合—分析

28. 系统科学是以自然和社会领域的复杂系统为对象，运用综合、整体、集成的方法，特别强调（   ）的结合，对复杂系统状态进行描述，对系统演化过程进行分析，用以解决复杂系统如何建设、管理和控制问题的科学。

A. 实例分析与科学计算   B. 实例分析与定量计算

C. 定性分析与定量计算   D. 定性分析与科学计算

29. 狭义地讲，系统科学是指一门科学，它包括（   ）两个部分。

A. 理论基础和实践应用   B. 理论基础和科学应用

C. 科学基础和实践应用   D. 科学基础和科学应用

30. 系统科学的知识体系根据其理论概括程度的高低，可以划分为三个层次，这三个层次依次是（   ）。

A. 系统的技术基础、系统的基础理论、系统工程技术

B. 系统的基础理论、系统的技术基础、系统工程技术

C. 系统的工程技术、系统的技术基础、系统基础理论

D. 系统工程技术、系统的基础理论、系统的技术基础

31. 系统科学中的新三论指的是（   ）。

A.耗散结构理论、协同学、突变论

B.耗散结构理论、超循环、突变论

C.一般系统论、信息论、控制论

D.耗散结构理论、协同学、信息论

三、判断题

1.信息与系统的有序度成正比,要提高系统的有序度需要输入信息。　　　（　）

2.整体性是系统最重要的属性。　　　（　）

3.反馈分为正反馈和负反馈,通常所说的良性循环属于负反馈,恶性循环属于正反馈。

（　）

4.系统内部各子系统之间存在的有机联系即相关性。　　　（　）

5.如果系统的所有组成要素都是最优的,那么系统的整体功能也一定是最优的。（　）

6.一切控制系统都是通过负反馈来实现稳定、达到控制的目的。　　　（　）

7.组成可以把结构唯一确定。　　　（　）

8.结构的优化必然带来系统功能的提高。　　　（　）

9.由于要素不同,不可能具有相同的功能。　　　（　）

10.系统五个基本要素包含功能、组成、机构、运行与环境等。　　　（　）

11.系统的组元依运动的特性一般可以分为三类:固定组元、转动组元和流动组元。（　）

12.系统结构上的弊端不可能从运行中得到根本的、持久的、完全的补偿。　　（　）

13.组成和运行通过系统功能影响环境。　　　（　）

14.运行优化可以在一定程度上弥补结构上的缺陷。　　　（　）

15.一定结构上的运行最终决定了系统的实际功能。　　　（　）

16.我国钱学森院士给出的系统定义是:系统是由两个或两个以上的相互联系的任何种类的要素所构成的集合。　　　（　）

17.组成不同,功能相异。$X_1 \neq X_2$,则 $F[X_1]=F[X_2]$。　　　（　）

18.组成相同,结构不同,功能相异。若 $C_1(X) \neq C_2(X)$,则 $F[C_1(X)] \neq F[C_2(X)]$。（　）

19.人造系统是人们将有关元素按属性组合而成的系统。　　　（　）

20.事理系统是有人参加的,且人通过主观能动性的发挥可以影响其运行与变化的系统。　　　（　）

21.物理系统是有人作为主体的实体系统,自身不具有主动获取并加工处理信息的能力,因此不能对外界做出主动反应。　　　（　）

22.简单系统是指组成系统的子系统数量比较少,而且子系统之间的关系也比较简单的系统。　　　（　）

23.简单巨系统是指组成系统的子系统数量非常少、种类相对也比较少,但它们之间的关系较为简单的系统。　　　（　）

24.复杂巨系统是指组成系统的子系统数量很多,具有层次结构,它们之间的关系又极其复杂的系统。　　　（　）

25.封闭系统是指系统与环境之间有物质、能量和信息交换,由系统的界限将环境与系统隔开,因而呈一种封闭状态的系统。　　　　　　　　　　　　　　　（　　）

26.开放系统是指系统与环境之间的交换的系统。　　　　　　　　　　（　　）

27.动态系统就是系统的状态变量随时间变化的系统,即系统的状态变量是时间的函数。　　　　　　　　　　　　　　　　　　　　　　　　　　　　　（　　）

28.事理系统是不需要人参加的,通过主观能动性的发挥可以影响其运行与变化的系统。　　　　　　　　　　　　　　　　　　　　　　　　　　　　　（　　）

29.系统观和系统的定义,一切系统都具有的属性:层次性、相关性、动态性。（　　）

30.层次性是指每一个系统都是由子系统组成的,而它本身又是更大系统的一部分子系统。　　　　　　　　　　　　　　　　　　　　　　　　　　　　　（　　）

31.变异性是指系统的状态随着状态的推移发生变化。　　　　　　　　（　　）

32.稳定性使系统在变化的环境中保持自我,而变异性使系统改变自我。（　　）

33.与稳定性相对立的是动态性。　　　　　　　　　　　　　　　　　（　　）

34.系统的组元、结构、运行、环境以及功能诸要素都是可变的,而且时时刻刻都在发生着变化,并且这种变化具有确定性。　　　　　　　　　　　　　　　　（　　）

35.事物的性质一般是它的稳态表现的性质。　　　　　　　　　　　　（　　）

36.根据系统的定义,系统内部各子系统之间存在着有机联系,这种联系称为相关性。　　　　　　　　　　　　　　　　　　　　　　　　　　　　　　　（　　）

37.子系统 A 与 B 相关,B 与 C、D 相关,必然导致 A 亦与 C、D 相关。（　　）

38.没有稳定性就不能认识系统,而没有变异性系统就不能发展。　　　（　　）

39.系统科学家法拉第指出,系统思维比用分析方法把复杂事物简单化处理的牛顿观点高出一个等级,比一切由上帝安排或凭想象设想出来的关于复杂事物的古典世界高出了两个等级。　　　　　　　　　　　　　　　　　　　　　　　（　　）

40.系统思维的整体性由客观事物的整体性所决定,建立在整体与部分之辩证关系基础上,存在于系统思维运动的始终,也体现在系统思维的成果之中。　　　　　（　　）

41.系统中结构和功能的关系主要表现为系统的功能决定系统的结构。　（　　）

42.系统的稳定是相对的,任何系统都有自己的生成、发展和灭亡的过程。（　　）

43.系统的动态性可以作为事物运动规律来理解,它对于思维方法的作用是不可低估的。　　　　　　　　　　　　　　　　　　　　　　　　　　　　　（　　）

44.系统思维方式的综合,在考察对象时要从它纵横交错的各个方面的关系和联系出发,从整体上综合地把握对象。　　　　　　　　　　　　　　　　　　　（　　）

45.传统的"分析程序"是一种复杂思维。　　　　　　　　　　　　　（　　）

46."系统综合程序"反映的是一种单向思维。　　　　　　　　　　　（　　）

47.系统科学是以自然和社会领域的复杂系统为对象的科学。　　　　　（　　）

48.系统科学的三个层次:基础理论、系统的技术基础和系统工程技术。（　　）

49.机械决定论认为,所有的现象均可以由最初的简单原因解析,原因决定结果,因果关

系唯一确定。 （ ）

50.系统的技术科学这一层次是一个中介环节,它为系统理论运用于系统工程提供了重要的方法和手段,具有应用理论学科的性质。 （ ）

51.还原论认为任何事物均可以分解为独立的基本部分,事物的整体性质或行为是其组成部分性质或行为的加和。 （ ）

52.科学的系统概念的建立和定量化的系统方法的开发运用,使系统思维由哲学思维发展为科学。 （ ）

53.系统思维的建立会排斥还原论的思想与分析的方法。 （ ）

54.系统思维具有整体性、结构性、立体性、动态性、综合性。 （ ）

55.系统方法是合理地研究和处理有关系统的整体联系的一般科学方法论。 （ ）

56.系统思维方式的综合是从"部分相加等于整体"上升到"整体大于部分相加之和"的综合。 （ ）

57.系统工程技术指系统工程或系统分析。在国外,广义的系统分析与系统工程并无区别,含义几乎相同,两种专门名词交互使用。 （ ）

58.当今科学技术发展的特征和趋势之一,是直接走向宏观系统和复杂的综合。（ ）

59.系统的技术基础主要指运筹学、系统方法和计算科学技术。 （ ）

60.系统组元的集合,称为组成。 （ ）

61.运筹学包括数学规划、博弈论、排队论、库存论、决策理论、搜索论和网络技术。 （ ）

62.系统的五个基本要素包含功能、组成、结构、运行与环境。 （ ）

63.固定组元、运转组元和流动组元是系统的组元的特性。 （ ）

64.系统结构上的弊端能够从运行中得到根本的、持久的、完全的补偿。 （ ）

65.影响系统环境的功能是组成和运行。 （ ）

66.运行优化可以在一定程度上弥补运行上的缺陷。 （ ）

67.组成不同,功能相异。$X_1 \neq X_2$,则 $F[X_1] \neq F[X_2]$。 （ ）

68.组成相同,结构不同,功能相异。若 $C_1(X) \neq C_2(X)$,则 $F[C_1(X)] = F[C_2(X)]$。 （ ）

69.事理系统是有物参加的,且通过主观能动性的发挥可以影响其运行与变化的系统。

（ ）

70.状态系统就是系统的状态变量随时间变化的系统,即系统的状态变量是时间的函数。 （ ）

71.变异性是指每一个系统都是由子系统组成的,而它本身又是更大系统的一部分子系统。 （ ）

72.层次性是指系统的状态随着状态的推移发生变化。 （ ）

73.子系统 A 与 B 相关,B 与 C、D 相关,必然导致 A 与 C、D 不相关,B 亦与 C、D 相关。

（ ）

74.任何思维过程都包含着综合和系统的因素。 （ ）

75.系统科学的三个层次:基础理论、系统的工程基础和系统工程技术。 （ ）

76.科学的系统概念的建立和非定量化的系统方法的开发运用,使系统思维由哲学思维发展为科学。 （ ）

77.系统思维的建立吸引着还原论的思想与分析的方法。 （ ）

78.马克思、恩格斯说,世界是由无数相互联系、依赖、制约、作用的事物和过程形成的统一整体,表现出的普遍联系及其整体性思想,就是现代的系统概念,是系统理论的哲学基础。 （ ）

79."有机论"生物学认为,有机体可分解为各个部分,各个部分的功能完全决定了系统的功能和特性。 （ ）

80.系统工程与系统科学的区别是,前者是工程技术,后者是基础理论。 （ ）

81.系统工程是系统科学的基础理论。 （ ）

82.系统工程属于系统科学体系的技术科学层次。 （ ）

83.系统工程人员是工程项目的决策者。 （ ）

84.古代中国和希腊朴素的唯物主义自然观,是以抽象的思辨原则来代替自然现象的客观联系;形而上学自然观则把自然界看成彼此隔离、彼此孤立、彼此不相依赖的各个事物或各个现象的偶然堆积;辩证唯物主义自然观以实验材料(即19世纪自然科学成就)说明各个事物、现象是有机地相互联系、相互依赖、相互制约着的。 （ ）

85.人脑是一个典型的复杂巨系统。 （ ）

86.根据系统与外界环境的物质、能量和信息的交换情况,系统可分为开放系统、封闭系统两类。 （ ）

87.现实世界中没有完全意义上的封闭系统。 （ ）

88.系统建模时应该把研究问题的一切细节、一切因素都包罗进去。 （ ）

89.系统模型一般不是系统对象本身,而是现实系统的描述、模仿或抽象。 （ ）

90.目标-手段分析法、因果分析法、KJ法等是典型的定性系统分析方法。 （ ）

91.在系统解析结构模型中,总是假定所涉及的关系具有传递性。 （ ）

92.切克兰德的"调查学习"方法论的核心是寻求系统的最优化。 （ ）

93.切克兰德的"调查学习"模式主要适用于研究良结构的硬系统。 （ ）

94.管理系统是一种组织化的复杂系统。 （ ）

95.大型工程系统和管理系统是两类完全不同的大规模复杂系统。 （ ）

96.系统的结构主要是按照其功能要求所确定的。 （ ）

四、名词解释

1.系统工程

2.思想体系

3.步骤体系

4.方法体系

5.功能

6.运行

7. 环境

8. 系统功能原理

9. 信息

10. 主观信息

11. 控制

12. 负反馈

13. 正反馈

14. 系统

15. 自然系统

16. 人造系统

17. 实体系统

18. 概念系统

19. 一般信息论

20. 霍尔三维结构

五、简答题

1. 举例说明我国古代朴素的系统思想及其特点。

2. 简述系统工程解决问题的八项程序和三个阶段。

3. 简述系统的五个基本要素及其之间的关系。

4. 简述系统的定义及其基本属性。

5. 简述一般系统论的基本内容。

6. 简述系统熵、组织化和信息量之间的关系。

7. 简述耗散结构理论的主要观点。

8. 简述协同学的内容。

9. 简述支配原理的内容。

10. 简述突变理论的主要内容。

11. 简述目标确定原则。

12. 简述系统综合（方案拟订）的基本思路。

13. 如何理解控制的选择特性？

14. 简述控制过程的实质。

15. 什么是控制的信息特性？

16. 简述全过程管理思想的主要观点。

17. 简述系统的科学定义。

18. 简述系统的分类形式。

19. 简述系统思维的基本特点。

20. 简述系统科学的知识体系。

21. 简述系统的基本属性。

22. 简述功能的定义。

23. 简述系统组元的类型。

24. 简述结构的定义。

25. 系统综合程序是怎样描述的?

26. 简述复杂巨系统的定义。

27. 系统有哪些基本特征?

28. 一个系统的组成要素都是最优的,该系统的整体也会是最优的吗?请举例说明。

29. 什么叫系统工程?它有哪些基本原则?

30. 简述动态系统与静态系统的区别。

31. 简述系统工程的特点。

六、计算题

1. 信源的两种状态 X_0、X_1,各以 1/3、2/3 的概率出现,状态正确传递的概率都是 2/3,求信源的平均信息量 $H(x)$、疑义度 $H(x/y)$ 和收信端的平均信息量 H。

2. 某机器的故障率为 6%,其中机械方面的故障占 30%,电气方面的故障占 70%,分别计算"机器出了机械故障""机器出了电气故障"和"机器出了故障"三个消息的信息量。

3. 某机器的故障率为 8%,求这一消息所含的信息量。

4. 某人住在一幢五层,每层 20 个房间的楼里分别计算,"住三层或四层""住四层"两个消息所提供的信息。

5. 老王住在一幢五层,每层 20 个房间的楼里,分别计算"住 12 号房间"和"住四层 12 号房间"两个消息所提供的信息量。

6. 某装置正常工作温度是 5~40 ℃,在 5 ℃以下或 40 ℃以上必须停止使用。已知有 25% 的工作时间在 5 ℃以下,5% 的工作时间在 10 ℃以上,求下列各消息所含信息量。

(1)不能使用;

(2)能使用;

(3)因太热不能使用。

7. 某机器的故障率为 6%,其中机械方面的故障占 32%,电气方面的故障占 12%,材料方面的故障占 56%,求下述消息所含的信息量。

(1)机器出了故障;

(2)机器出了电气或材料故障;

(3)知道出了故障,询问原因,回答说"出了电气或材料故障"。

8. 一个教室有 3 排,每排坐 3 个人,现有 3 个人去占位,限定 3 人只能左右或前后成行,求实际熵、最大熵、有序度。

9. 已知轴承加工需要进行车床加工(车外圆、内圆、端面)、磨床加工(磨外圆、内圆、端面)、抛光加工(抛外圆、内圆),共 8 道工序,现有 3 个工人,而且每一工序只有 1 个人,规定 1 个人进行车床加工,另外两个分别进行磨床加工和抛光加工,求系统结构有序度。

第三节　习题答案

一、填空题

1.综合体　2.结合　3.输入;输出　4.系统组元　5.固定组元;运转组元;流动组元

6.系统性　7.子系统　8.结构　9.交换　10.运行　11.运行　12.环境　13.自然系统

14.人造系统　15.实体系统　16.概念系统　17.事理系统　18.人　19.动态系统

20.静态系统　21.开放系统　22.复杂巨系统　23.空间;时间　24.相关性

25.相似性　26.整体性　27.整体　28.内部;外部　29.基础;中间环节　30.立体

31.纵向;横向　32.立体思维　33.多向思维　34.相对的　35.反映　36.有序;无序

37.综合体　38.理论基础;实践应用　39.系统工程　40.系统理论

41.相互作用;相互依赖　42.系统学　43.时间维;逻辑维;知识维

二、选择题

1.A　2.A　3.D　4.B　5.C　6.A　7.D　8.D　9.C　10.C　11.A　12.A　13.C

14.D　15.B　16.A　17.C　18.D　19.A　20.D　21.B　22.A　23.D　24.A

25.B　26.A　27.C　28.C　29.A　30.B　31.A

三、判断题

1.√　2.√　3.×　4.√　5.×　6.√　7.×　8.×　9.×　10.×　11.×　12.√

13.×　14.√　15.√　16.×　17.×　18.√　19.×　20.√　21.×　22.√

23.×　24.√　25.×　26.√　27.√　28.×　29.√　30.√　31.×　32.√

33.×　34.√　35.√　36.√　37.×　38.√　39.√　40.√　41.×　42.√

43.√　44.√　45.×　46.×　47.×　48.√　49.√　50.√　51.√　52.√

53.√　54.√　55.√　56.√　57.×　58.√　59.√　60.×　61.√　62.√

63.√　64.×　65.√　66.×　67.√　68.√　69.√　70.√　71.×　72.×

73.×　74.×　75.√　76.×　77.×　78.√　79.×　80.√　81.√　82.×

83.×　84.√　85.√　86.√　87.√　88.√　89.√　90.√　91.√　92.×

93.×　94.√　95.×　96.×

四、名词解释

1.系统工程是基于对客观事物运动规律的认识,在系统思想等基本原则指导下综合运用各种现代化的方法和工具,最优地合理地解决问题的方法论。

2.思想体系指立足于系统概念、系统理论的一系列处理问题的指导原则或基本观念。

3.步骤体系指在系统工程思想体系指导下,制定的处理问题的步骤与逻辑程序。

4.方法体系指系统工程的步骤展开过程中,将系统工程的基本原则具体化的各种方法。

5. 功能指系统将输入转换为输出的能力。

6. 运行指在结构的基础上决定了运转组元的实际运动,从而决定了流动组元的实际变换与流通的机制。

7. 环境指客观存在的与系统有着较密切的联系的外界。

8. 系统功能原理指组成、结构、运行与环境对功能的影响,以及它们之间相互影响、相互作用的规律。

9. 信息是事物(系统)存在方式、运动状态和规律的表征。

10. 主观信息是人脑及其辅助设备加工处理过的信息。

11. 控制是施控者为了使被控对象按其希望的方式运行所选择的加于对象系统的主动作用。

12. 当被控对象偏离既定目标时,控制者通过获取这种信息并选择减少偏离的控制作用,使系统状态回到既定目标,这种反馈称负反馈。

13. 当被控系统偏离平衡态时通过施加控制,加强系统正在发生的变化,使状态偏离原来的目标值越来越远,这种控制叫正反馈。

14. 系统是由两个以上有机联系、相互作用的要素所构成,具有特定功能、结构和环境的整体。

15. 自然系统主要指由自然物(动物、植物、矿物、水资源等)所自然形成的系统,像海洋系统、矿藏系统等。

16. 人造系统是根据特定的目标,通过人的主观努力所建成的系统,如生产系统、管理系统等。

17. 凡是以矿物、生物、机械和人群等实体为基本要素所组成的系统称之为实体系统。

18. 凡是由概念、原理、原则、方法、制度、程序等概念性的非物质要素所构成的系统称为概念系统。

19. 一般信息论主要研究通信问题,还包括噪声理论、信号滤波与预测、调制、信息处理等问题。

20. 霍尔三维结构是由美国学者 A. D. 霍尔等人在大量工程实践基础上,于 1969 年提出的,其内容反映在可以直观展示系统工程各项工作内容的三维结构图中。霍尔三维结构集中体现了系统工程方法的系统化、综合化、最优化、程序化和标准化等特点,是系统工程方法论的重要基础内容。

五、简答题

1. 例子:都江堰、田忌赛马等;

特点:只见森林,不见树木。

2. (1)八项程序:摆明问题,信息收集与处理,确定目标,确定评价指标,系统综合,系统分析,系统评价,决策、实施。

(2)三个阶段:摆明问题阶段、系统分析阶段、系统决策阶段。

3.(1)五要素:功能、环境、组元、结构、运行。

(2)关系:每一个具体的系统都具有特定的结构,发挥一定的功能,表现一定的行为,产生一定的后果。系统整体的功能和行为由构成系统的要素和系统的结构所决定,整体的功能和行为是系统的任何一部分都不具备的。必须强调,系统存在于环境之中,系统的功能是在环境中发挥作用的。

4.(1)系统是由两个或两个以上相互作用和相互依赖的若干组成部分结合而成的,具有特定功能的有机整体。

(2)系统属性包括整体性、相关性、涌现性、层次性、目的性、相似性等。

5.系统思想,系统同构,开放系统,系统哲学。

6.一个系统有序度越高,越有序,则系统拥有的信息量越大,熵越小;反之,系统有序度越低,越无序,信息量就越小,熵越大。

7.耗散结构理论认为,任何一个系统的熵变化 dS 可由两部分组成:$dS=d_iS+d_eS$。前一项是系统内部自发产生的熵,根据热力学第二定律,除非系统处于平衡态,否则 d_iS 总是大于零。后一项是系统与外界环境交换物质和/或能量而引起的熵变化,其正负与大小随系统与环境的关系不同而异,可大致分为三种情况:

(1)$d_eS>0$,这时必有 $dS>0$。系统与外界进行物质、能量的交换加快了系统的熵增加,系统将变得更加无序。

(2)$d_eS<0$,而 d_eS 的绝对值小于 d_iS,这时仍有 $dS>0$。如果系统处于近平衡态,即使系统局部产生一点有序结构,也抵抗不住内部自发产生的熵的破坏,系统仍会趋向于平衡态,不可能出现新的有序结构。

(3)$d_eS\ll0$,且 d_eS 的绝对值大于 d_iS,有 $dS<0$。这时系统能够通过与环境进行物质、能量的交换吸收负熵,系统的总熵不断减少,有序度增加,或产生新的有序结构。

8.系统总是受到来自环境及内部某些因素的干扰而产生涨落,涨落导致系统组元的分化、多样化。这样,不同部分之间就产生了竞争(对其他部分来说则提供了选择机会)。优势者由于在竞争中获得其他部分的响应(协同)得到加强更显优势,这种正反馈过程发展到一定程度,系统组元的集体运动便表现为系统宏观结构的改变,新的系统序状态出现。

9.快变参量衰减得快,对系统从稳定到非稳定的过渡影响不大。慢变参量衰减得慢,并且是临界无阻尼,所以在系统从稳定态向非稳定态过渡的过程中起了支配作用,即慢变参量支配着快变参量。

10.事物的质变对应它从一个稳定状态向另一个稳定状态的转变,这种变化可能连续发生,称为渐变,亦可能突然出现,称为突变。托姆提出突变理论,运用数学上的函数理论,用形象而精确的数学模型描述系统突变发生的规律,大大开阔了人们的眼界,使人类对突变现象的认识也发生了一次质变。

11.①系统性;②可行性;③先进性;④明确性。

12.空间代换:分解、问题代换、综合;时间代换:正推、反推。

13.①控制是一种选择行为,没有选择便没有控制。②控制手段、措施、方案是多样的,而实际控制是唯一的,因此,便有了选择。

14.控制过程实质上是高度有序的控制者向有序度较低的被控对象输入信息,使其有序度提高从而得到同比(或改造)的过程。

15.控制过程中起主导作用的是信息加工处理环节,起支配作用的系统要素是信息,这便是控制的信息特性。

16.面向用户的观点,全面的系统质量观点,寿命周期费用观点,注意各阶段工作的协调和自然过渡,建立全过程协调组织。

17.系统科学是以自然和社会领域的复杂系统为对象,运用综合、整体、集成的方法,特别强调定性分析与定量计算的结合,对复杂系统状态进行描述,对系统演化过程进行分析,用以解决复杂系统如何建设、管理和控制问题的科学。

18.①自然系统与人造系统;②实体系统与概念系统;③事理系统、物理系统和生物系统;④动态系统和静态系统;⑤开放系统与封闭系统;⑥简单系统、简单巨系统和复杂巨系统。

19.整体性,结构性,立体性,动态性,综合性。

20.系统的基础科学,系统的技术科学,系统的工程技术。

21.整体性,目的性,涌现性,层次性,相关性,相似性,动态性。

22.功能是指将一定的输入(外界对系统的作用)转换为一定的输出(系统对外界的作用)的能力,且这种输入不等于输出。

23.固定组元、运转组元和流动组元。

24.结构是指系统内子系统的划分及子系统功能的分配。

25.系统综合程序是综合—分析—综合,相互之间存在着反馈,是双向思维。它要求从整体出发,逻辑起点是综合,要把综合贯穿于思维逻辑进程的始终,要在综合的指导和统摄下进行分析,然后再通过逐级次综合而达到总体综合。

26.复杂巨系统是指组成系统的子系统数量很多,具有层次结构,它们之间的关系又极其复杂的系统,如生物体系统、人脑系统、社会系统等。其中社会系统是以有意识活动的人作为子系统的,是最复杂的系统,所以又称为特殊的复杂巨系统。这些系统又都是开放的,所以也称为开放的复杂巨系统。

27.系统有如下基本特征:

(1)整体性:系统是由两个或两个以上的能够相互区别的要素组成的集合体,但它又是一个不可分割的有机整体。

(2)层次性:任何一个系统都可以分解为一系列的不同层次的子系统,而它本身又是它所从属的一个更大系统的子系统。

(3)相关性:组成系统的要素(或子系统)是相互联系、相互作用的,相关性说明这些联系之间的特定关系和演变规律。

(4)目的性:通常系统都具有某种目的。为达到既定目的,系统都具有一定功能,这是区别各种系统的标志。系统的目的一般用更具体的目标来体现,复杂系统往往需要用一个目标体系来描述系统的目标。

(5)适应性:任何一个系统都存在于一定的环境之中,因此它必然要与外界环境产生物质、能量和信息的交换,外界环境的变化必然会引起系统内部各要素的变化。不能适应环境变化的系统是没有生命力的,只有能够经常与外界环境保持最优适应状态的系统,才是具有不断发展势头的理想系统。

28.系统的组成要素都是最优,该系统的整体不一定也是最优。因为系统功能不仅取决于系统组成要素,还取决于系统各要素之间的关系。系统各要素间有着密切关系,相互影响、相互制约、相互作用,牵一发而动全身。故要求系统内各要素应根据整体目标,尽量避免"内耗",才可能提高系统整体运行效果。可以"三个臭皮匠抵上一个诸葛亮"或"拿破仑对法国军队和马木留克军队的论断"为例进行说明。

29.钱学森对系统工程的定义:系统工程是组织管理系统的规划、研究、设计、制造、试验和使用的科学方法。简言之,"系统工程是一门组织管理的技术"。系统工程有如下基本原则:

(1)目的性原则:只有目的正确,有科学依据,符合客观实际,才能建立和运转具有预期效果的系统。

(2)整体性(系统性)原则:系统工程研究问题,总是把研究对象和研究过程看作一个整体,从整体出发考虑局部,要求系统的局部服从整体,同时又要兼顾和妥善处理局部之间的关系,而且系统本身还要与它所从属的更大的系统相适应,这样才能保证系统总体效果最优。

(3)关联性(协调性)原则:用系统工程方法分析和处理问题,不仅要考虑系统内部部分与部分之间、部分与整体之间、系统与环境之间的相互关系,而且要协调处理好这些关系,使其密切配合、相辅相成。

(4)综合性(交叉性)原则:系统工程以大型复杂系统为研究对象,这些系统涉及的因素众多,涉及的学科领域广泛。因此,系统工程分析和解决问题时必须综合运用社会科学、自然科学、工程技术的各门学科和各种技术领域的成就,以博采众长、集思广益,充分发挥跨学科、跨行业、跨部门的综合优势。

(5)满意性(最优化)原则:SE是实现S最优化的组织管理技术。因此,SE不仅提出最优的S目标,采用目标导向的方法寻求实现S目标的可行方案,而且还要运用一系列最优化技术从可行方案中选择出社会认可、经济合算、技术先进、时间最省、S总体效益最好的最优方案(或满意方案)付诸实施。

30.动态系统是系统的状态随时间而变化的系统;而静态系统则是表征系统运行规律的模型中不含时间因素,即模型中的量不随时间而变化,它可视作动态系统的一种特殊情况,即状态处于稳定的系统。实际上多数系统是动态系统,但由于动态系统中各种参数之间的相互关系非常复杂,要找出其中的规律性有时是非常困难的,这时为了简化起见而假设系统是静态的,或使系统中的各种参数随时间变化的幅度很小,而视为稳态的。

31.(1)系统工程不同于一般的工程技术学科。

(2)系统工程涉及各个学科、领域的各种内容。

(3)系统工程在研究问题时,概念、原则、方法是主要的、本质的,而在系统工程中应用的具体数学方法和计算技术是处理和解决系统问题的手段和工具,是为系统工程的概念、原则和方法服务的。这个观点是辩证唯物论的系统观的重要原则之一。

(4)任何系统都是人、设备和过程的有机组合,其中人是最主要的因素。因此在应用系统工程的方法处理系统问题时,要以人为中心。

六、计算题

1. $P(x_0)=\dfrac{1}{3}$ $\qquad\qquad$ $P(x_1)=\dfrac{2}{3}$

$P(y_0/x_0)=P(y_1/x_1)=\dfrac{3}{4}$ $\qquad$ $P(y_1/x_0)=P(y_0/x_1)=\dfrac{1}{4}$

$P(y_0)=P(x_0)P(y_0/x_0)+P(x_1)P(y_0/x_1)=\dfrac{5}{12}$

$P(y_1)=1-P(y_0)=\dfrac{7}{12}$

$P(x_0/y_0)=\dfrac{P(x_0)P(y_0/x_0)}{P(y_0)}=\dfrac{3}{5}$ $\qquad$ $H=(x)=0.918(\text{bit})$

$P(x_1/y_0)=1-P(x_0/y_0)=\dfrac{2}{5}$ $\qquad$ $H=(x/y)=0.744(\text{bit})$

$P(x_1/y_1)=\dfrac{P(x_1)P(y_1/x_1)}{P(y_1)}=\dfrac{6}{7}$ $\qquad$ $H=(x)=0.174(\text{bit})$

$P(x_0/y_1)=1-P(x_1/y_1)=\dfrac{1}{7}$

2.各消息的信息量计算如下:

消息 A,机械出了机械故障:

$$P(\text{A})=\dfrac{6}{100}\times\dfrac{30}{100}=\dfrac{18}{1\,000}$$

$$H(\text{A})=-\log_2\dfrac{18}{1\,000}=5.79(\text{bit})$$

消息 B,机械出了电气故障:

$$P(B) = \frac{6}{100} \times \frac{70}{100} = \frac{42}{1\,000}$$

$$H(B) = -\log_2 \frac{42}{1\,000} = 4.57(\text{bit})$$

消息 C,机械出了故障:

$$P(C) = \frac{6}{100}$$

$$H(C) = -\log_2 \frac{6}{100} = 4.06(\text{bit})$$

3.
$$P = \frac{8}{100}$$

$$H = -\log_2 \frac{8}{100}$$

4. 各消息的信息量计算如下:

消息 A,住在三层或四层:

$$P(A) = \frac{2}{5}$$

$$H(A) = -\log_2 P(A) = 1.32(\text{bit})$$

消息 B,住四层:

$$P(B) = \frac{1}{5}$$

$$H(B) - \log_2 P(B) = 2.32(\text{bit})$$

5. 各消息的信息量计算如下:

消息 A,住 12 号房间:

$$P(A) = \frac{1}{20}$$

$$H(A) = -\log_2 P(A) = 4.32(\text{bit})$$

消息 B,住四层 12 号房间:

$$P(B) = \frac{1}{100}$$

$$H(B) = -\log_2 P(B) = 6.64(\text{bit})$$

6. 各消息的信息量计算如下:

(1) $P = 30\%$, $H = 1.73(\text{bit})$。

(2) $P = 70\%$, $H = 0.5(\text{bit})$。

(3) $P = \frac{5}{100}$, $H = 4.32(\text{bit})$。

7. 各消息的信息量计算如下:

(1) $P_1 = \frac{6}{100}$, $H_1 = -\log_2 \frac{6}{100} = 4.06(\text{bit})$。

(2)$P_2 = 6\% \times (12\% + 56\%) = 4\%$，$H_2 = -\log_2 4\% = 4.64(\text{bit})$。

(3)$P_3 = (12 + 56)\% = 68\%$，$H_3 = -\log_2 \dfrac{68}{100} = 0.55(\text{bit})$。

8.(1)$\dfrac{1}{p} = A_9^3 = 504$，$H_m = 8.98(\text{bit})$。

(2)$p = \dfrac{1}{36}$，$H_1 = 5.17(\text{bit})$。

(3)$R = 1 - \dfrac{H_1}{H_m} = 0.42$。

9.
$$p = \frac{1}{A_8^3} = \frac{1}{336}，\quad H_m = 8.39(\text{bit})$$

$$p = \frac{1}{3! \ C_3^1 C_3^1 C_2^1} = \frac{1}{108}，\quad H = 6.57(\text{bit})$$

$$R = 1 - \frac{H}{H_m} = 0.2$$

第二章 系统方法论

第一节 学习要点

一、系统方法论概述

方法是指关于解决思想、说话、行动等问题的门路、程序等。方法论是指关于认识世界、改造世界的根本方法的学说;具体地讲,是指人们研究、分析和处理问题的思想、程序和基本原则。系统方法论可以是哲学层次上的思维方式、思维规律,也可以是操作层次上开展系统工程项目的一般过程或程序,它反映系统工程研究和解决问题的基本思路或模式。

系统方法论的基本特点是:研究方法强调整体性,技术应用强调综合性,管理决策强调科学性。

二、硬系统方法论

(一)硬系统与软系统

系统可以分为具有良结构的硬系统与具有不良结构的软系统。

硬系统偏重工程系统、机理明显的物理系统,一般便于观察,便于用数学模型描述,边界清晰,目标明确,不涉及人文社会因素。

软系统是指偏重于社会、机理尚不清楚的生物型软系统,它较难用数学模型描述,往往只能用半定量、半定性或者只能用定性的方法来处理系统,这类系统难以观测,边界模糊,目标不定,往往涉及人的主观因素。

(二)霍尔三维结构

1969 年,霍尔在《系统工程方法论》中提出了三维结构方法体系,将系统的整个管理过程分为前后紧密相连的时间维的 7 个工作阶段和逻辑维的 7 个步骤,并同时考虑到为完成这些阶段和步骤的工作所需的各种专业知识和管理知识。三维结构由时间维、逻辑维和知识维组成。

(1)时间维。时间维反映了系统实现的过程,包括规划阶段、方案阶段、研制阶段、生产阶段、安装阶段、运行阶段、更新阶段等 7 个阶段。

（2）逻辑维。逻辑维表示用系统工程方法解决问题的步骤，包括明确问题、选择目标（系统指标设计）、系统综合、系统分析、方案优化（系统选择）、做出决策、付诸实施（实施计划）等 7 个步骤。

（3）知识维。知识维是指完成上述各阶段各步骤的工作所需要的各种专业知识和管理知识，包括工程技术、经济学、法律、数学、管理科学、环境科学、计算机技术等方面的知识。

在使用霍尔三维结构时，可以视情增加或减少维度，根据所解决问题阐释维度中的具体要素。

（三）运筹学

运筹学是近代应用数学的一个分支，它主要是将生产、管理等事件中出现的一些带有普遍性的运筹问题加以提炼，然后利用数学方法进行解决。运筹学的主要目的是在决策时为管理人员提供科学依据，是实现有效管理、正确决策和现代化管理的一个重要方法。

运筹学的方法步骤包括：①提出运筹问题，从各种各样的实际事理问题中提炼出运筹问题，描述它的特殊结构和运行特点；②建立运筹学模型，在充分掌握有关信息的基础上提出经验性假设，把运筹问题表示为数学问题；③解决理论问题，根据建立的模型，阐明它的基本概念，并证明有关定理；④研究算法，算法是模型的解法，建立模型后要探寻模型的解法和分析解法的特性。

运筹学的分支包括规划论（包括线性规划、非线性规划、整数规划和动态规划）、库存论、图论、决策论、对策论、排队论、博弈论、可靠性理论等。

（四）系统分析

美国的兰德公司（Rand）在长期的研究中发展并总结了一套解决复杂问题的方法和步骤，称为"系统分析"。其旨在提供重大的研究与发展计划和相应的科学依据，提供实现目标的各种方案并给出评价，提供复杂问题的分析方法和解决途径。

系统分析是一个连续循环的过程，其基本步骤包括问题构成与目标确定、搜集资料与探索可行方案、建立模型（模型化）、综合评价、检验与核实。

三、软系统方法论

（一）切克兰德的"调查学习"模式

从最优到满意。完全按照解决工程问题的思路来解决社会问题和软科学问题，将遇到很多困难，至于什么是"最优"，由于人们的立场、利益各异，判断价值观不同，很难简单地取得一致看法，"可行""满意""非劣"的概念逐渐代替了"最优"的概念。

从寻优到学习。只有通过概念模型或意识模型的讨论和分析后，才能使人们对问题的实质有进一步的认识，经过不断磋商、不断地反馈，逐步弄清楚问题，得出满意的可行解。解决问题的核心不是寻求"最优化"，而是"调查、比较"或者说是"学习"。

切克兰德的"软系统方法论"方法步骤包括系统现状说明，问题情景描述，有关系统的根定义，建立概念模型，概念模型与现实系统的比较，找出可行、满意解，实施等 7 个步骤。

系统的"根定义"的组成要素组合起来称为 CATWOE，其含义是：系统的所有者（O）在世界观(W)的规范下,使系统在环境约束条件(E)下,由系统的执行者(A)通过变换(T)将输入变换为输出,系统的受益者或受害者(C)就是受变换影响的人。

(二)钱学森的综合集成方法论

钱学森在对开放的复杂巨系统长期研究基础上,于1989年提出了从定性到定量的综合集成法,简称综合集成(meta-synthesis)。1992年,钱学森又提出这一科学方法的应用形式——"从定性到定量综合集成研讨厅体系"(Hall for Work Shop of Meta-synthetic Engineering,HWSME)。

这套方法论是从整体上研究和解决问题的方法,采取人机结合、以人为主的思维方法和研究方式,对不同层次、不同领域的信息和知识进行综合集成,达到对整体的定量认识。

综合集成方法的实质是将专家经验、统计数据和信息资料、计算机技术三者有机结合,构成一个以人为主的高度智能的人机结合系统,发挥这个系统的整体优势,去解决复杂的决策问题。

对开放复杂巨系统的综合集成要以人类积累的全部知识为基础,要在整个现代科学知识体系中作大跨度的跳跃,集大成,出智慧,产生新思想、新知识、新方法,钱学森称其为大成智慧。在哲学上,就是要把经验与理论、定性与定量、人与机、微观与宏观、还原论与整体论辩证地统一起来。

运用综合集成方法解决开放复杂巨系统问题的基本步骤:收集信息、定性判断、模型研究、仿真模拟、评价检验、修改调整。这一过程不断反复循环,直到计算机仿真试验结果与专家意见基本吻合为止。最后得到的数学模型就是符合实际系统的理论描述,从这种模型中得出的结论将是可信的。

研讨厅体系可以看作由三部分组成:以计算机为核心的现代高新技术的集成与融合所构成的机器体系、专家体系、知识体系,其中专家体系和机器体系是知识体系的载体。这三个体系构成高度智能化的人机结合体系,不仅具有知识与信息采集、存储、传递、调用、分析与综合的功能,更重要的是具有产生新知识和智慧的功能。

(三)物理-事理-人理系统方法论

物理-事理-人理(WSR)方法论是中国著名系统科学专家顾基发教授和朱志昌博士于1994年提出的,具有中国传统的哲学思辨,是多种方法的综合统一,属于定性与定量分析综合集成的东方系统思想。

WSR系统方法论的工作过程包括理解领导意图、调查分析、形成目标、建立模型、协调关系、提出建议。

WSR系统方法论常用的方法:在理解意图中,可使用头脑风暴法、讨论会、认知图等方法;在调查分析中,可使用Delphi法、各种调查表、文献调查、历史对比等方法;在形成目标中,可使用风暴法、目标树、统一计划规划等方法;在建立模型中,可使用各种建模方法和工具等方法;在协调关系中,可使用和谐理论、亚对策、超对策等方法;在提出建议中,可使用各种统计图表、统筹图等方法。

四、方法论划分

史宪铭针对解决问题的主体、目标和途径的不同情况,对系统方法论进行了划分。

在单个主体情况下,分为以下四种。

(1)目标明确、途径清楚——面向性能。如果一个问题目标明确、方法清楚,那么这个问题应该属于硬问题。方法论重点解决"快速高效解决问题"的问题,即"面向性能的方法论"。这种方法论以霍尔三维结构为代表。

(2)目标不明确,途径清楚——面向目标。如果一个问题目标不明确、方法清楚,那么这个问题属于软问题(与硬问题相对)。方法论的重点在于寻找目标,解决"有效确定目标"的问题,即"面向目标的方法论"。这种方法论以切克兰德方法论为代表。

(3)目标明确,途径不清楚——面向创新。这种情况重点解决途径问题,解决"方法途径创新"的问题,这个类别就是"面向创新的方法论",这种方法论以 TRIZ 方法论为代表。

(4)目标不明确,途径不清楚——面向综合。这种情况下,既要解决目标问题,也要解决途径问题,这时需要集合多种力量,明确目标和方法。这个类别就是"面向综合的方法论",这种方法论以综合集成方法论为代表。

在多个主体情况下,方法论的核心问题就发生了变化,不再是问题优化的问题,而是要针对不同的主体价值需求进行相应调整,这时方法论的重点就是权衡各方关系,对主体价值观进行协调,最终提出一个符合各方利益的、协调的结果。这个类别就是"面向权衡的方法论"。这种方法论以批判系统启发法(Critical System Heuristic,CSH)为代表。在确定了某类权衡结果后,再采用单个主体的四种方法论进行进一步研究。

不同的问题,一定要采取合适的方法论来解决。正确的方法论会使主体行为更加正确、更加有效。处理系统问题,最理想的状态是更加和谐、高效、科学。

第二节 习 题

一、填空题

1.系统分析过程中,求得最优解的过程,西蒙称之为_____。

2.运筹系统的基本特点包括有良好结构,问题相对简单,可以用明确的_____来描述。

3.系统分析方法最早是_____提出的,其目的是提供复杂问题的_____和解决途径。

4.系统分析为系统工程实现_____提供了一个逻辑的途径,它贯穿于_____的全过程。

5.系统分析把任何研究对象均视为_____,以系统的_____为工作目标,并力求建立数量化的目标函数。

6.霍尔三维结构由_____、_____和_____组成。

7.霍尔三维结构逻辑维的主要步骤包括摆明问题、确定目标、_____、_____、最优化、决策和实施方案。

8.霍尔三维结构是一种_____方法论,其核心内容是_____。

9.Checkland 方法论的主要特点是吸取了人们的判断和直觉,因此解决问题时更多地考虑了_____因素与人的因素。

10. Checkland 方法论与硬系统方法论相比较，_____代替最优解，_____代替数学模型。

11. Checkland 方法论的核心是_____和_____。

12. 软硬系统方法论的相同点包括，均以_____为起点且具有相应的_____过程。

13. WSR 系统方法论是把_____、_____、_____三者结合起来。

14. WSR 系统方法论中，物理是指_____分析，事理是指_____分析，人理是指_____分析。

15. 综合集成方法是从_____到_____的集成方法，是著名科学家_____提出的。

16. 从定性到定量的综合集成方法是钱学森提出的解决_____的方法论。

二、选择题

1. 下述哪个系统方法论是钱学森提出的？（　　　）

A. 霍尔三维结构方法论　　　　　　　　B. 切克兰德方法论

C. 综合集成方法论　　　　　　　　　　D. WSR 系统方法论

2. 下述哪个系统方法论是由中国人提出的？（　　　）

A. 霍尔三维结构方法论　　　　　　　　B. 切克兰德方法论

C. 团组协整方法论　　　　　　　　　　D. WSR 系统方法论

3. 硬系统和软系统的区别不体现在（　　　）方面。

A. 有没有最优解　　　　　　　　　　　B. 涉及不涉及人文和社会因素

C. 是否有人参与　　　　　　　　　　　D. 能否用数学模型描述

4. 运筹学系统中不包括（　　　）因素。

A. 目标　　　　　　　　　　　　　　　B. 条件

C. 运筹　　　　　　　　　　　　　　　D. 方法

5. 运筹学不包含哪个发展分支？（　　　）

A. 规划论　　　　　　　　　　　　　　B. 系统论

C. 排队论　　　　　　　　　　　　　　D. 库存论

6. 切克兰德方法论不强调（　　　）概念。

A. 最优　　　　　　　　　　　　　　　B. 可行

C. 满意　　　　　　　　　　　　　　　D. 非劣

7. 切克兰德根定义中不包括（　　　）要素。

A. 系统的受益者或受害者　　　　　　　B. 系统的基本要素

C. 赋予定义的维特沙　　　　　　　　　D. 系统由输入到输出的过程

8. 钱学森的综合集成方法论强调（　　　）的思维方式。

A. 人机结合、以人为主　　　　　　　　B. 人机结合、以机为主

C. 人的直觉思维　　　　　　　　　　　D. 人的理性思维

9. 下述哪个系统方法论属于解决多个主体问题的方法论？（　　　）

A. 霍尔三维结构　　　　　　　　　　　B. 切克兰德方法论

C.批判系统启发法   D.WSR 系统方法论

10.下述哪个系统方法论属于面向综合的方法论？（　　）

A.霍尔三维结构   B.切克兰德方法论

C.综合集成方法论   D.WSR 系统方法论

11.下述哪个系统方法论属于面向目标的方法论？（　　）

A.霍尔三维结构   B.切克兰德方法论

C.综合集成方法论   D.WSR 系统方法论

12.下述哪种方法不适宜应用于 WSR 中的理解意图过程？（　　）

A.头脑风暴法   B.目标图

C.讨论会   D.认知图

三、判断题

1. Checkland 方法论是在 Hall 三维结构的基础上提出的,因而更为合理。 （　　）

2.解决问题前需要明确问题特点以选择合适的方法论来解决。 （　　）

3.成功的分析就是分析结果或形成的建议全被部决策者采用。 （　　）

4.系统工程人员不是决策者和实际执行者,主要是起参谋作用。 （　　）

5.方法是指关于解决思想、说话、行动等问题的门路、程序等。 （　　）

6.复杂系统必然是多目标多方案的系统。 （　　）

7.钱学森综合集成方法论富有东方思维的特点。 （　　）

8.硬系统与软系统、结构化与非结构问题是相对而言的。 （　　）

9.运用霍尔三维结构解决问题需要时间维的每一个阶段和逻辑维中的每一个程序都能交叉形成一个问题。 （　　）

10.应用霍尔三维结构解决问题必须建立 3 个维度 （　　）

11.运筹学的方法步骤最初是丘奇曼、阿可夫、阿诺夫在《运筹学方法》(1957 年)一书中提出的。 （　　）

12.硬系统方法论在处理问题时要求有明确的目标。 （　　）

13.切克兰德的"调查学习"模式方法的核心是寻求"最优化"。 （　　）

14.综合集成方法的实质是将专家经验、统计数据和信息资料、计算机技术三者的有机结合。 （　　）

15.形成目标的过程,最开始是领导的笼统意图,然后经过调查后,最终形成对问题到底能解决到什么程度的共识。 （　　）

四、简答题

1.硬系统方法论解决的系统问题有哪些特点？

2.简述系统分析的基本定义。

3.简述系统分析的应用步骤。

4.简述霍尔三维结构方法体系的基本内容。

5.简述霍尔三维结构时间维的主要阶段。

6.简述霍尔三维结构逻辑维的主要步骤。

7. 简述软系统方法论解决的系统问题有哪些特点。

8. 切克兰德的软系统方法论有哪些应用步骤？

9. 简述综合集成方法论的基本定义。

10. 简述综合集成方法的主要特点。

11. 简述综合集成方法的基本步骤。

12. 简述 WSR 的"物理"内容。

13. 简述 WSR 的"事理"内容。

14. 简述 WSR 的"人理"内容。

15. 简述 WSR 方法的基本特点。

16. 简述 WSR 系统方法论应用的基本步骤。

17. 简述 WSR 系统方法论调查分析阶段应用的主要方法。

18. 简述霍尔三维结构和切克兰德"调查学习"模式的含义。

19. 简述霍尔三维结构与切克兰德"调查学习"模式之间的区别。

20. 列表比较硬系统与软系统。

21. 简述霍尔三维结构与切克兰德方法论的异同点。

22. 简述霍尔三维结构模型。

23. 基于霍尔三维结构时间维的启示，简述全寿命全过程管理思想的基本观点。

24. 简述方法与方法论的区别。

第三节　习题答案

一、填空题

1. 目标搜索　2. 数学模型　3. 兰德公司；分析方法　4. 优化；系统工程

5. 系统；整体最优化　6. 时间维；逻辑维；知识维　7. 系统综合；系统分析

8. 硬系统方法论；最优化　9. 环境　10. 满意解；概念模型　11. 调查；学习

12. 问题；逻辑　13. 物理；事理；人理　14. 功能；逻辑；人文

15. 定性；定量；钱学森　16. 复杂巨系统

二、选择题

1. C　2. D　3. C　4. D　5. B　6. A　7. B　8. A　9. C　10. C　11. B　12. B

三、判断题

1. ×　2. √　3. ×　4. √　5. √　6. √　7. √　8. √　9. ×　10. ×　11. √　12. √

13. ×　14. √　15. √

四、简答题

1. ①系统是客观存在的；②系统可以通过明确它的目标、命名它的目标来加以定义；③系统存在着一个最优解。

2. 所谓系统分析，就是利用科学的分析工具和方法，分析和确定系统的目的、功能、环境、费用与效益等问题，抓住系统中需要决策的若干关键问题，根据其性质和要求，在充分调查研究和掌握可靠信息资料的基础上,确定系统目标,提出实现目标的若干可行方案,通过模型进行仿真试验,优化分析和综合评价,最后整理出完整、正确、可行的综合资料,从而为决策提供充分的依据。

3.①问题构成与目标确定;②搜集资料与探索可行方案;③建立模型(模型化);④综合评价;⑤检验与核实。

4.霍尔提出的三维结构方法体系,对系统工程的一般过程作了比较清楚的说明,它将系统的整个管理过程分为前后紧密相连的时间维的7个工作阶段和逻辑维的7个步骤,并同时考虑到为完成这些阶段和步骤的工作所需的各种专业知识和管理知识。三维结构由时间维、逻辑维和知识维组成。

5.规划阶段、方案阶段、研制阶段、生产阶段、安装阶段、运行阶段、更新阶段。

6.明确问题、选择目标、系统综合、系统分析、方案优化、做出决策、实施。

7.①不存在客观的系统让我们去描述、研究和处理;②这种系统没有明确一致的目标;③没有对改进问题情景的最优解;④软系统存在着两个基本维度,一个是逻辑分析的维度,与硬系统工程的逻辑维相当,另一个是历史的、文化分析的维度。

8.收集素材、寻找共同特征、确定根定义、建立根定义系统的概念模型、比较概念系统和实际系统的差别、确定行动方案。

9.从整体上研究和解决问题的方法,采取人机结合、以人为主的思维方法和研究方式,对不同层次、不同领域的信息和知识进行综合集成,达到对整体的定量认识。

10.把专家体系、数据和信息体系以及计算机体系结合起来,构成一个高度智能化的人机结合系统,这个方法的成功应用,就在于发挥了这个系统的综合优势、整体优势和智能优势。它能把人的思维、思维的成果、人的经验、知识、智慧以及各种情报、资料和信息等通通集成起来,从多方面定性认识上升到定量认识。

11.数据收集、专家经验型假设、系统建模、仿真模拟试验、专家群体对仿真试验结果进行分析评价、系统模型的修改完善。

12.人类对物质世界规律的认识如数学中的定理、物理学中的定律构成系统的客观存在。

13.指导人类认识世界、改造世界的社会实践活动的科学方法。

14.利用人的理性思维的定性、连续、多层次和阶序性及形象思维的综合、灵活和创意性及已有的"物理、事理"去组织最佳的综合动态实践活动,以产生最大的效益和效率。

15.①它是自然科学、工程技术与社会科学的综合集成;②它以计算机为核心工具,利用计算机建立数据信息库、模型库、知识库、方法库;③它所采用的模型方法不是运筹学或系统工程中的某一具体单个模型方法,而是方法群、模型库;④通过专家群体和决策者及系统内有关人员之间的联系、沟通和协调,为决策者提供支持。

16.①理解领导意图;②调查分析;③形成目标;④建立模型;⑤协调关系;⑥提出建议。

17.Delphi法,各种调查表,文献调查,历史对比方法等。

18.霍尔三维结构将系统的整个管理过程分为前后紧密相连的七个阶段和七个步骤,并同时考虑到为完成这些阶段和步骤的工作所需的各种专业管理知识。三维结构由时间维、逻辑维、知识维组成。霍尔三维结构适用于良结构系统,即偏重工程、机理明显的物理型的硬系统。

切克兰德"调查学习"模式的核心不是寻求"最优化",而是"调查、比较"或者说是"学习",从模型和现状比较中,学习改善现存系统的途径,其目的是求得可行的满意解。该模式适用于不良结构系统,偏重社会、机理尚不清楚的生物型的软系统。

19.处理对象不同:前者为技术系统、人造系统,后者为有人参与的系统。

处理的问题不同:前者为明确、良结构,后者为不明确、不良结构。

处理的方法不同:前者为定量模型,定量方法,后者采用概念模型,定性方法。

价值观不同:前者为一元的,要求优化,有明确的好结果(系统)出现,后者为多元的,满意解,系统有好的变化或者从中学到了某些东西。

20.硬系统与软系统的比较见表2-1。

表 2-1 硬系统与软系统的比较

"硬"系统	"软"系统
运筹学	社会系统设计
系统分析	战略假设表面化与检验
系统工程	社会系统科学
系统动力学	软系统方法论
(硬系统方法)	(软系统方法)

21.相同点:均为系统方法论,均以问题为起点,均具有相应的逻辑过程。

不同点:①研究对象,工程系统/社会系统;②核心内容,优化分析/比较学习;③分析方法,数学模型/概念模型。

22.霍尔三维结构是由系统工程步骤体系中的时间维、逻辑维以及反映系统问题解决所需要的各种专业知识的知识维组成。

(1)时间维。霍尔主要针对工程问题,提出了从规划到更新的依时间顺序展开的7个阶段:①规划阶段;②制定方案;③研制阶段;④生产阶段;⑤安装阶段;⑥运行阶段;⑦更新阶段。

(2)逻辑维。逻辑维反映用系统工程方法论分析问题和解决问题的逻辑思维过程。霍尔认为应由下述7个程序(步骤)组成:①问题定义;②评价系统设计;③系统综合;④系统分析;⑤最优化;⑥决策;⑦计划实施。

(3)知识维。知识维表示为完成上述各阶段、各步骤的活动所需要的各领域广泛的知识和各种专业技术。

23.(1)面向用户的观点;

(2)全面的系统质量观点;

(3)寿命周期费用的观点;

(4)阶段控制与协调的观点。

24.方法是指用于完成一个既定任务的具体技术和操作(技术方法);方法论是方法的哲学,是研究问题的一般途径和规律,指导方法的使用(思想方法)。

第三章　系　统　分　析

第一节　学　习　要　点

一、系统分析概述

系统分析是一个有目的、有步骤的探索过程；目的是为决策者提供直接判断和决定最优方案的所需信息资料；步骤是使用科学方法，对系统的目的、功能、环境、效益等进行充分的调查研究，把试验、分析、计算的各种结果，同预期的目标进行比较，最后整理成完整、正确、可行的综合资料，作为决策者择优的主要依据。

系统分析有以下六个基本要素：问题、目的及目标、方案、模型、评价、决策者。

系统分析主要包括三个阶段。一是初步分析阶段。对与问题有关的要素进行探索和展开，对系统的目的与功能、环境、费用与效果等进行充分的调查研究，并分析处理有关的资料和数据。二是规范分析阶段。对若干备选的系统方案建立必要的模型，进行优化计算或仿真实验，把计算、实验、分析的结果同预定的任务或目标进行比较和评价。三是综合分析阶段。把少数较好的可行方案整理成完整的综合资料，作为决策者选择最优或满意的系统方案的主要依据。

环境分析几乎贯穿于系统分析的全过程，具有重要的作用。第一，在认识问题步骤，只有正确区分各种环境要素，才能划定系统边界；第二，在探寻目标步骤，要根据环境对系统的要求建立系统的目标结构，以求得系统对环境的最优和最大输出；第三，在综合方案步骤，要考虑到环境条件及其变化对方案可行性的影响，选择能适应环境变化的切实可行的行动方案；第四，在模型化及其分析步骤，要充分而正确地考虑到各主要环境条件（如人、财、物、政策等）对系统优化的约束；第五，在评价与决策步骤，要通过灵敏度分析和风险分析等途径，"减少"环境变化对最佳决策方案的影响，提高政策与策略的相对稳定性和环境适应性。

系统分析适应实际问题的需要，坚持问题导向、着眼整体、权衡优化、方法集成等基本原则。

二、系统目标分析

系统目标是指系统发展所要达到的结果。系统目标对系统发展起着决定性作用,系统目标一旦确定,系统将朝着所规定的方向发展。目标分析是整个系统分析工作的关键,是系统目的的具体化。有了明确的目标,才能针对目标提出可行方案,进而选择合理方案。系统的总体目标是对系统的总体要求,是确定系统整体功能和任务的依据。

目的和目标并非两个对等的概念。目的是指通过努力,系统预期达到的水平。目标是指系统在实现目的的过程中的努力方向,是系统目的的具体化。

对目标实现程度的量化估计,通常采取两种方法,一是经过调查研究给出比较客观的评分标准;二是应用模糊集理论中的隶属度的概念,对难以量化的因素作出评判。

制定系统的总体目标,要用全局、发展、战略的眼光,考虑社会、经济、科学技术发展所提出的新要求,注意目标的合理性、现实性、可能性和经济性,根据系统自身的状况和能力,以及环境条件,提出切合实际的目标。

建立系统的目标集。建立相对稳定的目标集是逐级逐项落实总目标的结果。总目标通常概括性强,不宜直接用于操作,要把总目标分解为各级分目标,直到具体、易于操作为止。分解过程中,要注意使分解后的各级分目标一定与总目标保持一致,分目标所指方向要保证总目标的实现。分目标之间有时会不一致,但在整体上要达到协调。

目标冲突与协调。对于存在多个目标的情况,目标间的关系一般可分三类:两个目标之间无任何关系,即相互独立;一个目标的实现有利于另一目标的实现,称为目标互补关系;一个目标的实现制约或阻碍另一目标的实现,称为目标冲突关系。对于相互冲突的目标,在处理时要进一步分析目标冲突的程度,这时又有两种情况:目标冲突具有相容或并存的可能性;绝对相斥。前一种情况叫作目标的弱冲突,这时原则上可以保留两个目标。后一种情况就称为目标的强冲突,这时必须改变或放弃某个分目标。

三、系统环境分析

(一)系统环境的内容

系统环境分析是系统分析的一项重要内容。环境是存在于系统边界外的物质的、经济的、信息的和人际的相关因素的总称。

依流通成分,环境可以大致分为自然环境、政治经济环境、科学技术环境与社会文化环境。

依主体认识程度,环境可分为一般环境和主观现实环境。一般环境是客观存在着的对系统有着明显影响的外界;主观现实环境是一般环境中为系统主体清楚地认识到它们的存在与对系统的影响的部分。

社会系统的边界,一般以系统主体控制直接可及,即可控状态范围为限。可控状态是指主体在一定的时间内可实现在一定范围内任意改变的状态。可影响状态仅仅是在主体控制作用下、有依系统主体意愿变化的可能;除主体之外,还可能存在更强有力的影响者,甚至控制者。非可控、可影响的部分一般划入系统环境中。

边界组元担负着为系统选择输入与输出的功能,决定着系统的主观现实环境。

(二)系统环境分析方法

系统环境分析,就是根据实际系统的特点,通过考察环境与系统之间的相互影响和作用,找出对系统有重要影响的环境要素的集合,划定系统与环境的边界。通过对有关环境因素的分析,区分有利和不利的环境因素,弄清环境因素对系统的影响程度、作用方向和后果等。

确定环境因素遵循的原则:抓住重点,分清主次;全面、动态地考察环境因素;细致周密地找出某些间接、隐蔽、不易被察觉的、可能会对系统产生重要影响的环境因素。

在对环境因素进行分析时,还必须考虑系统自身的条件,也就是要综合分析系统的内部条件和外部环境,一般经常采用 SWOT(Strengths,Weaknesses,Opportunines and Threats)分析法,又称为态势分析法。SWOT 中的四个字母分别代表优势、劣势、机会、威胁,SW 是指系统内部的优势和劣势,OT 是指外部环境存在的机遇和威胁。

四、系统结构分析

(一)三种元结构

结构将系统的组元联结成一个有机整体,从而呈现出整体功能。无论从发现问题、明确问题角度,还是从解决问题角度看,结构分析都是不可缺少的内容。

系统包括三种元结构:金字塔型、网络型、循环型。

(1)金字塔型结构优势:由于实行集中控制,容易做到系统诸层和所有组元职责分明,整个系统上下左右步调一致;集中控制使得上层决策者个人的智慧能够充分发挥;由于上层领导第一对全系统的力量进行协调,系统有可能实现整体优化,并可以吸收外部较大的不利冲击,如内部局部出现问题,上层领导者一旦发现可以采取有力的措施纠正。军队指挥系统是典型的金字塔结构。金字塔型结构劣势:最高层决策的失误必然会造成全局的失误,除自身醒悟或改变领导外,很难纠正;当系统运行机制不良,特别是上层决策者不能充分了解并代表基层群众的利益和愿望时,组织成员的积极性、主动性就会受到伤害,系统正常运行和发展就会失去强大的动力,系统变得不稳定,甚至出现动乱、崩溃。金字塔型是人类社会产生以来就存在、任何系统中必然存在、不可缺少的结构形式,系统组织设计中一般不会忽略这种形式,主要的问题是如何利用其他结构形式尽量消除金字塔型结构的弊端,扬长避短。当然就金字塔结构自身,亦有层级设置、不同层次间恰当分权等问题。

(2)网络型结构是所有系统组元基本自治(自我管理、自我控制),相互交往的双方处于平等的地位,不存在金字塔结构那种少数人对多数人的支配。优势:由于个体自治与相互交往的互利,系统的行动能较充分地反映全体(起码是大多数)成员的利益和意志,从而使人们的积极性、主动性得以充分发挥,系统具有自我发展的强大动力;组元可以根据自己所处的环境和自身的特点自由选择、调整和发展,发挥各自的长处,重新实现子系统功能的优化;组元或子系统的自由选择必然形成竞争,有利于促进人力、物力、财力等资源的合理流通、配置和有效利用,还能激发各子系统高效运转与自我发展的动力;由于子系统之间可以主动协调,系统结构具有较大的弹性,一旦局部出现问题,其他子系统可以采取必要的补救措施,实现子系统间功能代偿,系统呈现出较大的自稳定性;对来自环境的局部冲击,子系统亦可自主或协同采取对策将之吸收,从而表现出较好的环境适应性;子系统的自由选择,子系统间的竞争与协调,功能互补与代偿机制的存在,有利于系统新功能或新功能子系统的出现,有利于专业化分工与协作的发展,因而使系统呈现出自我完善与发展的活力。网络型结构的劣势:子系统间联系松散;相互间缺乏约束力;子系统间的竞争有时产生内耗;当各子系统需求相差悬殊时,系统难以形成密切协调的有机整体,无法实现只有调动整体力量才能实现的功能。网络型结构也是社会中普遍存在的,它是一切社会系统具有自动调节能力、主动适应性、呈现活力从而成为社会有机体的基础。

(3)循环型结构中各组元或子系统的基本关系是相互制约、依次派生。这是系统结构中较为隐蔽,但也是普遍存在的结构形式。对社会系统,只要认真分析,也会看到这种循环制约。循环型结构是社会系统中负反馈与正反馈机制产生的基础。负反馈机制既可以使子系统各司其职、稳定有序地运行从而实现预定目标,也可能使系统趋于保守、故步自封、丧失生机;正反馈可能破坏系统的稳定,甚至使系统崩溃,亦可能使系统打破业已存在的僵局,促进系统自我发展与完善。系统结构分析中,主要是发现业已存在的循环型结构形式,认识其机制,或将隐蔽的联系公开化、结构化,利用其有利机制,防止、克服不利的机制。

(二)系统结构设计原则

系统结构设计中,充分利用金字塔型结构集中控制,可以全系统协调、实现系统整体优化的特点,网络型结构子系统自主控制,可以充分调动子系统的积极性、主动性与创造性,系统表现出较强的适应性与发展活力的特点,以及循环结构上所有子系统各司其职、有序运转的特点,通过三种元结构形式的巧妙组合,充分发挥每种元结构形式的优点,尽量避免其缺陷,实现系统结构的整体优化。

系统结构设计原则包括目标原则、专业化原则、等级结构原则、竞争原则、闭合原则、整体协调与权变原则、动态原则。

管理系统的纵向一般划分为三级:战略管理层、策略管理层和战术管理层。

等级结构设计中的三个主要问题:管理跨度问题、统一指挥问题、集权与分权问题。

(1)管理跨度问题。所谓管理跨度,是指一名领导者直接指挥、监督、协调的下属人员的个数。显然同样规模的操作系统,管理的跨度越大,管理层数就越少,管理所占用的人员也越少。但太大的跨度可能使管理者无暇顾及,影响管理的效果。管理跨度的合理确定,一般需要考虑的因素有:下属工作地点,场所分散程度;下属工作相似性、复杂程度、变动性;业务活动的标准化程度,绩效考核的难易程度;通信与监控手段的有效性;下属人员的德、智、勤基本素质等。

(2)统一指挥问题。一个下属同时接受两个甚至更多的上级领导,难以避免由于政出多门、政令不一造成指挥上的混乱,使下级无所适从。

(3)集权与分权问题。恰当的掌握集权与分权,即不同管理层次合理分工的基本准则是,将决策权放在掌握问题信息最多的层次和岗位。在权力可集中、可下放的情况下,尽量下放,因为这样可以增加决策的灵活性、针对性,同时有利于下层管理者积极性的发挥和成长。避免分权可能造成的弊端的有效办法是,下级工作特别是决策工作的一些基本原则需得到上级批准确认;同时上级管理者也必须明确,权力下放了,上级的责任没有减轻,必须实行有效的监控。

(三)社会系统结构设计方法

社会系统结构设计,即子系统划分的主要标准是基本工序环节(功能单元)的相似及联系的密切程度,可借助于结构图,运用解释结构模型法(Interpretive Structured Modeling,ISM)建立系统结构模型。

大型复杂的社会系统可划分为操作系统与管理系统,管理系统可划分为决策(子)系统、执行(子)系统、信息(子)系统、咨询(子)系统,对于该系统划分问题,可利用最优聚类模型、通信最优化或最小协调模型。

五、系统运行分析

(一)三种元运行方式

社会系统有三种元运行方式:集中决策(控制)行为、自主控制行为和规范化行为。集中决策行为是基于金字塔式结构的运行方式,由金字塔结构的上层领导者做出决策,全系统依照该决策指令行事。由于整个系统在统一的目标和计划下行动,系统运动的整体性很强。自主控制行为是由网络型结构决定的基本运行方式,是系统的各子系统自己决定的行为。由于没有集中决策那种自上而下的强制性指令,各子系统运动的目标和计划存在着明显的差别。当然由于子系统间的相干与协同,系统运动亦可能表现出客观有序性,如社会风尚与主导舆论的形成,市场价格的波动,但这些并非由统一的指令驱使,而是基于子系统在对环境认识判断基础上采取的自主行动。规范化行为是对经常重复出现的所谓常规性活动,在对既往运行经验总结基础上形成的。规范化行为规定了在各种具体条件下子系统应该自觉遵循的活动内容、方式与方法,如使用机器的操作规程,管理工作规范,在法律、制度指导下的法制行为。社会系统中还有契约化行动,如风俗、习惯,以及在一定的伦理道德观念下形成的共同行为。这些虽然与规范化行为有差异,但亦有规范个体行为之社会效果,所以亦可以将它们归入规范化行为之内。

集中决策行为是社会系统的高级运动形态,没有这种运行方式,社会系统就难以形成协调运动的有机整体、实现系统整体的优化。自主控制使社会系统的各部分能够根据具体情况做出灵活反应从而呈现出活力,如果各子系统没有自主控制,一切行动听从最高决策者的指令,那最高决策者如同操纵一机器人,形不成社会系统。因此,自主控制是形成社会有机体的基础。规范化行为为系统各部分提供了在某经常重复出现的活动中应该遵循的原则、程序和方法,这些规范如同无声的指令,起着协调系统各部分运行的功能。若没有这些规范,一切涉及子系统间协调的事情都由最高领导决策,便会由于事事决策、时时决策使最高领导层无暇顾及,并因此使子系统无所遵循,整个系统运行处于混乱状态。规范化行为使最高领导得以从常规性事务中解脱出来,集中精力与时间处理不常出现的,或影响系统整体发展的重大决策问题。规范化行为是社会系统呈现有序状态,高速高效运转的必不可缺少的条件。

任何一个社会系统中都必然存在上述三种元运行方式,三种运行方式的相互作用、巧妙组合,才使社会系统形成高度有序的统一整体,并在复杂的环境中表现出高度的适应性、主动性,具有自组织与学习功能。

(二)社会系统运行分析的基本内容

对社会系统进行运行分析,主要内容包括:一是该系统要完成的主要任务;二是每一项任务的工序环节描述及工序环节之间的逻辑关系;三是每个工序环节中的功能、输入、输出、岗位、条件、依据或约束、程序、时间等要素分析;四是存在的问题及其原因分析,并对潜在问题进行分析预估;五是现时系统任务分工的有效性、合理性;六是对系统运行规章制度的完备性进行检查。

(三)改进系统运行的若干思路

改进系统运行主要包括以下思路:对于集中控制,改进的主要方向是决策的民主化与科学化,即采用科学的决策体制,遵循科学的决策程序,运用科学的决策方法;对自主控制的行动,改进的主要考虑是克服子系统(或个体)行为的盲目性,防止采取危害其他子系统或系统整体利益的行动;将常规性决策工作及其实施过程规范化;对系统的非常规非程序化决策工作;狠抓流通;充分利用自动化的手段;系统动力开发。

六、系统综合

系统综合是拟订实现目标的方案(策略)。

方案的拟订沿着两个相关的途径前进:

(1)空间代换。将系统问题由大化小,并将问题不断转换为易于理解和解决的较简单问题,直到所有问题都能解决为止;然后再将这些简单问题综合,求得整个问题的解决;在综合的过程中,将会拟订出更好的或新的方案。

(2)时间代换。既从现时的系统状态出发,以可利用的资源条件做手段控制系统状态演变,变换系统初态,也从系统的终态(目标)出发,从时序上自后向前反推前一阶段需要达到、可能达到的状态和条件,从而进行目标的代换;这样两个方向的探索使系统问题不断变换,系统的初态和终态逐渐接近,直至重合,于是便找到了问题解决的一种方案;以此方案为基础,从全过程角度对某些阶段或整个过程进行调整修正,从而得出新的可能是更好的方案。

系统综合方法包括 KJ 法、头脑风暴法、TRIZ 等。

(1)KJ 法。KJ 法是将错综复杂的问题、事件、意见、设想之类的丰富信息,以语言文字的方式表达并收集起来然后利用其内在的相互关系做成归类合并图,以便从复杂现象中整理思路,抓住实质,找出解决问题方案的一种方法。KJ 法的主要特点是在比较分类的基础上由综合求创新。KJ 法一般而言可以依照如下的四个阶段操作完成:记录、编组、图解和成文。

(2)头脑风暴法。这是一种从心理上激励群体创新活动的方法。应用原则包括延迟评判原则、营造气氛原则、注重数量原则、借题发挥原则。

（3）TRIZ方法。TRIZ理论认为发明问题的核心是解决冲突，在设计过程中不断地发现冲突，利用发明原理解决冲突，才能获得理想的产品。利用TRIZ理论，设计者能够系统地分析问题，快速找到问题的本质或者冲突，打破思维定势，拓宽思路，准确地发现产品设计中需要解决的问题，以新的视角分析问题。TRIZ解决问题的思路是：首先将要解决的特殊问题加以定义、明确；然后，根据TRIZ提供的方法，将需解决的特定问题转化为类似的标准问题，从而针对类似的标准问题而总结、归纳出类似的标准解决方法；最后，依据类似的标准解决方法解决特定的问题。

七、系统评价

评价是指按预定的目的，确定研究对象的属性，并将这种属性变为客观定量的数值或主观效用的行为。系统评价是科学决策的前提，是科学决策中的一项基础性工作。系统评价工作主要存在以下两方面的困难：指标难以数量化、指标不可公度。

系统评价步骤：对评价方案作出简要说明，使方案的优缺点清晰明了，便于评价人员掌握；确定由所有单项和大类指标组成的评价指标体系；确定各大类及单项评价指标的权重；进行单项评价，确定各单项指标的评价值；进行综合评价，确定各评价对象的总评价值；根据总评价值对评价对象进行择优或排序。

层次分析法是美国运筹学家、匹茨堡大学教授萨蒂（T. L. Saaty）于20世纪70年代（1973年）提出的一系统评价方法。主要适用于评价目标（因素）结构较为复杂、评价准则较多而且不易量化的评价问题。

AHP分析问题步骤：①明确问题；②建立层次结构模型；③构造两两比较判断矩阵；④层次单排序；⑤一致性检验；⑥层次总排序。其中，后三个步骤在整个过程中需逐层进行，而且这些步骤要经过多个轮回才能完成。

第二节 习 题

一、填空题

1. 系统分析包括＿＿＿＿＿和＿＿＿＿＿两个方面。

2. ＿＿＿＿＿是系统的特征性组元，也是其基本输入。

3. 信息收集的基本要求包括：＿＿＿＿＿、真实性和准确性、完整性和全程性、及时性或时效性。

4. ＿＿＿＿＿是系统存在与发展的基础。

5. ＿＿＿＿＿是系统与环境相互作用所表现出的特性。

6. 发现问题并探索解决问题的第一步应该是进行＿＿＿＿＿和＿＿＿＿＿分析。

7. 联系是指＿＿＿＿＿、＿＿＿＿＿与＿＿＿＿＿的流通。

8. ＿＿＿＿＿将系统的组元联结成一个有机整体，从而呈现出整体功能。

9. ＿＿＿＿＿结构实行的是集中控制，决策指令信息自上而下，下层依上层的指令行动。

10. 网络型结构的基本特点是所有系统组元基本_____。

11. _____结构中各组元或子系统的基本关系是相互制约、依次派生。

12. _____是人们希望并努力争取实现的系统未来状态。

13. 问题可能来自系统_____,更多的来自_____。

14. 信息收集的_____性是指收集的信息要有明确的用途。

15. 所谓系统问题最主要的表现是系统功能对环境的_____适应性和_____适应性。

16. 依流通成分不同进行区分可将环境分为:_____、政治经济环境、科学技术环境与社会文化环境。

17. 自然环境包括的因素有_____、地形地貌、矿产及水资源条件、气象生态系统等。

18. 为系统主体清楚地认识到的部分,称为_____。

19. 将客观存在着的对系统有着明显影响的外界称为_____。

20. 主体在一定的时间内可实现在一定范围内任意改变的状态称为_____。

21. 仅仅是在主体控制作用下、有依系统主体意愿变化的可能称为可_____状态。

22. _____担负着为系统选择输入与输出的功能,决定着系统的主观现实环境。

23. 边界组元与环境打交道,其活动反映系统的_____情况。

24. 对系统_____功能及其组元、结构、运行状态的了解是进行环境分析、系统功能对环境的适应性分析的前提。

25. 借助系统_____模型,可对系统的层次性、相关性、整体性进行分析。

26. _____、_____和_____三种基本结构形式提供了认识系统结构的基本思路。

27. 金字塔型结构自上而下的决策指令信息具有_____性和_____性。

28. 金字塔型结构自下而上的反馈信息具有_____性。

29. _____型结构容易做到系统诸层和所有组元职责分明,整个系统上下左右步调一致。

30. _____型结构的缺陷是,系统表现出反应迟钝,适应性、可靠性差。

31. 组元可以根据自己所处的环境和自身的特点自由选择、调整和发展的结构型式是_____型结构。

32. _____型结构的明显缺点是子系统间联系松散,相互间缺乏约束力。

33. _____型结构是系统中负反馈与正反馈机制产生的基础。

34. _____机制既可以使子系统各司其职、稳定有序地运行从而实现预定目标,也可能使系统趋于保守。

35. _____机制可能破坏系统的稳定,甚至使系统崩溃,亦可能使系统打破业已存在的僵局,促进系统自我发展与完善。

36. 方案的拟订是将分散的、具有不同属性的各种_____从空间和时间上进行排布,为它们设定关系,形成一个能够将系统从现时状态转变为目标状态的有机整体,故谓综合。

37. 一般来说，系统运动规律是通过系统_____、_____、_____描述。

38. 描述系统运动规律的基础是_____和_____变量的选取。

39. 控制方案依其涉及的要改变的对象系统的要素不同，可分为_____控制方案、_____控制方案、_____控制方案。

40. KJ 法一般而言可以依照如下的四个阶段操作完成：_____、_____、_____、_____。

41. 只有拟订不同的方案，根据事物发展变化的规律和本系统现时具体情况进行分析、比较，才能使决策尽量建立在_____、_____、_____的基础上。

42. 本质上说，掌握系统_____规律，实现对系统状态演变或目标的控制，是一切方案产生与分析的基本依据。

43. 头脑风暴法的应用原则有_____原则、_____原则、_____原则、_____原则。

44. 采用头脑风暴法进行群体讨论时大体的程序主要包括如下几个阶段：准备活动、热身运动、问题导入、_____、会后筛选、最后评定。

45. 所谓评价，是指为了特定的_____、利用明确的标准对对象的属性做出价值判断的过程。

46. 评价是对系统_____满足系统目标程度的综合分析和判定。

47. 层次分析法中一致性检验的数值要求小于_____。

48. 系统评价的目的是对系统的性能、状态有一个客观的了解，为_____制定决策提供依据。

49. 从指标值的特征看，可将指标分为_____指标和_____指标。

50. 从指标值的变化对评价目标的影响，可以将指标分为_____型指标、_____型指标和居中型指标。

二、选择题

1. (   )变量选取是控制方案研究基础之中的基础。

A. 状态变量　　　　　　　　　B. 随机变量

C. 基础变量　　　　　　　　　D. 控制变量

2. (   )要求一定要拟订多个或多套实现目标的方案，以便在分析、评估、优化的基础上进行选择；同时，要应用创造性技术。

A. 系统运动　　　　　　　　　B. 系统分析

C. 系统综合　　　　　　　　　D. 系统评价

3. 有些管理控制可以随时做出并施加于对象系统，如对人员的培养教育，这类系统称为(   )。

A. 控制系统　　　　　　　　　B. 离散系统

C. 管理系统　　　　　　　　　D. 连续系统

4. 本质上说，掌握(   )规律，实现对系统状态演变或目标的控制，是一切方案产生与分析的基本依据。

A.系统运动　　　　　　　　　　　B.系统分析

C.系统综合　　　　　　　　　　　D.系统评价

5.有些管理控制只能在不连续的分立时刻做出并施加系统,这类系统称为(　　)系统。

A.离散系统　　　　　　　　　　　B.控制系统

C.管理系统　　　　　　　　　　　D.连续系统

6.(　　)是头脑风暴法中最重要的一个原则,它将直接影响着头脑风暴的成功与否。

A.营造气氛原则　　　　　　　　　B.延迟评判原则

C.注重数量原则　　　　　　　　　D.借题发挥原则

7.系统综合的目的是(　　)。

A.摆明问题　　　　　　　　　　　B.明确目标

C.确定评价指标　　　　　　　　　D.生成系统方案

8.事理系统是(　　)的系统。

A.有人参加的系统

B.人通过主观能动性的发挥可以影响其运行与变化的系统

C.具备信息处理能力的系统

D.是有人参加的,且人通过主观能动性的发挥可以影响其运行与变化的系统

9.系统分析的内容不包括(　　)。

A.灵敏度分析　　　　　　　　　　B.可行性分析

C.允许性分析　　　　　　　　　　D.最优性分析

10.下述哪种评价方法更适用于有多个评价主体的情况?(　　)

A.逐对比较法　　　　　　　　　　B.层次分析法

C.模糊综合评判法　　　　　　　　D.连环比率法

11.层次分析法中一致性检验可通过下述哪种方法进行?(　　)

A.随机一致性指标 CR<0.1　　　B.一致性指标 CI<0.1

C.平均随机一致性指标 RI<0.1　　D.以上三者都不是

12.评价的基本要素不包括(　　)。

A.评价者与评价对象　　　　　　　B.评价行为

C.评价标准(指标)　　　　　　　　D.评价策略与评价活动

13.评价的目的是为(　　)提供决策依据。

A.分析人员　　　　　　　　　　　B.决策者

C.专家　　　　　　　　　　　　　D.建模人员

14.评价的目的是为(　　)制定决策提供依据。

A.决策者　　　　　　　　　　　　B.分析员

C.专家　　　　　　　　　　　　　D.建模人员

15.美国运筹学家萨蒂提出的一种定性定量相结合的系统分析方法是(　　)。

A.层次分析法　　　　　　　　　　B.模糊评判法

C. 专家咨询法   D. 熵值法

16. 层次分析法中一致性检验指标的取值范围是（   ）。

A. CR<0.1   B. CR>0.1

C. CR<1   D. CR>1

三、判断题

1. 功能是系统的特征性组元，也是其基本输入。   （   ）

2. 环境是系统存在与发展的基础。   （   ）

3. 信息是系统与环境相互作用所表现出的特性。   （   ）

4. 功能将系统的组元联结成一个有机整体，从而呈现出整体功能。   （   ）

5. 常用的系统结构分析方法是霍尔三维结构。   （   ）

6. 循环型结构实行的是集中控制，决策指令信息自上而下，下层依上层的指令行动。（   ）

7. 金字塔结构中各组元或子系统的基本关系是相互制约、依次派生。   （   ）

8. 问题可能来自系统内部，更多的来自外部。   （   ）

9. 为系统主体清楚地认识到的部分，称为一般环境。   （   ）

10. 将客观存在着的对系统有着明显影响的外界称为主观现实环境。   （   ）

11. 将客观存在着的对系统有着明显影响的外界称为一般环境。   （   ）

12. 为系统主体清楚地认识到的部分，称为主观现实环境。   （   ）

13. 主体在一定的时间内可实现在一定范围内任意改变的状态称为影响状态。（   ）

14. 主体在一定的时间内可实现在一定范围内任意改变的状态称为可控状态。（   ）

15. 仅仅是在主体控制作用下、有依系统主体意愿变化的可能称为可影响状态。（   ）

16. 寻找实现目标功能的第一步便是进行结构分析。   （   ）

17. 寻找实现目标功能的第一步便是进行功能分析。   （   ）

18. 金字塔型结构自下而上的反馈信息具有超前性。   （   ）

19. 循环型结构容易做到系统诸层和所有组元职责分明，整个系统上下左右步调一致。

                         （   ）

20. 金字塔型结构的缺陷是，系统表现出反应迟钝，适应性、可靠性差。 （   ）

21. 组元可以根据自己所处的环境和自身的特点自由选择、调整和发展的结构型式是网络型结构。   （   ）

22. 网络型结构的明显缺点是子系统间联系松散，相互间缺乏约束力。   （   ）

23. 金字塔型结构是系统中负反馈与正反馈机制产生的基础。   （   ）

24. 循环型结构是系统中负反馈与正反馈机制产生的基础。   （   ）

25. 负反馈机制既可以使子系统各司其职、稳定有序地运行从而实现预定目标，也可能使系统趋于保守。   （   ）

26. 负反馈机制可能破坏系统的稳定，甚至使系统崩溃，亦可能使系统打破业已存在的僵局，促进系统自我发展与完善。   （   ）

27. 正反馈机制可能破坏系统的稳定，甚至使系统崩溃，亦可能使系统打破业已存在的

僵局,促进系统自我发展与完善。 （　）

28.系统综合要求一定要拟订多个或多套实现目标的方案,以便在分析、评估、优化的基础上进行选择。 （　）

29.没有选择便没有决策。 （　）

30.环境控制的目的是改善系统所处环境条件,包括对环境的主动改造。 （　）

31.开环控制是管理实践中许多控制方案构造的基本思路。 （　）

32.KJ 法的主要特点是在比较分类的基础上由综合求创新。 （　）

33."综合即创造"已成为当代运用系统方法进行方案拟订的一句名言。 （　）

34.多方案不仅提供了选择的机会,而且也为更充分地利用各种资源和条件进行方案的改进、优化提供了基础。 （　）

35."如果感到似乎只有一条路可走,那很可能这条路就是不该走的。"这已经成为现代决策的基本信条。 （　）

36.系统综合的目的就是产生解决方案,这本身就是一个决策问题。 （　）

37.系统运动规律,描述了对象系统状态的变化与各种内外条件之间的主观的、必然的对应关系,用来构造方案,并对各种方案可能产生什么样的后果进行预测。 （　）

38.系统评价是系统分析人员的事情,与决策者无关。 （　）

39.目标树、鱼刺图、KJ 法都属于定性分析方法。 （　）

40.由于任何控制系统都在特定的环境中存在与变化,所以环境也是控制不可缺少的要素。 （　）

41.评价是分析人员的事情,与决策者没有关系。 （　）

42.系统评价的过程中不用考虑环境的因素。 （　）

43.系统评价十分重要,因为评价的结果会直接影响决策的正确性。 （　）

44.由于评价是评价人员的事情,所以评价的实施者的个人倾向和偏见会影响评价,所以评价带有主观性。 （　）

45.评价要注意在相类似的条件下进行比较。 （　）

46.对于复杂系统的评价十分费时费力,所以评价要慢慢做,不用考虑时间因素。 （　）

47.评价的动态性体现在评价的对象和评价的指标都是动态的。 （　）

48.系统评价的复杂性主要是评价指标体系的建立。 （　）

49.评价指标要实际、完整、合理、科学。 （　）

50.评价指标体系的建立可以不用考虑决策者的意图。 （　）

51.评价的指标有很多,所以要进行筛选。 （　）

52.评价指标的筛选是随意的,主要目的是简化指标体系。 （　）

53.在综合评价系统中,要对各个指标进行归一化处理。 （　）

54.评价系统中会出现定性的指标,这些就不需要归一化处理了。 （　）

55.指标权重的确定反映了各个评价指标在评价对象中的价值地位。 （　）

56.层次分析法是美国运筹学家发明的。 （　）

57. 在系统评价中不需要再明确问题。 （　　）

58. AHP 判断矩阵中的数值可以是 1～9 及其倒数。 （　　）

59. 模糊评判法中也要有专家打分。 （　　）

四、简答题

1. 收集信息的根本目的是什么？

2. 信息收集的基本要求有哪些？

3. 如何理解信息收集的针对性？

4. 如何理解信息收集的真实性和准确性？

5. 什么是主观现实环境？

6. 如何理解可控状态？

7. 环境与功能分析主要包括哪些内容？

8. 系统结构分析的主要内容包括哪些？

9. 结构模型解析法的逻辑思路是怎样的？

10. 金字塔型结构的优点有哪些？

11. 金字塔型结构的缺陷是什么？

12. 网络型结构的基本特点是什么？

13. 网络型结构的缺陷是什么？

14. 系统运行分析的主要内容包括哪些？

15. 如何理解工序环节中的功能？

16. 如何理解工序环节中的输入？

17. 如何理解工序环节中的输出？

18. 如何理解工序环节中的载体？

19. 如何理解工序环节中的条件？

20. 如何理解工序环节中的依据？

21. 如何理解工序环节中的程序？

22. 目标确定的基本原则是什么？

23. 如何理解目标确定的系统性原则？

24. 如何理解目标确定的先进性原则？

25. 如何理解目标确定的可行性原则？

26. 如何理解目标确定的明确性原则？

27. 目标确定的基本思路是怎样的？

28. 成本评价规则为高于 1 000 元不予考虑,低于 500 元,相当满意,500～1 000 元之间,满意度呈线性关系,写出评价模型,画出函数关系图。

29. 系统分析包括哪两个方面的问题？

30. 系统问题的最主要的表现是什么？

31. 依流通成分不同进行区分,可将环境分为哪几类？

32. 自然环境包括的因素有哪些？

33. 如何理解政治环境？

34. 如何理解科学技术环境？

35. 如何理解社会文化环境？

36. 进行环境分析、系统功能对环境的适应性分析的前提是什么？

37. 三种基本结构形式的特点是什么？

38. 对系统进行运行分析的作用是什么？

39. 如何理解工序？

40. 如何理解工序流程？

41. 系统分析的最后一步是什么？

42. 为什么确定目标往往是很困难的？

43. 目标完整性的要求有哪些？

44. 如何才能识别系统的薄弱环节，判断并正确选择关键目标？

45. 什么情况下，目标就应视为不可行？

46. 哪些情况下，需要冒一些风险？

47. 明确性要求是指什么？

48. 如何理解目标确定的四个原则之间的关系？

49. 什么是可能目标集？

50. 什么是可行目标集？

51. 什么是最优目标集？

52. 说明可能目标集、可行目标集和最优目标集的区别。

53. 目标明确的主要途径是什么？

54. 一个系统要想积极地适应环境、自身不断发展完善，在环境决策中必须注意遵循哪些原则？

55. 简述头脑风暴法的应用原则。

56. 简述系统分析的六个要素。

57. 简述 5W1H 法，及其在系统分析中的作用。

58. 简述系统分析的基本过程。

59. 简述层次分析法用于评价工作的基本步骤。

60. 简述环境分析的主要内容。

61. 简述评价工作的基本要素。

62. 简述允许性分析的主要内容。

63. 简述可行性分析的主要内容。

64. 简述运行分析的内容。

65. 简述评价的基本过程。

66. 简述评价指标体系建立的基本原则。

67.简述评价权重的确定方法。

68.简述 AHP 基本过程。

69.简述评价的要素。

70.评价的方法有哪些？

71.论述层次分析法的基本过程。

五、计算题

1.某领导岗位需要增配一名领导者,现有甲、乙、丙三位候选人可供选择,选择的原则是合理兼顾以下六个方面——思想品德、工作成绩、组织能力、文化程度、年龄大小、身体状况。设评价和选拔干部的原则是:思想品德 C6 最重要,其次是年富力强(年轻 C2、组织能力强 C3),然后是文化程度高 C1,再次考虑工作成绩 C5,最后还要考虑身体状况 C4。已知甲、乙、丙三个干部的大致情况如下:

甲:年龄较大,大专学历,工作经验丰富,成绩不错,奉献精神尚可,组织能力强,身体状况较差(经常请病假)。

乙:有团结奉献精神,研究生学历,身体状况不错,工作成绩较好,年龄适中,组织能力尚可。

丙:年轻、组织能力强,本科学历,奉献精神一般、工作成绩一般,身体好。

请运用 AHP 法对上述问题进行分析,并提出最佳人选方案。

2.现在对企业业绩进行评估,已知评价指标为 $U=\{$利润、上交税务、职工培训、治理污染$\}$,可能的评估值是 $V=\{$很好,较好,一般,差$\}$,各个指标的权重分配是 $A=\{0.5,0.2,$ $0.2,0.1\}$,该企业的评价矩阵为 $R=\begin{bmatrix} 0.4 & 0.5 & 0.1 & 0 \\ 0.6 & 0.3 & 0.1 & 0 \\ 0.1 & 0.2 & 0.6 & 0.1 \\ 0.1 & 0.2 & 0.5 & 0.2 \end{bmatrix}$,请用模糊综合评价方法进行评价分析。

3.为了更有效地增强防御能力和攻击能力,需要对不同型号的机动导弹的突防能力进行评价。在实际评价中,突防能力主要考虑三个指标,即反拦截能力、机动能力和反识别能力。某导弹部队现有三种型号的导弹,分别是机动弹头导弹、加速滑翔导弹和末端加速导弹,它们在各方面能力的专家评分如表 3-1 所示,不需要再计算方案层对三个指标的权重。请运用 AHP 方法评价这三种型号导弹的突防能力。

(1)建立层次结构图(目标层、指标层和方案层)。

(2)若指标层对目标层的判断矩阵如下,请计算三个指标的权重(需要归一化),不需要一致性检验。

$$A=\begin{bmatrix} 1 & 2 & 2 \\ \dfrac{1}{2} & 1 & 2 \\ \dfrac{1}{2} & \dfrac{1}{2} & 1 \end{bmatrix}$$

(3)利用表3-1和(2)中得到的指标权重,直接计算三种型号导弹的总排序。

表 3-1 习题表(1)

	机动弹头导弹	加速滑翔导弹	末端加速导弹
反拦截能力	0.8	0.6	0.7
机动能力	0.9	0.4	0.6
反识别能力	0.4	0.9	0.5

4.已知表3-2,试采用模糊综合评判法计算该教师评价隶属度。

表 3-2 习题表(2)

评价指标	指标权重	优秀	良好	中等	合格
1.教学计划及教学内容安排	0.1	9	14	2	0
2.教材及参考资料状况	0.1	3	14	7	1
3.教师教学态度及责任心	0.15	5	15	5	0
4.教师讲解能力	0.1	1	10	11	3
5.课堂教学形式的多样化程度	0.1	2	11	12	0
6.理论联系实际程度及教学案例使用情况	0.1	5	14	6	0
7.辅助教学环节及考核情况	0.1	4	6	13	2
8.教学改革与创新情况	0.1	3	8	12	2
9.从本课程学习中所获得的收益程度	0.15	5	12	6	2

5.针对学员普遍反映心理压力较大的问题,利用鱼刺图来分析导致学员产生心理压力的主要因素,并给出简要的解决建议(画图分析)。

6.利用 SWOT 分析法剖析部队基层青年军官的发展问题(画表分析)。

7.针对装备系统效能发挥问题,请用 ISM 技术分析主要因素(列出 7 个即可)。

8.某型装甲侦察车的侦察作业能力要素见表3-3。

表 3-3 习题表(3)

序 号	要 素	序 号	要 素
1	机动能力	5	目标探测能力
2	越野速度	6	探测距离
3	导航定位精度	7	发动机功率
4	测距精度		

经分析,认为各要素之间的关系为:发动机功率会影响其越野速度,越野速度会影响其机动能力,导航定位精度影响测距精度,测距精度影响目标探测能力和探测距离,探测距离反过来也影响测距精度。

(1)采用 ISM 方法,建立要素的层次递接结构;

(2)分析得出上述要素中关键要素。

第三节 习题答案

一、填空题

1.发现问题;解决问题 2.信息 3.针对性 4.环境 5.功能 6.环境;功能

7.物质;能量;信息 8.结构 9.金字塔型 10.自治 11.循环型 12.目标

13.内部;外部 14.针对 15.现时;未来 16.自然环境 17.地理位置

18.主观现实环境 19.一般环境 20.可控状态 21.影响 22.边界组元

23.开放 24.现时 25.结构 26.金字塔型;网络型;循环型 27.超前;强制

28.滞后 29.金字塔 30.金字塔 31.网络 32.网络 33.循环型 34.负反馈

35.正反馈 36.可利用资源 37.状态变量;控制变量;随机变量 38.状态;控制

39.结构;运行;环境 40.记录;编组;图解;成文 41.科学;可行;优化 42.运动

43.延迟评判;营造气氛;注重数量;借题发挥 44.畅所欲言 45.目的 46.方案

47.0.1 48.决策者 49.定性;定量 50.极大;极小

二、选择题

1.A 2.C 3.D 4.A 5.A 6.B 7.D 8.D 9.A 10.C 11.A 12.B 13.B

14.A 15.A 16.A

三、判断题

1.× 2.√ 3.× 4.× 5.× 6.× 7.× 8.√ 9.× 10.× 11.√ 12.√

13.× 14.√ 15.√ 16.√ 17.× 18.× 19.× 20.√ 21.√ 22.√

23.× 24.√ 25.√ 26.× 27.√ 28.√ 29.√ 30.√ 31.× 32.√

33.√ 34.√ 35.√ 36.√ 37.× 38.× 39.√ 40.√ 41.× 42.×

43.√ 44.× 45.√ 46.× 47.√ 48.√ 49.√ 50.× 51.√ 52.×

53.√ 54.× 55.√ 56.√ 57.× 58.× 59.√

四、简答题

1.用来整理或加工处理得出下述主观信息:

(1)系统、大系统及环境中其他有关系统的发展变化趋势或运动规律;

(2)用以辨识系统、大系统结构、运行、功能及环境的现时状态;

(3)方案(策略)拟订可资利用的各种资源的限制。

2.①针对性;②真实性、准确性;③完整性、全程性;④及时性或时效性。

3.收集的信息要有明确的用途,特别是在信息爆炸的今天,盲目地收集许多信息于决策有时非但无利,反倒有害。与信息的针对性相关的是信息收集工作的有效性。信息是资源,有使用价值,但其获取要付出代价——任何信息的获得都要占用时间,消耗人力、物力、财力。因此,收集信息要有成本观念。

4.调查研究最需要的是客观的无偏见的事实,而不是某种见解。见解应该听取、收集,但一定要与客观情况分开。客观情况常常为人有意或无意地掩盖、伪装,依靠错误的信息必然会做出错误的判断,导致决策的失误。因此,必须对所获信息的真伪及其程度进行鉴别、判断,进行去伪存真、去粗取精、由此及彼、由表及里的加工处理。

5.由于客观事物之间联系的普遍性,外界之中许多部分都会对系统有明显的或直接或间接的影响,不管系统的主体认识与否及认识的程度如何,将其中为系统主体清楚地认识到的部分,称为主观现实环境。

6.可控状态是指主体在一定的时间内可实现在一定范围内任意改变的状态。

7.(1)分析并描述系统的一般环境和主观现实环境。这些都包括自然地理、政治经济、科学技术、社会文化等部分。分析可以遵循一般环境、主观现实环境的顺序逐渐缩小,亦可以沿相反的方向逐渐扩大。

(2)分析现实系统对环境的适应性,包括满足大系统需求的情况,与其他环境系统的协调性及对环境发展的贡献。

(3)分析环境的发展特性,预测大系统及环境未来需求,分析现时系统功能能否适应、如何适应环境的发展。

(4)分析环境中其他系统的功能状态、内部结构与运行机制,明确与本系统现时及未来可能发生的关系,从而选择学习的对象,找出可以加以利用的资源与条件。

8.(1)现时系统结构的层次性,每一层次由哪些子系统组成,子系统功能及相互联系,并进行现状描述;

(2)系统现时存在的问题及其结构性解释;

(3)现结构情况下潜在问题预测等。

9.该方法通过提取系统的构成要素,利用有向图、矩阵等工具和计算机技术,对要素及其相互关系等信息进行处理,最终将系统构造成一个多级递阶结构模型,最后用文字加以解释说明,以提高对系统的认识和理解程度。借助系统结构模型,可对系统的层次性、相关性、整体性进行分析。

10.容易做到系统诸层和所有组元职责分明,整个系统上下左右步调一致;系统有可能实现整体优化,并可吸收外部较大的不利冲击。

11.当环境或系统的底层,甚至中层出现问题时,上层往往不能及时采取针对性措施,系统表现出反应迟钝,适应性、可靠性差。

12.所有系统组元基本自治(自我管理、自我控制)。组元可以根据自己所处的环境和自身的特点自由选择、调整和发展,发挥各自的长处,从而实现子系统功能的优化;由于子系统之间可以主动协调,系统结构具有较大的弹性,一旦局部出现问题,其他子系统可以采取必要的补救措施,实现子系统间功能代偿,系统呈现出较大的自稳定性;对来自环境的局部冲击子系统亦可自主或协同采取对策将之吸收,从而表现出较好的环境适应性。

13.子系统间联系松散,相互间缺乏约束力,子系统间的竞争有时产生内耗,当各子系统需求相差悬殊时,系统难以形成密切协调的有机整体,无法实现只有调动整体力量才能实现的功能,比如抵御外部较大的不利冲击,或克服内部不同部分之间的严重冲突。

14.(1)该系统要完成的主要任务有哪些。

(2)对每一项任务,完成的全过程包含哪些工序环节。描述之并形成工序流程。所谓工序,是指完成一项任务之中在工作内容、方式方法、工作条件等方面相对独立的活动。工序流程反映一项任务包含哪些工序,以及这些工序在时间上或逻辑上的衔接、相依、平行等关系。

(3)对每个工序环节进行要素分析,分析的内容是功能、输入、输出、载体、条件、依据、程序、时间。

15.该工序在整个任务中的作用、地位、实现的基本转换是什么。

16.进入该工序环节的东西是什么,包括物质、能量、信息等基本组元。

17.从该工序环节出去的是什么。

18.该工序环节活动的承担者。

19.开展该环节活动所需人力、物力、资金等。

20.该环节活动开展所依据的或必须遵守的指令、制度、法规、技术或管理标准等。

21.该工序环节活动展开的动作序列或步骤。

22.①系统性;②可行性;③先进性;④明确性。

23.目标的系统性有多重含义,如完整性(全面性),根据系统理论进行系统思考等。系统属性的多重性和环境的复杂性,决定了系统的目标一般不止一个,而是一个目标体系。目标的完整性不仅要求是多方面的,还要求从时间上看是多阶段的,即长期发展的战略目标要有分阶段目标做保证。目标确定的系统性还要求根据系统功能的整体考虑抓住关键因素,明确关键目标。关键目标应该选择那些影响系统整体功能、表现为"瓶颈"薄弱环节,或是处于主导地位的方面。当然,要识别系统的薄弱环节,判断并正确选择关键目标,需要对管理对象进行全面考察和系统分析。

24.现代管理特别强调目标的先进性。先进的目标是适应并能积极推动大系统发展的目标,也是能够增进系统活力,提高其生存、竞争与发展能力的目标。先进的目标总是建立在科学预测基础之上,从而保证其可行性。目标是希望系统未来达到的状态,系统状态演变总是受到若干主客观因素的影响。这些因素,特别是许多客观因素的情况,应尽量通过调查研究、搜集资料获得,并据此运用经验或科学方法对目标状态实现的可能性做出定性或定量估计。当然,客观事物是复杂的,人们不可能穷尽所有因素、掌握全部资料,因此预测的准确性、可靠性总是有限的。即使如此,这种科学预测也是保证决策目标可行性、先进性必不可少的基础。

25.可行性反映目标实现的把握大小。确定目标总要同时考虑实现目标的基本途径:应该制定哪些重大政策,采取什么样的关键行动,所需各种资源能否获得,时间上是否来得及等。如果必需的资源获取的可能性很小,实现目标的基本依据不可靠,对策与目标间有明显的差距,目标就应视为不可行。目标的可行性不在于其绝对值的大小,而在于有无实现的科学或经验依据。当然,在许多情况下也不能以有无百分之百的把握作为判断目标可行性的标准。事实上,许多开创性、探索性工作,如科学研究、新技术、新产品开发,甚至社会改造,总要冒一定的甚至相当大的风险。以实现的可能性(概率)大小作为判断目标可行性的标准,其数值选择应视决策问题的性质、可能或希望的费用效益比等具体情况而定。

26.明确性要求目标表述清楚、明晰、单义、准确,只能有一种理解。自然语言常常是多义的,故目标应尽量用准确的语言描述,最好用数学语言描述,从时间、空间、质与量等方面做出数值上的规定。而目标明确的主要途径是进行目标分解。描述目标的逐步明确化、目标分解的层次性、分目标和总目标的关系。

27.首先应该根据多方面的情况粗略估计未来一段时期内大系统的发展趋势,预测此期间大系统的需求,再从理论上和技术上分析确定本系统可能达到的状态和做出的贡献(可能目标集),根据系统现时情况和可用资源限制在可能目标集中确定可以达到的状态和做出的贡献(可行目标集),根据系统自身的利益要求确定希望达到的状态和做出的贡献(最优目标集),最后再明确实现目标的大致途径并将目标分解。

28.评价模型:

$$J = \begin{cases} 0 & X \geqslant 1\,000 \\ \dfrac{1\,000 - x}{500} \times 100 & 500 < X < 1\,000 \\ 100 & X \leqslant 500 \end{cases}$$

关系图如图 3-1 所示。

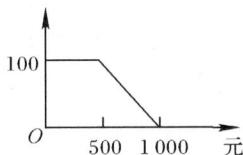

图 3-1　习题图(1)

29.发现问题、解决问题。

30.系统功能对环境的现时适应性和未来适应性。

31.自然环境、政治经济环境、科学技术环境与社会文化环境。

32.有地理位置、地形地貌、矿产及水资源条件、气象生态系统等。

33.政治环境包括的因素有工商企业、农林业、交通运输条件、经济管理组织、财政金融机构、政府机构及有关条例、法律、政策等。

34.科学技术环境包括科学研究或技术开发机构、科技情报资料及刊物、科技市场、科技成果物化的设备、设施等。

35.社会文化环境包括人口,社会治安、社会秩序、社会道德风尚与价值观,文化教育事业,大众传播媒介等。

36.对系统现时功能及其组元、结构、运行状态的了解。

37.金字塔结构实行的是集中控制;网络型结构的基本特点是,所有系统组元基本自治;循环型结构中各组元或子系统的基本关系是相互制约、依次派生。

38.不仅可以发现运行中的问题从而使运行得以优化,还可以发现结构中存在的问题并促进结构的改善。

39.工序是指完成一项任务之中在工作内容、方式方法、工作条件等方面相对独立的活动。

40.反映一项任务包含哪些工序,以及这些工序在时间上或逻辑上的衔接、相依、平行等关系。

41.根据调查研究得到的情况提出问题解决的具体目标。

42.这主要是由于系统的目标状态不是现时状态的自然演变,它要明显地优于自然演化所达到的状态,而所依据的却又只是现实的各种条件。

43.不仅要求是多方面的,还要求从时间上看是多阶段的,即长期发展的战略目标要有分阶段目标做保证。目标确定的系统性还要求根据系统功能的整体考虑抓住关键因素,明确关键目标。

44.需要对管理对象进行全面考察和系统分析。

45.如果必需的资源获取的可能性很小,实现目标的基本依据不可靠,对策与目标间有明显的差距。

46.许多开创性、探索性工作,如科学研究,新技术、新产品开发,甚至社会改造,总要冒一定的甚至相当大的风险。

47.目标表述清楚、明晰、单义、准确,只能有一种理解。

48.系统性是依据系统理论、从系统存在与变化的客观规律提出的要求,可行性与先进性是对目标确定方法提出的科学性要求,而明确性则是对已确定的目标的描述提出的要求。上述四个方面为目标确定的原则与思路提供了基本框架。

49.从理论上和技术上分析确定本系统可能达到的状态和做出的贡献。

50.根据系统现时情况和可用资源限制在可能目标集中确定可以达到的状态和做出的贡献。

51.根据系统自身的利益要求确定希望达到的状态和做出的贡献

52.可能目标集是从理论上和技术上分析确定本系统可能达到的状态和做出的贡献;可行目标集是根据系统现时情况和可用资源限制在可能目标集中确定可以达到的状态和做出的贡献;最优目标集是根据系统自身的利益要求确定希望达到的状态和做出的贡献。

53.目标明确的主要途径是进行目标分解。描述目标的逐步明确化、目标分解的层次性、分目标和总目标的关系,可用目标树。

54.(1)系统必须开放,特别要注意与环境进行信息的沟通;

(2)系统必须面向负熵源纳入自己的主观现时环境中;

(3)系统与环境的信息交流,特别是与负熵源的信息交流必须达到一定的强度;

(4)系统内部都应有专司与环境进行信息交流,特别是向负熵源吸收新的信息的系统边界组元。

55.(1)延迟评判原则;

(2)营造气氛原则;

(3)注重数量原则;

(4)借题发挥原则。

56.六个要素:问题、目的及目标、方案、模型、评价、决策者。

57.5W1H法是对某件事情从目的(why)、对象(what)、时间(when)、场所(where)、人员(who)、手段(how)等六个方面提出问题,看其是否合理,并找出改进之处的方法。可应用于系统分析中的问题分析、目标分析、方案生成及系统评价。

58.认识问题、探寻目标、综合方案、模型化、优化或仿真分析、系统评价、决策。

59.(1)明确问题;

(2)建立层次结构;

(3)建立判断矩阵;

(4)层次单排序;

(5)判断矩阵的一致性检验;

(6)层次总排序;

(7)总排序一致性检验。

60.(1)分析并描述系统的一般环境和主观现实环境;

(2)分析现实系统对环境的适应性;

(3)分析环境的发展特性;

(4)分析环境中其他系统。

61.评价对象、评价主体、评价目的、评价时期、评价地点、评价指标、评价模型。

62.分析决策方案中资源利用是否超出决策允许范围的资源约束、分析方案中确定的资源在使用前获得的可能性、分析方案是否充分利用了资源的条件。

63.可行性检验、效应分析、潜在问题分析、灵敏度分析。

64.主要任务;工序环节;工序环节要素分析,功能、输入、输出、角色、条件、依据或约束、程序、时间;存在问题及原因分析;现时系统任务分工的有效性、合理性;规章制度的完备性检查。

65.确定评价标准、收集相关资料、对收集的信息分析、得出评价结果。

66.科学性、客观性、可比性、有效性、动态性。

67.专家咨询法、熵值法、与综合评价方法结合的方法。

68.明确问题、建立层次结构、建立判断矩阵、层次单排序、判断矩阵的一致性检验、层次总排序、总排序一致性检验。

69.评价对象(what)、评价主体(who)、评价目的(why)、评价时期(when)、评价地点(where)、评价方法(how)。

70.(1)关联矩阵法(原理性方法);

(2)层次分析法(评价要素多层次分布);

(3)模糊综合评判法(多评价主体)。

71.(1)分析评价系统中各基本要素之间的关系,建立系统的层次结构;

(2)对同一层次的各要素关于上一层次中的某一准则的重要性进行两两比较,构造判断矩阵；

（3）由判断矩阵计算被比较要素对于该准则的相对权重（方根法）；

（4）计算各层要素相对于系统目标的总权重，并据此对方案等排序（关联矩阵表及加权和法）。

五、计算题

1. 优先顺序：乙、甲、丙。

2. 总体评价较好。

3.（1）层次结构图如图 3-2 所示。

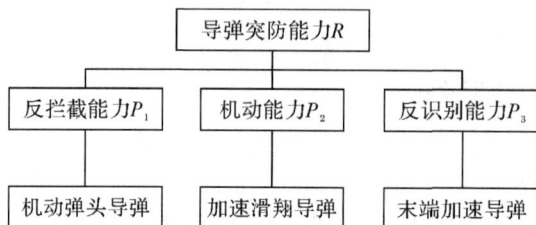

图 3-2 习题图（2）

（2）反拦截能力、机动能力和反识别能力三个指标的权重分别为 0.493 4、0.310 8、0.195 8。

（3）三种型号的导弹在三个指标上的综合得分分别为 0.752 8、0.596 6、0.629 8，可知机动弹头的突防能力最强。

4. 综合隶属度为良好，其他表现形式也算正确，见表 3-4。

表 3-4 习题表（4）

评价指标	指标权重	优秀	良好	中等	合格
1. 教学计划及教学内容安排	0.1	0.36	0.56	0.08	0.00
2. 教材及参考资料状况	0.1	0.12	0.56	0.28	0.04
3. 教师教学态度及责任心	0.15	0.20	0.60	0.20	0.00
4. 教师讲解能力	0.1	0.04	0.40	0.44	0.12
5. 课堂教学形式的多样化程度	0.1	0.08	0.44	0.48	0.00
6. 理论联系实际程度及教学案例使用情况	0.1	0.20	0.56	0.24	0.00
7. 辅助教学环节及考核情况	0.1	0.16	0.24	0.52	0.08
8. 教学改革与创新情况	0.1	0.12	0.32	0.48	0.08
9. 从本课程学习中所获得的收益程度	0.15	0.2	0.48	0.24	0.08
综合隶属度		0.168	0.470	0.318	0.044
综合评价结果	良好				

5. 从学员的学习压力、学员的训练压力、学员的人际交往压力、学员的未来生活工作压力、交友的压力、家庭的压力等几个方面来分析影响因素（见图 3-3）。

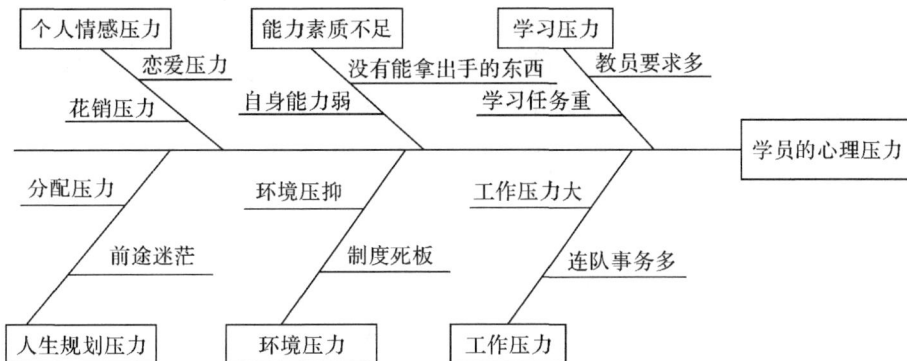

图 3 - 3　习题图(3)

根据以上分析,给出合理的解决建议。

6.SWOT 分析见表 3 - 5。

表 3 - 5　习题表(5)

内部条件	优势	思想素质较好;基础知识扎实,发展潜力比较大
	劣势	科学管理能力与依法治军要求不相适应;法规常识不熟悉而不会管,兵员特点不把握而不敢管,方法手段不灵活而不善管
外部条件	机遇	世界军事领域的信息化革命和我军当前的军事变革
	威胁	基层岗位分布广,专业分工细,不同岗位有不同的素质要求,竞争环境越来越严苛

结论:由表 3 - 5 分析可知,应该发挥自身竞争优势、克服自身劣势,充分利用外部机会,化危机为机遇,全方位提升部队基层军官的能力素质,使其获得更好的发展。

7.(1)列出 ISM 图;(2)具有分析结论。

8.(1)临接矩阵:

$$A=\begin{bmatrix} 0 & 0 & 0 & 0 & 0 & 0 & 0 \\ 1 & 0 & 0 & 0 & 0 & 0 & 0 \\ 0 & 0 & 0 & 1 & 0 & 0 & 0 \\ 0 & 0 & 0 & 0 & 1 & 1 & 0 \\ 0 & 0 & 0 & 0 & 0 & 0 & 0 \\ 0 & 0 & 0 & 1 & 0 & 0 & 0 \\ 0 & 1 & 0 & 0 & 0 & 0 & 0 \end{bmatrix}$$

可达矩阵:

$$M=\begin{bmatrix} 1 & 0 & 0 & 0 & 0 & 0 & 0 \\ 1 & 1 & 0 & 0 & 0 & 0 & 0 \\ 0 & 0 & 1 & 1 & 1 & 1 & 0 \\ 0 & 0 & 0 & 1 & 1 & 1 & 0 \\ 0 & 0 & 0 & 0 & 1 & 0 & 0 \\ 0 & 0 & 0 & 1 & 1 & 1 & 0 \\ 1 & 1 & 0 & 0 & 0 & 0 & 1 \end{bmatrix}$$

缩减矩阵：

$$\boldsymbol{M}' = \begin{array}{c} 1 \\ 2 \\ 3 \\ 4 \\ 5 \\ 6 \\ 7 \end{array} \begin{pmatrix} 1 & 0 & 0 & 0 & 0 & 0 \\ 1 & 1 & 0 & 0 & 0 & 0 \\ 0 & 0 & 1 & 1 & 1 & 0 \\ 0 & 0 & 0 & 1 & 1 & 0 \\ 0 & 0 & 0 & 0 & 1 & 0 \\ & & & & & \\ 1 & 1 & 0 & 0 & 0 & 1 \end{pmatrix}$$

$$\boldsymbol{M}' = \begin{array}{c} 1 \\ 5 \\ 2 \\ 4 \\ 7 \\ 3 \end{array} \begin{bmatrix} 1 & 0 & 0 & 0 & 0 & 0 \\ 0 & 1 & 0 & 0 & 0 & 0 \\ 1 & 0 & 1 & 0 & 0 & 0 \\ 0 & 1 & 0 & 1 & 0 & 0 \\ 1 & 0 & 1 & 0 & 1 & 0 \\ 0 & 1 & 0 & 1 & 0 & 1 \end{bmatrix}$$

层次递接结构如图 3-4 所示。

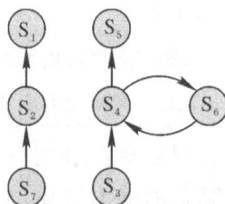

图 3-4　习题图(4)

将代表要素名称填入层次递接结构,如图 3-5 所示。

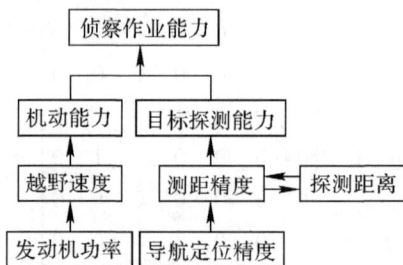

图 3-5　习题图(5)

(2)关键要素为发动机功率和导航定位精度。

第四章 系统预测

第一节 学习要点

一、系统预测概述

预测,就是对系统(事物)的未来状态做出推断。人类行为的基本特征是目的性和计划性,目的性表现为确定希望未来达到的目标,计划性则是为实现目标对未来行动的筹划。目的性和计划性均以对事物未来状态的预测为前提。

科学预测的基本要素:

(1)预测者与预测对象,两者组成预测系统。预测对象不仅规定预期活动涉及的客体(系统),还要指明预测的具体内容,即要对它的什么状态或特性进行预测,因为预测对象往往是十分复杂的,一般情况下不是对它的所有状态和特性都进行预测。

(2)依据信息。预测是一种信息加工处理活动。所谓依据信息,是开展预测活动所需输入的信息。预测活动实质上是对所依据的信息进行加工处理得出预测结果的信息。

(3)预测模型。对预测依据信息进行加工处理并得出所需要的预测结果信息的知识框架(模型)。

(4)预测策略。预测者开展预测活动的行动方案,包括预测程序和收集信息、操作预测模型的策略、计划等。

(5)预测约束。主要是预测者开展预测活动可以支配的资源及时间限制。

(6)预测理论与知识。这是预测者的知识的一部分,它们提供预测的指导思想、准则,包括各类预测方法在内,这些用来指导拟定预测策略。强调预测者知识中要包括许多种预测方法(即要有一个预测方法集),是因为问题导向——根据特定的预测内容选择适用的预测方法——是科学预测必须遵循的原则。

(7)预测活动。这是预测策略的实施,以得出满意的预测结果为目的的实践活动。

预测的要求:科学性、准确性。

保证预测的科学性:一是要有尽可能完整、充分、真实、准确的信息依据;二是预测模型的选取要有理论根据。

预测的理论依据是系统发展变化的规律性,包括:系统变化的时间规律性,系统状态与环境中某些因素的相关特性,类似系统的变化规律。

预测必须能为系统未来的状况提供某些信息,由不知到有知,由知之较少到知之较多,或对发展方向、趋势不明到较明朗。

自胜效应和自负效应。人们会对预测结果做出主动反应影响预言事件的出现。

科学预测的一般程序:明确预测对象;制订预测计划;收集并分析有关信息;确定预测模型与方法;预测实施;预测结果分析与评估;预测结果输出与总结;等等。

预测的方法包括:逻辑判断与数学模型。

预测信息包括:预测对象有关状态的历史及现时信息;影响对象系统状态演变的有关外在因素的情况,以及它们之间联系的信息;有关的预测理论、模型、方法及实践资料;有关预测机构或专家的情况等。

按预测对象,预测可分为经济预测、科技预测、社会预测、军事预测等。

依预测时间长短,预测可分为长期、中期和短期预测。

依应用方法性质,预测可分为定性预测方法和定量预测方法。

二、定性预测方法

德尔菲法是依靠若干专家背靠背的发表意见,各抒己见;同时,对专家们的意见进行统计处理和信息反馈,经过几轮循环,使得分散的意见逐渐收敛,最后达到较高的准确性。

德尔菲法是在专家个人判断与召开专家会议两种形式的基础上产生的。专家个人判断,可以最大限度地发挥专家个人的作用不受外界影响,但明显的缺点是受专家个人知识面、掌握信息情况及看问题的习惯角度等方面的限制,难免产生片面性。专家会议的优点是有利于专家之间互通信息、交流意见、互相启发与补充;其缺点则是大家在一起心理影响大,易于屈从权威或多数人的意见,使部分人的意见不能充分发表或发表后受忽视。

德尔菲法融合了上述两种方法的优点,其主要特点包括匿名性、多重反馈、时间较长。

德尔菲法中,每轮征询之后进行结果分析与处理。上四分位点表示有 75% 的专家预测的年份早于它,下四分位点表示有 75% 的专家估计迟于它,中分位点(为中位数)反映了专家意见集中的位置:有一半专家估计的时间早于它,一半专家估计的时间迟于它。一般通过信息反馈,下一轮的意见会向中分位点靠拢,使得评估结果相对集中。经过几轮征询后,可以得到一致程度很高的结果。

中位数的计算公式为

$$\overline{x}=\begin{cases} x_{k+1}, & n=2k+1(\text{奇数}) \\ \dfrac{x_k+x_{k+1}}{2}, & n=2k(\text{偶数}) \end{cases}$$

上四分位点的计算公式为

$$x_{\text{上四}} = \begin{cases} x_{\frac{3k+3}{2}}, & n=2k+1, k \text{ 为奇数} \\[2ex] \dfrac{x_{\frac{3}{2}k+1} + x_{\frac{3}{2}k+2}}{2}, & n=2k+1, k \text{ 为偶数} \\[2ex] x_{\frac{3k+1}{2}}, & n=2k, k \text{ 为奇数} \\[2ex] \dfrac{x_{\frac{3}{2}k} + x_{\frac{3}{2}k+1}}{2}, & n=2k, k \text{ 为偶数} \end{cases}$$

下四分位点的计算公式为

$$x_{\text{下四}} = \begin{cases} x_{\frac{k+1}{2}}, & n=2k+1, k \text{ 为奇数} \\[2ex] \dfrac{x_{\frac{1}{2}k} + x_{\frac{1}{2}k+2}}{2}, & n=2k+1, k \text{ 为偶数} \\[2ex] x_{\frac{k+1}{2}}, & n=2k, k \text{ 为奇数} \\[2ex] \dfrac{x_{\frac{1}{2}k} + x_{\frac{1}{2}k+1}}{2}, & n=2k, k \text{ 为偶数} \end{cases}$$

派生德尔菲法。在德尔菲法做出某些修正：部分取消匿名；部分取消反馈；取消第一轮的事件征询；在有条件的情况下还可以采用"实时德尔菲法"。

三、时间序列分析预测

时间序列是指一组按时间顺序排列的反映事物某种状态的数字。

滑动平均法（移动平均法）。收集一组观察值，计算这组观察值的均值，利用这一均值作为下一期的预测值。因此，也叫一次滑动平均法。其计算公式为

$$\hat{x}_{t+1} = M_t = \frac{x_t + x_{t-1} + \cdots + x_{t-N+1}}{N}$$

加权滑动平均法克服了一次滑动平均法认为的每期数据在预测中的重要程度相同的不足之处，考虑各期数据的重要性，对近期数据给予更大的权重，然后求每个数据与对应权数之积，再求平均值，以加权平均值作为预测期的预测值。其计算公式为

$$\hat{x}_{t+1} = M_t = \frac{\omega_1 x_t + \omega_2 x_{t-1} + \cdots + \omega_N x_{t-N+1}}{\omega_1 + \omega_2 + \cdots + \omega_N}$$

趋势滑动平均法就是通过做两次滑动平滑，利用滞后偏差的规律来建立直线趋势的预测模型。一次滑动平均值为

$$M_t^{(1)} = \frac{x_t + x_{t-1} + \cdots + x_{t-N+1}}{N}$$

$M_t^{(2)}$ 表示在第一次滑动平均数基础上再进行滑动的平均，即

$$M_t^{(2)} = \frac{M_t^{(1)} + M_{t-1}^{(1)} + \cdots + M_{t-N+1}^{(1)}}{N}$$

指数平滑法是在滑动平均法的基础上发展起来的一种趋势分析预测法。其具体操作方

法是以和前期的预测值(或平滑值),经过修匀处理后作为本期预测值。指数平滑法的基本公式为

$$\hat{x}_{t+1} = \alpha x_t + (1-\alpha)\hat{x}_t$$

四、回归分析预测

客观世界中某些事物之间存在着一定的因果关系。但由于许多随机因素的影响,事物间的关系便会呈现出不确定性。回归分析是通过对大量的数据进行统计处理寻求事物间的因果关系规律,并依据此规律进行预测的一种方法,故又称因果分析法。

回归分析法的基本内容是:对观测数据进行统计分析,用恰当的回归线描述作为因变量的预测变量(用 y 表示)与影响其变化的自变量(用 $x_1, x_2, \cdots$ 表示)之间的关系,然后根据自变量的已知值预测因变量的值,并分析预测的误差。

一元线性回归法是处理自变量 x 与因变量 y(预测变量)之间线性关系的用途很广泛的方法。所要拟合的曲线方程为

$$y = a + bx$$

其中,

$$b = \frac{\sum (x_i y_i) - n\,\overline{xy}}{\sum x_i^2 - n\overline{x}^2}$$

$$a = \overline{y} - b\,\overline{x}$$

主要预测程序为:绘制数据分布图;计算 a、b 值,建立回归分析模型;确定相关系数,进行相关性检验;利用回归方程进行预测,并确定置信区间。

二元线性回归法。二元线性回归预测的基本公式为

$$\hat{y} = a + b_1 x_1 + b_2 x_2$$

其中,a、b_1、b_2 为回归系数。

非线性回归法。在变量之间的关系是非线性情况下,要采用非线性回归预测法。由于非线性回归应用起来比较复杂,常用变量代换,将非线性问题转变为线性回归问题处理。这样解决问题可概括为两步:

(1)画出数据的分布图,据之判断变量 y 与 x 之间的函数类型,选择合适曲线方程对数据进行拟合;

(2)选择变量代换关系 $y' = f(x)$,$x' = g(x)$,把 y 与 x 之间的非线性关系转换为线性关系 $y' = a + bx'$,然后用线性回归法求回归系数 a 与 b。

五、灰色系统预测

邓聚龙教授建立了灰色系统理论。通过引入灰色因子的概念,采用"累加"和"累减"的方法进行预测。该方法可用于数列预测(针对系统行为特征值的发展变化所进行的预测)、突变预测(针对系统行为的特征值超过某个阈值的异常值将在何时出现的预测)、季节突变预测(若系统行为的特征有异常值出现或某种事件的发生是在一年中的某个特定的时区,则

该预测为季节性突变预测)、拓扑预测(对一段时间内系统行为特征数据波形的预测)等。

灰色预测的基本原理。当一时间序列无明显趋势时,采用累加的方法可生成一趋势明显的时间序列。如时间序列 $X^{(0)} = \{32,38,36,35,40,42\}$ 的趋势并不明显,但将其元素进行"累加"所生成的时间序列 $X^{(1)} = \{32,70,106,141,181,223\}$,则是一趋势明显的数列。按该数列的增长趋势可建立预测模型并考虑灰色因子的影响进行预测,然后采用"累减"的方法进行逆运算,恢复时间序列,得到预测结果。

GM(1,1)模型是灰色预测模型中最常用的一种。它是由一个只包含单变量的微分方程构成的模型。模型的建立方法为:原始时间序列为 $X^{(0)} = \{x^{(0)}(1),x^{(0)}(2),\cdots,x^{(0)}(n)\}$,其累加生成序列为 $X^{(1)} = \{x^{(1)}(1),x^{(1)}(2),\cdots,x^{(1)}(n)\}$,按累加生成序列建立的微分方程模型为 $\dfrac{dX^{(1)}}{dt}+aX^{(1)}=u$,其解的离散形式为 $X^{(1)}(t+1) = \left(X^{(0)}(1)-\dfrac{u}{a}\right)e^{-at}+\dfrac{u}{a}$,确定了参数 a 和 u 后,按此模型递推,即可得到预测的累加数列,通过检验后,再累加即得到预测值。

六、马尔可夫预测

马尔可夫(Markov)分析法,是根据当前的状态和发展趋向预测未来的状态发生的可能性进行预测的方法。马尔可夫过程具有无后效性,即当过程在时刻 t_0 所处的状态为已知时,过程在时刻 $t(t>t_0)$ 所处的状态与过程在 t_0 时刻之前的状态无关。

状态转移概率,是指自状态 i 转移到状态 j 的概率,记为 p_{ij}。状态转移概率用矩阵表示生成状态转移矩阵。

马尔可夫链是一个离散的随机状态时间序列,序列中的每个状态可以认为是过程的一个天从人愿,第 k 个阶段状态发生的概率可以根据第 $k-1$ 个阶段状态发生的概率来确定。因此,可以根据概率论中条件概率的运算法则,由第 $k-1$ 阶段的状态概率去推算第 k 阶段的状态概率,然后可由第 k 阶段的状态概率推算第 $k+1$ 阶段的状态概率。依次类推,这样的过程称为马尔可夫链分析。只要已知系统的概率矩阵 $\boldsymbol{P}$,则从某一状态经 k 步后的状态转移概率矩阵 $\boldsymbol{P}^{(k)}$ 即可求得,由此便可对系统状态的发展趋势做出预测。

第二节 习 题

一、填空题

1. 预测就是对系统(事物)的未来_____做出推断。

2. 科学预测的基本标志是自身构成体系,特别是含有许多_____方法的预测技术的出现。

3. 预测是一种_____加工处理活动。

4. 预测模型是对预测依据信息进行加工处理并得出所需要的预测结果信息的_____框架。

5.预测的理论依据是系统发展变化的_____性。

6.预测的要求包括科学性和_____度。

7.明确预测对象主要是明确所要预测的对象系统_____或属性的范围。

8.德尔菲法预测一般需对专家进行不少于_____(填写阿拉伯数字)轮的征询。

9._____是预测小组与专家之间信息交流的主要工具。

10.回归分析预测的基础是事物之间存在_____关系。

11._____方法主要是根据收集到的各方面的情报与意见,利用理论或经验知识进行逻辑分析与判断,其中也常常含有直觉洞察。

二、选择题

1.预测就是(　　　)。

A.对系统(事物)的状态做出推断　　　　B.对系统(事物)的现时状态的描述

C.对系统(事物)的状态的评价　　　　　D.对系统(事物)的未来状态做出推断

2.预测的理论依据是系统发展变化的规律性,不包括(　　　)。

A.系统变化的时间规律性　　　　　　　B.与其他系统的相关性

C.系统状态与环境中某些因素的相关特性　D.类似系统的变化规律

3.属于定性预测方法的是(　　　)。

A.回归分析　　　　　　　　　　　　　B.马尔可夫预测

C.灰色预测　　　　　　　　　　　　　D.德尔菲法

4.科学预测的一般程序不包括(　　　)。

A.明确预测目的　　　　　　　　　　　B.明确预测对象

C.制订预测计划　　　　　　　　　　　D.收集分析信息

5.关于德尔菲法预测的专家人数,以下哪个数字是不合理的?(　　　)

A.5　　　　　　　　　　　　　　　　B.10

C.40　　　　　　　　　　　　　　　　D.80

6.德尔菲法反馈给专家的信息不包括(　　　)。

A.中位数　　　　　　　　　　　　　　B.平均值

C.上四分位点　　　　　　　　　　　　D.下四分位点

三、判断题

1.整体目标功能最大为运行设计的第一原则。　　　　　　　　　　　　(　　　)

2.软件水平有多高,要看软件开发与使用人员的本领有多大。　　　　　(　　　)

3.德尔菲法是在专家个人判断与召开专家会议两种形式的基础上产生的。　(　　　)

4.人类行为的基本特征是目的性和计划性。　　　　　　　　　　　　　(　　　)

5.目的性表现为确定希望未来达到的目标。　　　　　　　　　　　　　(　　　)

6.德尔菲法属于定量预测方法。　　　　　　　　　　　　　　　　　　(　　　)

7.对不同预测对象来说,长期、中期、短期预测的时间会有所不同。　　(　　　)

8.专家个人判断方法难免产生片面性。　　　　　　　　　　　　　　　(　　　)

9.专家会议中每个人的意见都能充分吸收。 （　　）

10.德尔菲方法中,人越多对结果的准确度提高越显著。 （　　）

11.德尔菲方法中,轮间信息反馈与再征询目的是得到一致程度较高的结果。 （　　）

12.德尔菲方法中,征询表可包括专家对自我权威性的评定。 （　　）

四、简答题

1.简述预测的定义。

2.科学预测需要收集分析的信息包括哪些方面?

3.简述科学预测的一般程序。

4.预测方法按预测对象可分为哪几大类?

5.简述德尔菲法预测的程序与方法。

6.派生德尔菲法对德尔菲法做出了哪些修正?

7.简述科学预测的基本要素。

8.时间序列分析预测的基本原理是什么?

9.德尔菲法中专家选择的原则是什么?

10.简述德尔菲法的主要特点。

五、计算题

1.某物资的月消耗统计数据见表 4-1。

表 4-1　习题表(1)

月　份	7	8	9	10	11	12
消耗额/万元	49	48	51	46	48	52

求次年 1 月份的消耗额。

(1)采用滑动平均法,取 $n=4$。

(2)采用加权滑动平均法,取 $n=3$,权系数分别为 0.5、0.2、0.3。

2.某公司做预测,预测数据见表 4-2。

表 4-2　习题表(2)

预测数据	6	7	9	10	13	14
专家人数/人	2	3	3	1	2	2

找出其中的分位点和上、下四分位点。

3.由 11 位专家对某武器装备需求数量进行估计,其估计数量(单位为件)按顺序排列见表 4-3。

表 4-3　习题表(3)

预测数据	90	91	92	93	94	95	96	
专家人数/人	1	2	1	3	2	1	1	

找出其中的分位点和上、下四分位点。

4.某物资的月消耗统计数据见表 4 - 4。

表 4 - 4　习题表(4)

月　份	7	8	9	10	11	12
消耗额/万元	10	15	12	14	13	16

求次年 1 月份的消耗预计值。

(1)用滑动平均法,取 $n=4$。

(2)用加权滑动平均法,取 $n=3$,权系数分别为 3、2、1。

(3)用指数平滑法,取 $a=0.3$,7 月份预计值为 9 万元。

第三节　习题答案

一、填空题

　　1.状态　　2.定量化　　3.信息　　4.知识　　5.规律　　6.准确　　7.状态　　8.3　　9.征询表
　　10.因果　　11.逻辑判断

二、选择题

　　1.D　　2.B　　3.D　　4.A　　5.A　　6.B

三、判断题

　　1.×　　2.√　　3.√　　4.√　　5.√　　6.×　　7.√　　8.√　　9.×　　10.×　　11.√　　12.√

四、简答题

　　1.所谓预测,就是对系统(事物)的未来状态做出推断。

　　2.(1)预测对象有关状态的历史及现时信息;

　　(2)影响对象系统状态演变的有关外在因素的情况,以及它们之间联系的信息;

　　(3)有关的预测理论、模型、方法及实践资料;

　　(4)有关预测机构或专家的情况等。

　　3.明确预测对象,制订预测计划,收集处理信息,确定预测方法,实施预测,预测结果分析,总结。

　　4.①经济预测;②科技预测;③社会预测;④军事预测。

　　5.(1)确定目标;

　　(2)专家选择;

　　(3)设计评估意见征询表;

　　(4)专家征询的轮次与轮间的信息反馈。

　　6.(1)部分取消匿名;

　　(2)部分取消反馈;

　　(3)取消第一轮的事件征询,以减轻专家负担、缩短预测周期;

　　(4)在有条件的情况下还可以采用"实时德尔菲法"。

7.①预测者与预测对象;②依据信息;③预测模型;④预测策略;⑤预测约束;⑥预测理论与知识;⑦预测活动。

8.时间序列分析法就是根据预测对象的数据,利用数理统计方法加以处理,得出事物变化的规律并用以推测未来值。

9.(1)权威性;

(2)代表性;

(3)专家要乐于参加、有时间参加;

(4)人数要适当。

10.匿名性、多重反馈、时间较长。

五、计算题

1.计算如下:

(1)滑动平均法:$\hat{x}_1 = \dfrac{1}{4}(51+46+48+52) = 49.52$(万元)。

(2)加权滑动平均法:$\hat{x}_1 = \dfrac{4.5 \times 52 + 0.3 \times 48 + 0.2 \times 46}{4.5 + 0.3 + 0.2} = 49.6$(万元)。

2.下四分位点 7;中分位点 9;上四分位点 13。

3.下四分位点 91;中分位点 93;上四分位点 94。

4.计算如下:

(1)$\hat{x}_1 = \dfrac{12+14+13+16}{4} = 13.75$(万元)

(2)$\hat{x}_2 = \dfrac{16 \times 3 + 13 \times 2 + 14}{3+1+2} = 14.7$(万元)

(3)$\hat{x}_8 = 10 \times 0.3 + 9 \times 0.7 = 11.01$(万元)

$\hat{x}_9 = 15 \times 0.3 + 9.3 \times 0.7 = 11.01$(万元)

$\hat{x}_{10} = 12 \times 0.3 + 11.01 \times 0.7 = 11.3$(万元)

$\hat{x}_{11} = 14 \times 0.3 + 11.3 \times 0.7 = 12.1$(万元)

$\hat{x}_{12} = 13 \times 0.3 + 12.1 \times 0.7 = 12.4$(万元)

$\hat{x}_1 = 16 \times 0.3 + 12.4 \times 0.7 = 13.5$(万元)

第五章 系 统 优 化

第一节 学 习 要 点

一、线性规划问题

(一)线性规划问题的建模步骤

(1)明确目标和约束。

(2)确定决策变量。

(3)用决策变量表示目标(目标函数)。

(4)用决策变量表示约束(约束条件)。

(5)考虑非负限制。

(二)线性规划问题的数学模型

1. 模型的一般形式

$$\max(\min)z = c_1 x_1 + c_2 x_2 + \cdots + c_n x_n$$

$$\begin{cases} a_{11}x_1 + a_{12}x_2 + \cdots + a_{1n}x_n \leqslant (=, \geqslant)b_1 \\ a_{21}x_1 + a_{22}x_2 + \cdots + a_{2n}x_n \leqslant (=, \geqslant)b_2 \\ \vdots \\ a_{m1}x_1 + a_{m2}x_2 + \cdots + a_{mn}x_n \leqslant (=, \geqslant)b_m \\ x_1, x_2, \cdots, x_n \geqslant 0 \end{cases}$$

该模型中各参数意义如下:c_j 为价值系数;b_i 为资源系数;a_{ij} 为工艺系数。

2. 模型的基本特征

线性规划模型的基本特征为:

(1)每一个问题都用一组决策变量$(x_1, x_2, \cdots, x_n)$表示某一方案,这些决策变量的值就代表一个具体方案,一般这些变量取值是非负的。

(2)存在一定的约束条件,这些约束条件可以用一组线性等式或线性不等式来表示。

(3)都有一个要求到达的目标,它可用决策变量的线性函数来表示,按问题的不同,要求目标函数实现最大化或最小化。

满足以上三个条件的数学模型称为线性规划的数学模型。

(三)线性规划模型的标准形式

1. 标准化要求

(1)所有变量均为非负。

(2)目标函数为最大。

(3)右侧常数为非负。

(4)所有约束条件都为等式。

2. 标准化形式

$$\max z = c_1 x_1 + c_2 x_2 + \cdots + c_n x_n$$

$$\begin{cases} a_{11} x_1 + a_{12} x_2 + \cdots + a_{1n} x_n = b_1 \\ a_{21} x_1 + a_{22} x_2 + \cdots + a_{2n} x_n = b_2 \\ \qquad\qquad \vdots \\ a_{m1} x_1 + a_{m2} x_2 + \cdots + a_{mn} x_n = b_m \\ x_1, x_2, \cdots, x_n \geqslant 0 \end{cases}$$

3. 标准化方法

(1)目标函数为最小化时,令 $z' = -z$,则 $\max z' = -\min z = -\boldsymbol{CX}$,转化为最大化问题。

(2)约束方程右侧常数为负数时,方程两边同乘 -1。

(3)约束方程为不等式时,若为"$\leqslant$"不等式,则在"$\leqslant$"不等式左端加入一非负变量(称为松弛变量,slack variable)化为等式;若为"$\geqslant$"不等式,则在"$\geqslant$"不等式左端减去一非负变量(称为剩余变量,surplus variable)化为等式。松弛变量和剩余变量在目标函数中的系数为 0。

(4)对于无约束决策变量 x_k,可用两个非负变量代替,即令 $x_k = x_k' - x_k''$,其中 x_k'、$x_k'' \geqslant 0$。

(四)线性规划图解法

图解法简单直观,有助于了解线性规划问题求解的基本原理,仅限于求解两个决策变量的 LP 问题。

1. 求解步骤

(1)建立平面直角坐标系(第一象限)。

(2)确定可行域(所有约束确定的半平面的重叠部分)。

(3)画目标函数等值线。

(4)找到最优点、确定最优解。

2. 图解法解的四种情况

(1)有唯一最优解。

(2)无穷多最优解。

(3)无界解。

(4)无可行解。

(五)线性规划问题的解

1. 基

设 $A = (a_{ij})_{m \times n}$ 为约束方程组的系数矩阵,其秩为 m,B 是矩阵 A 中 $m \times m$ 阶非奇异子矩阵($|B| \neq 0$),则称 B 为线性规划问题的一个基。设:

$$B = \begin{bmatrix} a_{11} & a_{12} & \cdots & a_{1m} \\ a_{21} & a_{22} & \cdots & a_{2m} \\ \vdots & \vdots & & \vdots \\ a_{m1} & a_{m2} & \cdots & a_{mm} \end{bmatrix} = (P_1, P_2, \cdots, P_m)$$

即 B 由 m 个线性独立的列向量组成,称 $P_j(j=1,2,\cdots,m)$ 为基向量,相应地 $x_j(j=1, 2,\cdots,m)$ 为基变量,其余的变量为非基变量。

2. 基解

设问题的基 $B = (a_{ij})_{m \times m} = (P_1, P_2, \cdots, P_m)$,则约束方程可变形为

$$\sum_{j=1}^{m} P_j x_j = b - \sum_{j=m+1}^{n} P_j x_j$$

在该方程组中,令非基变量 $x_j = 0$($j=m+1,m+2,\cdots,n$),则称解向量 $X = (x_1,x_2,\cdots,x_m,0,\cdots,0)^{\mathrm{T}}$ 为问题的一个基解。一个基对应一个基解,因此,基解的个数不大于 $C_n^m = \dfrac{n!}{m!\,(n-m)!}$。

3. 基可行解

满足非负约束条件的基解,称为基可行解。

4. 可行基

对应于基可行解的基,称为可行基。

可行解、非可行解、基解、基可行解之间的关系如图 5-1 所示。

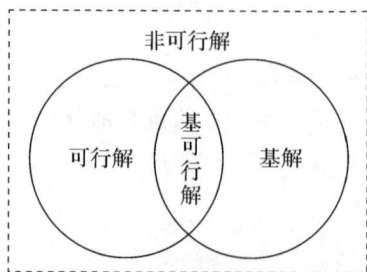

图 5-1　解之间的关系

(六)线性规划解的几何意义

1.相关概念

(1)凸集。设 K 是 n 维欧氏空间的一点集,若任意两点 $X^{(1)}$,$X^{(2)} \in K$ 的连线上的一切点 $\alpha X^{(1)} + (1-\alpha)X^{(2)} \in K$,$(0 \leqslant \alpha \leqslant 1)$,则称 K 为凸集。

任何两个凸集的交集是凸集,任何两个凸集的并集不一定是凸集。

(2)凸组合。设 $X^{(1)}$,$X^{(2)}$,$\cdots$,$X^{(k)}$ 是 n 维欧式空间 E^n 中的 k 个点,若存在 μ_1,μ_2,$\cdots$,μ_k,且 $0 \leqslant \mu_i \leqslant 1$,$\sum\limits_{i=1}^{k} \mu_i = 1 (i = 1,2,\cdots,k)$,使得

$$X = \mu_1 X^{(1)} + \mu_2 X^{(2)} + \cdots + \mu_k X^{(k)}$$

则称 X 为 $X^{(1)}$,$X^{(2)}$,$\cdots$,$X^{(k)}$ 的凸组合。

(3)顶点。对于凸集 K 中的点 X,若 X 不能用不同的两点 $X^{(1)} \in K$ 和 $X^{(2)} \in K$ 的凸组合表示为 $X = \alpha X^{(1)} + (1-\alpha)X^{(2)}$ $(0 < \alpha < 1)$,则称 X 为 K 的一个顶点(或极点)。

2.相关定理

定理 1　若线性规划问题存在可行域,则其可行域 $D = \{X | AX = b, X \geqslant 0\}$ 一定是凸集。

引理 1　线性规划问题的可行解 $X = (x_1, x_2, \cdots, x_n)^{\mathrm{T}}$ 为基可行解的充要条件是 X 的正分量所对应的系数列向量是线性独立的。

定理 2　线性规划问题的基可行解 X 对应于可行域 D 的顶点。

引理 2　若 K 是有界凸集,则任何一点 $X \in K$ 可表示为 K 的顶点的凸组合。

定理 3　若可行域有界,则线性规划问题的目标函数一定可以在其可行域顶点上达到最优。

另外,若可行域无界,则可能无最优解,也可能有最优解,若有最优解也必定在某顶点上得到。

有时目标函数可能在多个顶点处达到最优值,这时在这些顶点的凸组合也达到最优值,称这种线性规划问题有无穷多最优解。

定理 4　线性规划问题最优解的凸组合仍是最优解。

从上述定理可以得到三条基本结论:

(1)线性规划问题的可行域是凸集;

(2)线性规划问题的每个基可行解对应可行域的一个顶点,可行域有有限个顶点(不大于 C_n^m 个);

(3)线性规划问题的最优解必定在可行域的某个顶点或在几个最优解顶点的凸组合上取得。

(七)线性规划单纯形法

1.求解原理

从可行解域的一个顶点(某个基可行解)开始,转换到另一个顶点,并且使目标函数值逐渐增大,当达到最大时,即在该顶点上取得了最优解。

2. 求解步骤

(1) 模型标准化。

(2) 确定初始基可行解。

(3) 最优解判别。判别准则：对于最大化问题，当所有非基变量的检验数 $\sigma_j \leqslant 0$ 时，问题得到最优解。

(4) 基变换。先确定换入变量：从正的检验数中找最大的，以该检验数对应的变量为换入变量。即 $\max\{\sigma_j \mid \sigma_j > 0\} = \sigma_k$，所对应的非基变量 x_k 入基，所以 x_k 为换入变量。后确定换出变量：按照最小 θ 比值规则确定换出变量，其中，$\theta = \min\limits_i \left\{ \dfrac{b'_i}{a'_{ik}} \middle| a'_{ik} > 0 \right\} = \dfrac{b'_l}{a'_{lk}}$，在确定换出变量时，计算 b 列和换入变量前系数的比值，选择最小 θ 比值对应的变量 x_l 出基，所以 x_l 为换出变量。

(5) 迭代。将换入变量 x_k 写入基变量列中，将换出变量 x_l 出基。迭代的目的是通过初等变换，将主元素化为 1，将换入变量 x_k 列的其他元素变为 0，即将基矩阵恢复为单位矩阵，得到一个新的单纯形表，确定一个新的基可行解。

重复步骤 (3)～(5)，直至得到最优解或出现其他解的情况为止。

3. 单纯形法的进一步讨论

(1) 最小化的线性规划问题。对于最小化的线性规划问题，它与最大化问题求解的不同点为：

1) 当所有检验数都为非负时，得到最优解；

2) 在确定换入变量时，选取负检验数中最小的对应的非基变量为换入变量。

其他步骤完全相同。

(2) 人工变量。模型标准化时，约束方程组中应设法形成一个单位矩阵，有些模型就需要引入人工变量。人工变量是约束为等式时引入的，故人工变量取值必须为 0。在最大化目标函数中（$\max z$），人工变量前的系数为惩罚系数 M（M 为值任意大的正数）；在最小化目标函数中（$\min z$），人工变量前的系数为 $-M$。人工变量无任何物理意义，所以在迭代中要求将它们逐个从基变量中替换出去，若经过基变换后，基变量中不再含有非 0 的人工变量，则表示原问题有解，否则表示无解。这种单纯形法称为大 M 法。

(3) 解的退化问题。若基可行解的不为 0 的分量个数少于 m 个，这种解称为退化解。单纯形法计算中采用 θ 规则确定换出变量时，若同时存在两个以上相同的最小比值，这就表示在下一次迭代中有多个基变量等于 0，这时就会出现退化解。遵循以下规则就可以避免退化解的出现。

1) 选取 $\sigma_j > 0$ 中下标最小的非基变量 x_k 为换入变量，即 $k = \min\{j \mid \sigma_j > 0\}$；

2) 当按 θ 规则计算存在两个或两个以上最小值时，选下标最小的基变量为换出变量。

4. 单纯形法小结

对目标函数求最大值的线性规划问题，单纯形法计算框图如图 5-2 所示。

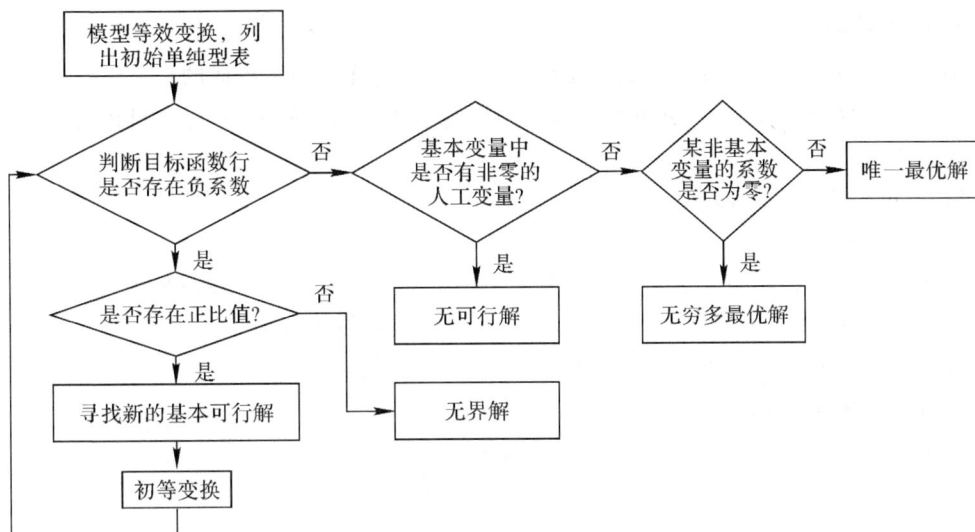

图 5-2 单纯形法计算框图

二、目标规划问题

(一)基本概念

1. 正、负偏差变量

对系统的每个优化目标事先给予一个期望目标值,把目标实际值和期望值之间产生的偏差定义为正、负偏差变量 d^+、d^-。

正偏差变量 d^+:表示目标实际值超过期望值的部分;

负偏差变量 d^-:表示目标实际值未达到期望值的部分;

注意:因目标实际值不可能既超过期望值,同时又未达到期望,所以 d^+、d^- 至少有一个等于 0,即 $d^+ \times d^- = 0(d^+ \geq 0, d^- \geq 0)$。

2. 绝对约束和目标约束

绝对约束:必须严格满足的等式或不等式约束,否则将使解成为非可行解,这类约束称为绝对约束,也叫硬约束。如线性规划中的所有约束条件。

目标约束:与系统优化目标相对应的约束称为目标约束,这种约束把约束右端项看作是要追求的目标,在达到此目标时允许发生正或负的偏差,常在左端加入正、负偏差变量。此种约束又称为软约束。

3. 优先因子和权系数

优先因子:在多目标优化中,决策者根据目标的主次和轻重缓急,赋予不同目标优先等级的系数。以 P_1,$P_2 \cdots$ 表示,并规定 $P_k \gg P_{k+1}$,表示 P_k 比 P_{k+1} 有更大的优先权,即首先满足 P_1 级目标的实现;而 P_2 级目标是在实现 P_1 级目标的基础上考虑的,其优先程度随着 k 值的上升而下降。

权系数:在具有相同优先因子的两个以上目标中,为区别差异而设置的权重系数叫权系数,以 ω_j 表示。

4.目标规划的目标函数

构成:由各目标约束的正、负偏差变量和赋予相应的优先因子构成的。

因为每一目标值确定后,决策者总是希望尽量缩小偏离目标的值,所以目标规划中的目标函数均为最小化。

形式:$\min Z = f(d^+, d^-)$

其基本形式有三种:

(1)$\min Z = f(d^+ + d^-)$。即要求恰好到达目标值,正、负偏差都要尽可能地小。

(2)$\min Z = f(d^+)$。即要求不超过目标值,正偏差要尽可能地小。

(3)$\min Z = f(d^-)$。即要求不低于目标值,负偏差要尽可能地小。

(二)目标规划问题的数学模型

$$\min z = \sum_{l}^{L} P_l \sum_{k=1}^{K} (w_{lk}^- d_k^- + w_{lk}^+ d_k^+)$$

$$\begin{cases} \sum_{j=1}^{n} c_{kj} x_j + d_k^- - d_k^+ = g_k, & k = 1, 2, \cdots, K \\ \sum_{j=1}^{n} a_{ij} x_j \leqslant (=, \geqslant) b_i, & i = 1, 2, \cdots, m \\ x_j \geqslant 0, & j = 1, 2, \cdots, n \\ d_k^-, \quad d_k^+ \geqslant 0, & k = 1, 2, \cdots, K \end{cases}$$

目标函数中有 K 个目标,根据 K 个目标的优先程度,把它们分成 L 个优先等级,即 $P_1 \gg P_2 \gg \cdots \gg P_L$。$\omega_{lk}$ 是权系数,d_k^-, d_k^+ 是正、负偏差变量。g_k 是第 k 个目标的预定目标值。模型中的预定目标值、优先因子、权系数等,一般可由专家评定法予以确定。

(三)目标规划图解法

对目标规划问题进行求解的基本步骤如下:

(1)建立平面直角坐标系。

(2)确定绝对约束对应的可行域。

(3)作目标约束对应的直线,并标明正、负偏差变量的方向。

(4)按优先因子逐级分析各目标要求,并不断修正可行域。

(5)确定满意解位置。

(四)目标规划单纯形法

1.求解规定

由于目标规划的数学模型结构与线性规划无本质区别,故也可用单纯形法来求解。但由于目标规划自身的特点,在求解中需要作一些规定。

(1)将优先因子看作具有不同数量等级的若干个很大的正数,而把正、负偏差变量看作普通的变量。

(2)因目标规划问题的目标函数都是求最小化,所以当 $\sigma_j \geqslant 0 (j = 1, 2, \cdots, n)$ 时即得最优解。

(3)因非基变量的检验数中含有不同等级的优先因子,即检验数为

$$\sigma_j = \sum_{k=1}^{K} \alpha_{kj} p_k \quad (j = 1, 2, \cdots, n)$$

由于 $P_1 \gg P_2 \gg \cdots \gg P_k$，所以，检验数的正负首先决定于 P_1 的系数 α_{1j} 的正负。若 $\alpha_{1j} = 0$，这时检验数的正负就决定于 P_2 系数 α_{2j} 的正负，依次类推。

2. 目标规划与线性规划单纯形法的主要区别

(1)在单纯形表中，将检验数行按优先因子个数分别列成 K 行。

(2)按最小比值规则确定换出变量，当存在两个和两个以上相同的最小比值时，选取具有较高优先级别的变量为换出变量。

3. 求解步骤

(1)建立初始单纯形表，在表中将检验数行按优先因子个数分别列成 K 行，置 $k=1$。

(2)检查该行中是否存在负数，且对应的前 $k-1$ 行的系数是零。若有，取其中最小者对应的变量为换入变量，转步骤(3)；若无负数，则转步骤(5)。

(3)按最小比值规则确定换出变量，当存在两个和两个以上相同的最小比值时，选取具有较高优先级别的变量为换出变量。

(4)按单纯形法进行基变换运算，建立新的计算表，返回步骤(2)。

(5)当 $k=K$ 时，计算结束，表中的解即为满意解；否则置 $k=k+1$，返回到步骤(2)。

三、运输问题

(一)运输问题的基本概念

1. 运输问题

在从若干个产地将物资调往若干个销地的过程中，寻求使运力或运费最省的调运方案的问题，即为运输问题。

2. 产销调运表(见表 5-1)

表 5-1　产销调运表

供应点	需求点				供应量
	B_1	B_2	$\cdots$	B_n	
A_1	c_{11} x_{11}	c_{12} x_{12}	$\cdots$ $\cdots$	c_{1n} x_{1n}	a_1
A_2	c_{21} x_{21}	c_{22} x_{22}	$\cdots$ $\cdots$	c_{2n} x_{2n}	a_2
$\vdots$	$\vdots$	$\vdots$	$\ddots$	$\vdots$	$\vdots$
A_m	c_{m1} x_{m1}	c_{m2} x_{m2}	$\cdots$ $\cdots$	c_{mn} x_{mn}	a_m
需求量	b_1	b_2	$\cdots$	b_n	

表 5-1 中涉及的相关概念如下：

(1)产地:装备物资的生产地,也可称为物资的供应地(A_i)。

(2)销地:装备物资的需求地,也可称为物资的需求地(B_j)。

(3)可供量:装备物资的可供应数量(a_i)。

(4)需求量:装备物资的需求数量(b_j)。

(5)调运量:从供应地 A_i 调往需求地 B_j 的物资数量(x_{ij})。

(6)单位运价/距离:从供应地 A_i 到需求地 B_j 的单位物资运价或距离(C_{ij})。

(7)运费:运输费用,即调运量×单位运价。

(8)运力:运输能力,即调运量×距离。

(二)运输问题的数学模型

1.模型的一般形式

供需平衡的运输问题的数学模型为

$$\min z = \sum_{i=1}^{m} \sum_{j=1}^{n} c_{ij} x_{ij}$$

$$\begin{cases} \sum_{j=1}^{n} x_{ij} = a_i & i=1,2,\cdots,m \\ \sum_{i=1}^{m} x_{ij} = b_j, & j=1,2,\cdots,n \\ x_{ij} \geqslant 0, & i=1,2,\cdots,m \quad j=1,2,\cdots,n \end{cases}$$

2.模型特征

(1)变量个数为 $m \times n$ 个。

(2)约束方程个数为 $m+n$ 个。

(3)系数矩阵结构比较松散,为大型稀疏矩阵 $\boldsymbol{A}$。

(4)供需平衡时:

$$\sum_{j=1}^{n} b_j = \sum_{i=1}^{m} a_i$$

且供方约束、需方约束均为等式约束。

(5)具备线性规划的三个基本特征,是特殊的线性规划问题。

$$\boldsymbol{A} = \begin{bmatrix} 1 & 1 & \cdots & 1 & & & & & & & & \\ & & & & 1 & 1 & \cdots & 1 & & & & \\ & & & & & & & & \ddots & & & \\ & & & & & & & & 1 & 1 & \cdots & 1 \\ 1 & & & & 1 & & & & 1 & & & \\ & 1 & & & & 1 & & & & 1 & & \\ & & \ddots & & & & \ddots & & & & \ddots & \\ & & & 1 & & & & 1 & & & & 1 \end{bmatrix}$$

(6)只有 $m+n-1$ 个独立约束条件。可以证明系数矩阵的秩为 B,即供需平衡的运输

问题有 B 个基变量。

注意:供需平衡的运输问题一定存在最优解！这是因为产销平衡,所以一定有可行解,而目标函数有下界,所以一定存在最优解。

(三)运输问题初始方案的确定

运输问题的特殊解法叫表上作业法,是单纯形法在求解运输问题时的一种简化方法,其思路与单纯形法一致,只是具体算法有所不同。

表上作业法的大致思路为:初始基可行解的确定、最优解判定、基变换和调整等步骤。

1.最小元素法

最小元素:指调运表中供应地至需求地的最小运价。

最小元素法:根据经济最省和就近供应的原则来分配物资、组织调运的一种方法。

2.伏格尔法

最小元素法具有简单、直观的优点,但其缺点也是很明显的:常常为了节省一处的费用,而在其他处要多花几倍的运费。伏格尔法考虑到:在确定调运量时,同时计算出次小运费和最小运费的差额,差额越大,说明不按此处最小运费调运时,运费增加越多。因而安排调运时,应优先安排差额最大所在行(或列)的最小运费处调运。伏格尔法的主要步骤如下:

(1)分别计算出各行和各列的最小运费和次小运费的差额,并填入调运表的最右列和最下行。

(2)从行或列差额中选出差额最大者,选择它所在行或列中的最小元素。确定该处的调运量。若可供量用完,划去该行;若完全满足需求量,划去该列。

(3)对未划去的元素再分别计算出各行、各列的最小运费和次小运费的差额,并填入该表的最右列和最下行。重复步骤(1)、步骤(2)直到给出初始解为止。

3.方法的比较

最小元素法简单,距最优解较远;伏格尔法复杂,但离最优解较近。

(四)运输问题最优方案的确定(闭回路法)

(1)画出各非基变量的闭回路。画闭回路的原则为:

1)从非基变量(空格)出发,遇基变量(数字格)转 $90°$,最后回到原非基变量;

2)回路由连续的水平和垂直线段连接而成;

3)为形成回路,线段可穿越某些基变量和非基变量所在格;

4)线段的转折方向不受限制。

(2)计算各非基变量的检验数。

检验数:闭回路中该非基变量增加单位运量对总运费的影响量。

在各非基变量的闭回路中,奇数拐点减去一个单位的调运量,偶数拐点增加一个单位的调运量,各拐点调运量的增量乘以单位运价之和便得影响系数。它反映了非基变量增加一个单位调运量后,对目标函数的影响程度。

(3)最优性检验。

原则:对于目标最小化问题,当所有非基变量检验数 $\sigma_{ij} \geqslant 0$ 时,即得到最优解。

(4)确定调整变量(换入变量)。

原则:取负检验数中最小的所对应的变量为调整变量。

(5)确定调整量。

调整量 $\theta_{max} = \min \{$ 调整变量闭回路中具有 (-1) 的数字格中的调运量 $\}$

(6)在调整变量的闭回路中进行调整,得到一个新的调运方案。

(7)检查是否取得最优解。即转回步骤(1)。重复步骤(1)~(5),当所有检验数都为非负时,即得到了最优解。

(五)无穷多最优解问题

最优解有两种情况:

(1)唯一最优解:非基变量所有的检验数大于 0。

(2)无穷多最优解:非基变量所有的检验数不小于 0,且存在某个非基变量的检验数等于 0。

(六)退化解问题

退化解:基变量的个数 $< m+n-1$ 时,会出现退化解。此时,应补足基变量个数到 $m+n-1$,以确保可以找到闭回路。

方法:为了保证有 $m+n-1$ 个基变量,需要在同时划去行和列的任一空格处填入一个 0,将它作为基变量。

(七)不平衡运输问题

不平衡问题分为供大于求和供小于求两类运输问题。

求解思路:将不平衡问题化为平衡问题,然后按平衡问题求解。

情况 1:产大于销的运输问题。

处理方法:可虚设一个销地,将不平衡问题变成平衡问题进行求解。

情况 2:产小于销的运输问题。

处理方法:可虚设一个产地,将不平衡问题变成平衡问题进行求解。

四、整数规划问题

(一)整数规划的定义

要求所有或部分变量取整数值的线性规划问题即为整数规划。

(二)整数规划的分类

(1)混合整数规划:部分变量被限制为整数。

(2)纯整数规划:所有变量都被限制为整数。

(3)0-1 型整数规划:变量只能取 0 或 1 两个整数。

(三)整数规划求解——分支定界法

1. 求解思路

分支定界法用于求解纯整数或混合整数规划问题,其求解思路如下:

设有整数规划问题 A，不考虑取整约束求相应的线性规划问题 B_0 的最优解。

(1)若 B_0 的最优解符合 A 的整数条件，则 B_0 的最优解即是 A 的最优解。

(2)若 B_0 的最优解不符合 A 的整数条件时，通过增加整数约束条件将原问题 B_0 分成两个子问题(分支)。求解子问题，看是否符合 A 的整数条件。其中要注意问题 A 的最优值 Z^* 的上下界(定界)。重复此过程，直至得到最优解。

2.求解步骤

(1)将原整数规划问题 A 转化为相应的线性规划问题 B(不考虑取整约束)，求解问题 B。

(2)若 B 无可行解，则 A 也无可行解，停止运算。

(3)若 B 存在最优解，检验最优解是否符合取整约束。若符合，B 的最优解即为原整数规划 A 的最优解，停止运算；若不符合，记它的目标函数值为原整数规划 A 的上界 $\bar{z}$，转下步。

(4)找出原整数规划 A 的一个整数可行解，如 $x_j=0,j=1,2,\cdots,n$，求其目标函数值，记为原整数规划 A 的下界 $\underline{z}$，即有 $\underline{z}\leqslant z^*\leqslant\bar{z}$。

(5)分支。任选一非整数的变量 x_j，其值为 b_j，以 $[b_j]$ 表示小于 b_j 的最大整数，构造两个约束条件：$x_j\leqslant[b_j]$ 和 $x_j\geqslant[b_j]+1$，将这两个约束条件加入问题 B，产生两个后继问题 B_1、B_2。求解问题 B_1 和 B_2。

(6)定界。以每个后继问题为一分支并标明求解结果，比较结果找出最优目标函数值最大者作为新的上界；从符合整数条件的各分支中，找出目标函数值为最大者作为新的下界 $\underline{z}$，若无下界仍为 0。

(7)比较与剪支。各分支的目标函数中若有小于 $\underline{z}$ 者，则剪掉这支；若大于 $\underline{z}$，且不符合整数条件，则重复步骤(5)，直到最后得到 $z^*=\underline{z}$ 为止。

五、指派问题

(一)指派问题的概念

指派问题：在满足给定的指派要求条件下，根据任务的性质和承担者的特长，科学地安排 m 个人去完成 n 项任务且使总体效果最佳的问题，统称为指派问题。

根据人数与任务数的多少，指派问题可以分为两大类：

(1)当人数 m 与任务数 n 相等时，$m=n$，称为平衡的指派问题；

(2)当人数 m 与任务数 n 不相等时，$m\neq n$，称为不平衡的指派问题。

(二)指派问题的数学模型

指派问题属于 0-1 规划问题。

(1)设决策变量为 x_{ij}，则

$$x_{ij}=\begin{cases}1,&\text{指派第 }i\text{ 人去完成第 }j\text{ 项任务}\\0,&\text{不指派第 }i\text{ 人去完成第 }j\text{ 项任务}\end{cases}$$

(2)目标函数(最小化)：

$$\min z = \sum_{i=1}^{n} \sum_{j=1}^{n} c_{ij} x_{ij}$$

(3)约束条件：

$$\begin{cases} \sum_{j=1}^{n} x_{ij} = 1 \quad (i = 1, 2, \cdots, n) \\ \sum_{i=1}^{n} x_{ij} = 1 \quad (j = 1, 2, \cdots, n) \\ x_{ij} = 0 \text{ 或 } 1 \end{cases}$$

其中：$[c_{ij}]_{n \times n}$ 称为效率矩阵或系数矩阵；$[x_{ij}]$ 称为解矩阵，其中各行各列的元素之和都是 1。

满足约束方程的可行解可表示成矩阵形式，称为解矩阵。由于平衡指派问题的特点，解矩阵中各行各列的元素之和都是 1，即各行各列都只有一个 1 元素，也就是说，解矩阵中应有 n 个不同行不同列的 1 元素，将不同行不同列元素的称为独立的元素，故解矩阵中应有 n 个独立的零元素。因此，最优分配方案（最优的解矩阵）就应当是包含 n 个使目标函数最小的独立 1 元素的解矩阵。

(三)匈牙利法

该方法是美国运筹学家 H. W. Kuhn 于 1955 年提出的。之所以取名匈牙利法，是因为他引用了匈牙利数学家 Konig 关于效率矩阵求解的等效原理和 0 元素定理。

1. 等效原理

将效率矩阵的各行(列)减去该行(列)的最小元素后求解，最优解不变。

2. 求解思路

从指派问题的效率矩阵入手，通过初等行(列)变换，使得效率矩阵每一行(列)中至少有一个 0 元素，如果找到 n 个不同行不同列的独立 0 元素，就得到与这些独立 0 元素相对应的最优分配方案。

3. 求解步骤

(1)化简，使效率矩阵各行各列出现 0 元素。

1)先用矩阵的每行减去该行的最小元素；

2)再用矩阵的每列减去该列的最小元素。

(2)试指派，寻求最优解。

1)从只有一个 0 元素的行(列)开始，给这个 0 元素加圈，然后划去该 0 元素所在列(行)的其他 0 元素，直到所有的 0 元素都被圈出或划掉为止，这些被圈出的 0 元素即为独立 0 元素。

2)若独立 0 元素的数目 m 等于矩阵的阶数 n，那么最优解得到。令独立 0 元素对应的变量取 1，其余变量取 0，即得到最优解。否则，转入下一步。

(3)画线，作能覆盖所有 0 元素的最少直线。

数学家康尼格提出的一个关于矩阵中 0 元素定理:效率矩阵中独立 0 元素的最多个数等于覆盖所有 0 元素的最少直线数。即如果直线数量等于矩阵维数，说明当前矩阵可以通过试指派达到最优解,否则必须调整。

因此,我们的做法是,总是从当前 0 最多的行(列)中画覆盖直线,直至直线覆盖所有 0 元素。

注意:

1)画线不唯一,但不会影响最终结果。

2)直线尽量不在 0 处相交。

(4)调整,使效率矩阵 0 元素增加。

在没有被直线覆盖的元素中找出最小值,然后用这些元素减去这个最小值,直线交点处的元素加上这个最小值,其余不变,得到新的效率矩阵(b'_{ij})。

(5)重新试指派,寻找最优解。

对新的效率矩阵(b'_{ij})重新试指派,若得到 n 个独立的 0 元素,则得到最优解,否则返回第三步重复进行。

注意:

1)指派问题可能出现两个或两个以上最优解的现象。

2)匈牙利法只适用于效率矩阵非负、目标最小化的平衡指派问题。对于非此形式的指派问题需要具体问题具体处理。

匈牙利法求解步骤如图 5-3 所示。

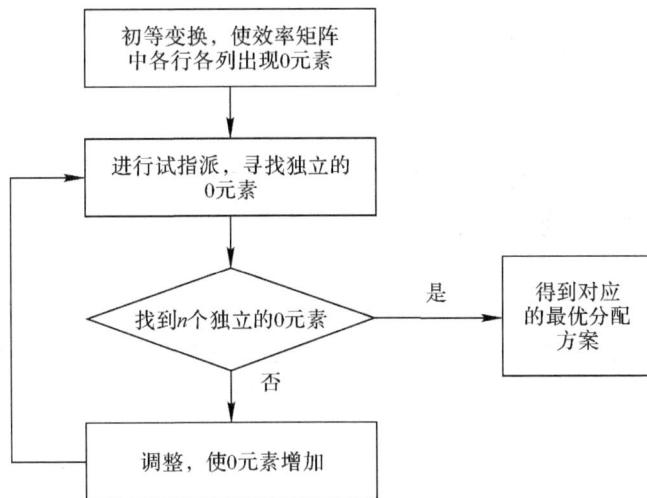

图 5-3　匈牙利法求解步骤

(四)特殊情形处理

【情形 1】　不平衡指派问题。

求解思路:将不平衡问题化为平衡问题(人数=任务数),然后运用匈牙利法求解。

(1)人多事少($m > n$)。

处理方法:虚拟 $m-n$ 项任务,相应的效率系数取 0。

(2)人少事多($m < n$)。

处理方法:虚拟 $n-m$ 个人,相应的效率系数取 0。

(3)1人多事。

处理方法：1人化作几"人"，且效率系数不变。

【情形 2】 目标极大化的问题。

处理方法：用效率矩阵的最大值 M 减去矩阵中的所有元素，得到新效率矩阵 $C'=[m-c_{ij}]$，再用新的效率矩阵求解，即将 max 型转化为 min 型求解。

六、动态规划问题

(一)多阶段决策过程

有一类活动的过程可分为若干个互相联系的阶段，在它的每一个阶段都需要做出决策，从而使整个过程达到最好的活动效果。各个阶段的决策既依赖于当前面临的状态，又影响以后的发展。在各个阶段的决策确定之后，就组成了一个决策序列。具有这种链状结构的过程称为多阶段决策过程。

解决多阶段决策过程最优化的一种数学方法称为动态规划。动态规划是美国数学家贝尔曼(R. Bellman)创立的一种解决复杂系统优化问题的方法，是目前解决多阶段决策过程问题的基本理论之一。

(二)动态规划的基本概念

1.阶段

将求解中的问题，按时空划分为若干个互相联系的子问题，这些子问题称之为阶段。描述阶段的变量称为阶段变量，常用 k 表示。

2.状态

某阶段的出发位置称为状态，它既是该阶段某支路的始点，又是前一阶段某支路的终点。描述过程状态的变量称为状态变量，以 S_k 表示。

3.决策

在某一阶段状态给定后，从该状态演变到下一阶段某状态的选择。以 $u_k(s_k)$ 表示第 k 阶段状态为 s_k 时的决策变量。在实际问题中，决策变量的取值往往限制在某一范围之内，此范围称为允许决策集合。常用 $D_k(s_k)$ 表示第 k 阶段从状态 s_k 出发的允许决策集合，显然有 $u_k(s_k)\in D_k(s_k)$。

4.策略

策略是一个按顺序排列的决策组成的集合。由 k 阶段开始到终止状态的过程，称为问题的后部子过程(或 k 子过程)，其策略为 $p_{k,n}(s_k)=\{u_k(s_k),\cdots,u_n(s_n)\}$ 称为 k 子过程策略。当 $k=1$ 时，便是全过程策略，简称策略。记作：

$$p_{1,n}(s_1)=\{u_1(s_1),u_2(s_2),\cdots,u_n(s_n)\}$$

5.阶段指标

过程的某一阶段、某一状态，在一定的决策方案下所得到的指标值称为阶段指标。以 $v_k(s_k,u_k)$ 表示。在不同问题中，其具体含义不同，可能是距离、利润、成本、产量、或资源消耗。

6. 指标函数和最优值函数

用来衡量所实现过程优劣的数量指标,称为指标函数。记为

$$V_{k,n}=V_{k,n}(s_k,u_k,s_{k+1},\cdots,s_{n+1})\quad k=1,2,\cdots,n$$

指标函数具有可分离性,并满足递推关系,即 $V_{k,n}$ 可以表示为 s_k、u_k、$V_{k+1,n}$ 的函数,记为

$$V_{k,n}=\varPhi[s_k,u_k,V_{k+1,n}(s_{k+1},\cdots,s_{n+1})]$$

7. 常用的指标函数形式

(1)过程和它的任一子过程的指标是它所包含的各阶段的指标之和。即

$$V_{k,n}(s_k,u_k,\cdots,s_{n+1})=\sum_{j=k}^{n}v_j(s_j,u_j)$$

其中,$v_j(s_j,u_j)$ 为各阶段的阶段指标。上式也可写成

$$V_{k,n}(s_k,u_k,\cdots,s_{n+1})=v_k(s_k,u_k)+V_{k+1,n}(s_{k+1},u_{k+1},\cdots,s_{n+1})$$

(2)过程和它的任一子过程的指标是它所包含的各阶段的指标的乘积。即

$$V_{k,n}(s_k,u_k,\cdots,s_{n+1})=\prod_{j=k}^{n}v_j(s_j,u_j)$$

上式也可写成

$$V_{k,n}(s_k,u_k,\cdots,s_{n+1})=v_k(s_k,u_k)*V_{k+1,n}(s_{k+1},u_{k+1},\cdots,s_{n+1})$$

最优的指标函数称为最优值函数。用 $f_k(s_k)$ 表示 k 阶段 s_k 状态下的最优值函数。记为

$$f_k(s_k)=\underset{\{u_k,\cdots,u_n\}}{\text{opt}}V_{k,n}(s_k,u_k,\cdots,s_{n+1})$$

其中,opt 有求 max 和 min 两种情况。

(三)动态规划的基本原理

(1)最优性原理:最优策略的子策略仍是最优的。

(2)动态规划基本思想。

1)将一个复杂问题分成若干个相联系的阶段,逐段递推寻优。

2)在寻优过程中,既把当前一段和未来各段分开,又把当前效益和未来效益结合起来整体考虑。

(四)动态规划的基本方程

动态规划方法有逆序解法和顺序解法之分,其关键在于正确写出动态规划的递推关系式,故递推方式有逆推和顺推两种形式。一般来说:当初始状态给定时,用逆推比较方便;当终止状态给定时,用顺推比较方便。

1. 逆序解法

动态规划的基本方程是建立动态规划模型的关键。设第 k 阶段处于状态 s_k,决策是 $u_k(s_k)$,状态转移方程为 $s_{k+1}=T_k(s_k,u_k)$,k 阶段和 $k+1$ 阶段的递推关系式可以写为

$$\begin{cases} f_k(s_k)=\underset{u_k\in D_k(s_k)}{\text{opt}}[v_k(s_k,u_k)*f_{k+1}(s_{k+1})]\quad k=n,n-1,\cdots,1 \\ f_{n+1}(s_{n+1})=0\ \text{或}\ 1 \end{cases}$$

式中,运算符号 * 表示加"+"或乘"×"。当运算符号取加法时,边界条件 $f_{n+1}(s_{n+1})=0$;当运算符号取乘法时,边界条件 $f_{n+1}(s_{n+1})=1$。求解时,根据边界条件从 $k=n$ 开始,由后向前逆推,逐步求得各段最优决策和相应的最优值,最后求得 $f_1(s_1)$,得到整个问题的最优解,如图 5-4 所示。这种设定始点和终点、给定行进方向后,从后一阶段向前一阶段递推的解法叫逆序解法(backward induction method),相应的基本方程称为逆序解法基本方程。

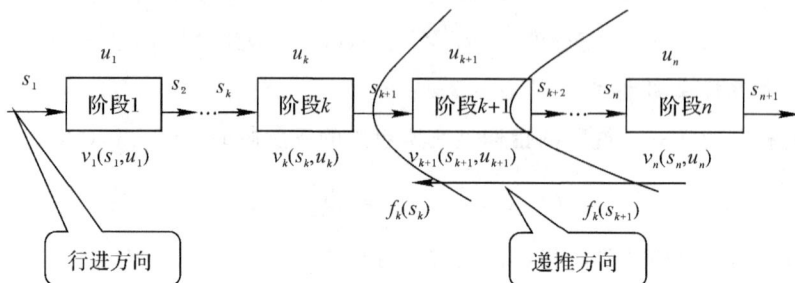

图 5-4 逆序递推图

一般地,对于有 n 个阶段的动态规划问题,逆序解法基本方程为

$$\begin{cases} f_k(s_k) = \underset{u_k \in D_k(s_k)}{\text{opt}} \{v_k[s_k,u_k(s_k)] + f_{k+1}(s_{k+1})\} & k=n,n-1,\cdots,1 \\ f_{n+1}(s_{n+1})=0 \end{cases}$$

式中,$s_{k+1}=T_k(s_k,u_k)$,其求解过程,根据边界条件,从 $k=n$ 开始,由后向前逆推,从而逐步求得各段的最优决策和相应的最优值,最后求出 $f_1(s_1)$ 时,就得到整个问题的最优解。

2. **顺序解法**

若将始点和终点位置对调,仍用上述递推关系的解法,叫顺序解法。顺序解法递推图如图 5-5 所示。

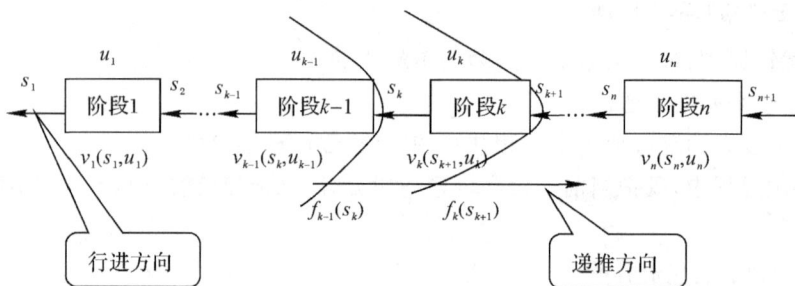

图 5-5 顺序法递推图

一般地,对于有 n 个阶段的动态规划问题,顺序解法基本方程为

$$\begin{cases} f_k(s_{k+1}) = \underset{u_k \in D'_k(s_{k+1})}{\text{opt}} \{v_k[s_{k+1},u_k(s_{k+1})] + f_{k-1}(s_k)\} & k=1,2,\cdots,n \\ f_0(s_1)=0 \end{cases}$$

式中,$s_k=T'_k(s_{k+1},u_k)$,其求解过程,根据边界条件,从 $k=1$ 开始,由前向后顺推,从而逐步求得各段的最优决策和相应的最优值,最后求出 $f_n(s_{n+1})$ 时,就得到整个问题的最优解。

3. **逆序求解步骤**

利用动态规划的逆序解法求解,一般有如下步骤:

（1）划分阶段。划分阶段是运用动态规划求解多阶段决策问题的第一步，在确定多阶段特性后，按时间或空间先后顺序，将过程划分为若干相互联系的阶段。对于静态问题要人为地赋予"时间"概念，以便划分阶段。

（2）正确选择状态变量 s_k。选择变量既要能确切描述过程演变又要满足无后效性，而且各阶段状态变量的取值能够确定。一般地，状态变量的选择是从过程演变的特点中寻找。

（3）确定决策变量 u_k 及允许决策集合 $D_k(s_k)$。通常选择所求解问题的关键变量作为决策变量，同时要给出决策变量的取值范围，即确定允许决策集合。

（4）确定状态转移方程。根据 k 阶段状态变量 s_k 和决策变量 $u_k(s_k)$ 写出 $k+1$ 阶段状态变量 s_{k+1}，即 $s_{k+1}=T_k(s_k,u_k)$，状态转移方程应当具有递推关系。

（5）确定阶段指标函数和最优指标函数，建立动态规划基本方程。阶段指标函数 $v_k(s_k,u_k)$ 是指第 k 阶段的收益，最优指标函数 $f_k(s_k)$ 是指从第 k 阶段状态 s_k 出发到第 n 阶段末所获得收益的最优值，最后写出动态规划基本方程。

$$\begin{cases} f_k(s_k)=\operatorname*{opt}_{u_k\in D_k(s_k)}[v_k(s_k,u_k)*f_{k+1}(s_{k+1})] & k=n,n-1,\cdots,1 \\ f_{n+1}(s_{n+1})=0 \text{ 或 } 1 \end{cases}$$

（6）从 $f_n(s_n)$ 开始逐段求解，直至 $f_1(s_1)$。由于 s_1 已知，顺推得最优解及最优值。

七、排队问题

排队论（Queuing Theory）又称随即服务系统理论，是研究排队系统性态和优化的理论。其研究内容主要包括两个方面：

（1）分析排队系统的性态（排队长度、等候时间、忙期等概率问题），估计其服务效率或对其进行优化（如高炮阵地需配备多少门火炮等）。

（2）排队系统最优化问题（设计优化、运行优化等）。

（一）排队系统组成

实际中的排队系统各不相同。图 5-6 是排队系统的一般模型，顾客从顾客源出发，到达服务机构前排队等候，服务结束后离开。

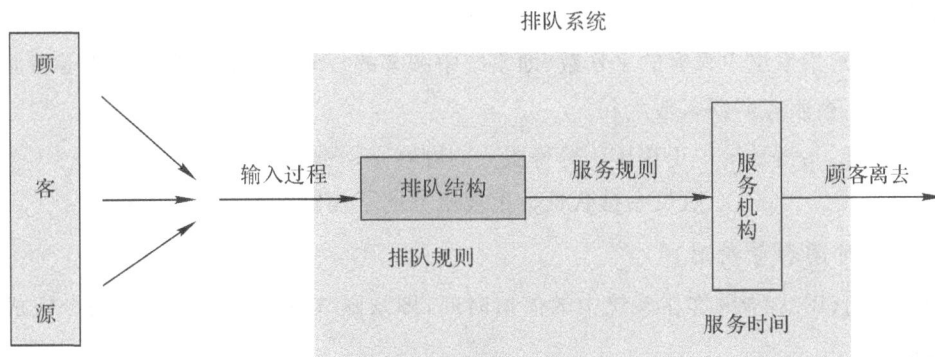

图 5-6　排队系统组成

可见，一般的排队系统有三个基本组成部分：输入过程、排队规则、服务机构。

(二)排队系统分类

从上面的分析可以看出,排队现象非常普遍,种类繁多,形式多样,所以对其进行分类研究。根据排队系统不同的输入过程、排队规则和服务台数量,可以形成不同的排队模型。

1953 年 Kendall 提出了排队模型的分类方法,他认为在前面所讲的排队系统各组成部分的特征中,影响最大的特征主要有三个,他用的符号形式为 $X/Y/Z$。

X 处填写顾客相继到达间隔时间的分布;

Y 处填写服务时间的分布;

Z 处填写并列的服务台个数。

后来,在 1971 年,排队论符号标准化会议决定,将 Kendall 符号扩充为 $X/Y/Z/A/B/C$。前面三项意义不变,后面三项意义为:

A 处填写系统容量的限制 N 或 ∞;

B 处填写顾客源数目 m 或 ∞;

C 处填写服务规则,如先到先服务 FCFS,后到先服务 LCFS。如果略去该项则默认为先到先服务 FCFS。

表示相继到达间隔时间和服务时间的各种分布的符号是:

M——负指数分布(Markov);

D——确定型分布(Determininistic);

E_k——k 阶爱尔朗分布(Erlang);

G——一般服务时间的分布(General)。

例如,$M/M/1/\infty/\infty/FCFS$ 表示相继到达时间间隔为负指数分布,服务时间为负指数分布,单服务台,系统容量无限,顾客源数目无限,先到先服务的排队模型。

研究评价和优化随机服务系统需要通过一定的数量指标来反映。

(三)排队系统优化指标

1.队长和排队长

队长(L_s):指系统中顾客的平均数(即系统中顾客的数学期望),它是队列中等待服务的顾客数和正在被服务的顾客数之和。

排队长(L_q):指系统中正在排队等待服务的顾客平均数。

$$队长＝排队长＋正被服务的平均顾客数$$

2.逗留时间和等待时间

逗留时间(W_s):指顾客在系统中的停留时间,即从顾客到达时刻起到被服务完成为止的这段时间。

等待时间(W_q):指顾客在系统中排队等待的时间,即从顾客到达时刻起到开始接受服务为止的这段时间。

$$逗留时间＝等待时间＋平均服务时间$$

3. 忙期和忙期长度

忙期(B):指服务机构连续繁忙的时间长度,即从顾客到达空闲服务台起到服务台再次为空闲为止的时间段。

忙期长度:忙期内接受服务的顾客数。

闲期(I):指服务机构连续空闲的时间长度。

忙期和闲期都是随机变量。

4. 服务强度

服务强度(ρ):在相同时间间隔内,到达率λ和服务率μ之比,$\rho = \lambda / \mu$。

平均到达率(λ):指单位时间来到系统的平均顾客数。

平均服务率(μ):指单位时间服务完成的顾客数。

服务强度反映服务效率和服务台的利用率,它是衡量系统性能的指标。

(四) $M / M / 1 / \infty / \infty$ 模型的分析

1. 系统概率方程

$$\begin{cases} p_0 = 1 - \rho \\ p_n = (1 - \rho) \rho^n \end{cases}$$

这就是系统状态为n的概率,以它为基础可以算出系统的运行指标。

2. 主要指标的计算

(1)队长L_s(队长期望值):

$$L_s = \sum_{n=0}^{\infty} n p_n = \frac{\rho}{1 - \rho} = \frac{\lambda}{\mu - \lambda}$$

(2)排队长L_q:

$$L_q = \sum_{n=1}^{\infty} (n-1) \rho_n = \frac{\lambda^2}{\mu(\mu - \lambda)} = \rho L_s - \rho$$

(3)顾客在系统中的平均停留时间W_s:

$$W_s = \frac{1}{\mu - \lambda} = \frac{L_s}{\lambda}$$

(4)在系统中顾客排队等候的时间W_q:

$$W_q = W_s - \frac{1}{\mu} = \frac{\lambda}{\mu(\mu - \lambda)} = \frac{L_q}{\lambda}$$

分析各指标间的关系,总结如下:

$$L_s = \lambda W_s, \quad L_q = \lambda W_q, \quad W_s = W_q + \frac{\lambda}{\mu}, \quad L_s = L_q + \frac{\lambda}{\mu}$$

上述公式又称为 little 公式。

1)到达,一定时间内到达的顾客数服从泊松分布,平均到达率为λ,到达过程是平稳的。

2)单队,队长无限长,先到先服务。

3)到达间隔时间和服务时间彼此独立。

4)多服务台,各服务台工作相互独立且平均服务率均为 μ,服务时间均相互独立,服从负指数分布。

(五)$M/M/1/N/\infty$ 模型的分析

1. 系统概率方程

$$\begin{cases} p_0 = \dfrac{1-\rho}{1-\rho^{N+1}} & \rho \neq 1 \\[3mm] p_n = \dfrac{1-\rho}{1-\rho^{N+1}}\rho^n & n \leqslant N \end{cases}$$

当系统已满($n=N$)时,到达的顾客不能进入排队系统。有效到达率是指进入排队系统的到达率,即单位时间内总到达顾客数减去被拒绝服务的顾客数。有效到达率为

$$\lambda_e = \lambda(1-p_N) = \mu(1-p_0)$$

2. 主要指标的计算

(1)队长:

$$L_s = \sum_{n=0}^{N} n p_n = \frac{\rho}{1-\rho} - \frac{(N+1)\rho^{N+1}}{1-\rho^{N+1}}$$

特别地,当 $\rho = 1$ 时:

$$L_s = \sum_{n=0}^{N} n p_n = \sum_{n=0}^{N} n \frac{1}{N+1} = \frac{N}{2}$$

(2)排队长:

$$L_q = \sum_{n=1}^{N} (n-1) p_n = L_s - (1-P_0) = L_s - \frac{\lambda_e}{\mu}$$

(3)平均停留时间:

$$W_s = \frac{L_s}{\lambda_e} = \frac{L_s}{\mu(1-p_0)}$$

(4)平均等待时间:

$$W_q = W_s - \frac{1}{\mu}$$

(六)$M/M/1/\infty/m$ 模型的分析

1. 系统概率方程

$$\begin{cases} p_0 = \dfrac{1}{\displaystyle\sum_{i=0}^{m} \dfrac{m!}{(m-i)!}\rho^i} \\[5mm] p_n = \dfrac{m!}{(m-n)!}\rho^n p_0 & (1 \leqslant n \leqslant m) \end{cases}$$

2. 主要指标的计算

(1)队长:

$$L_s = m - \frac{\mu}{\lambda}(1 - p_0)$$

（2）排队长：

$$L_q = L_s - (1 - p_0) = m - \frac{\mu + \lambda}{\lambda}(1 - p_0)$$

（3）逗留时间：

$$W_s = \frac{L_s}{\lambda_e} = \frac{m}{\mu(1 - p_0)} - \frac{1}{\lambda}$$

（4）等待时间：

$$W_q = \frac{L_q}{\lambda_e} = W_s - \frac{1}{\mu}$$

（七）$M/M/c/\infty/\infty$ 模型的分析

1. 系统状态概率

$$p_0 = \left[\sum_{k=0}^{c-1} \frac{1}{k!} \left(\frac{\lambda}{\mu} \right)^k + \frac{1}{c!} \frac{1}{1 - \rho} \left(\frac{\lambda}{\mu} \right)^c \right]^{-1}$$

$$p_n = \begin{cases} \dfrac{1}{n!} \left(\dfrac{\lambda}{\mu} \right)^n p_0 & (n \leqslant c) \\[3mm] \dfrac{1}{c! \, c^{n-c}} \left(\dfrac{\lambda}{\mu} \right)^n p_0 & (n > c) \end{cases}$$

式中，$\rho = \dfrac{\lambda}{c\mu}$，对于多服务台系统，$\rho$ 为服务强度/服务机构的平均利用率。

顾客到达必须等待的概率：

$$P(n \geqslant c) = \sum_{n=c}^{\infty} p_n = \frac{(c\rho)^c}{c!(1 - \rho)} p_0$$

2. 系统运行指标

（1）排队长：

$$L_q = \sum_{n=0}^{\infty} n p_{n+c} = \frac{(c\rho)^c \rho}{c! \, (1 - \rho)^2} p_0$$

（2）队长：

$$L_s = L_q + \frac{\lambda}{\mu}$$

（3）逗留时间：

$$W_s = \frac{L_s}{\lambda}$$

（4）等待时间：

$$W_q = \frac{L_q}{\lambda} = W_s - \frac{1}{\mu}$$

（八）$M/M/c/N/\infty$ 模型的分析

与单服务台类似，系统的状态概率如下：

$$\begin{cases} p_0 = \left[\sum_{k=0}^{c}\dfrac{1}{k!}(c\rho)^k + \dfrac{c^c}{c!}\dfrac{\rho(\rho^c-\rho^N)}{1-\rho}\right]^{-1} & \rho\neq1 \\[3mm] p_n = \begin{cases} \dfrac{1}{n!}(c\rho)^n p_0 & (0\leqslant n\leqslant c) \\[3mm] \dfrac{c^c}{c!}\rho^n p_0 & (c\leqslant n\leqslant N) \end{cases} \end{cases}$$

上式中,服务强度 $\rho=\dfrac{\lambda}{c\mu}$,系统各运行指标如下:

(1)排队长:

$$L_q = \frac{p_0\rho(c\rho)^c}{c!\ (1-\rho)^2}\left[1-\rho^{N-c}-(N-c)\rho^{N-c}(1-\rho)\right]$$

(2)队长:

$$L_s = L_q + c\rho(1-p_N)$$

(3)逗留时间:

$$W_s = \frac{L_s}{\lambda_e}$$

(4)等待时间:

$$W_q = \frac{L_q}{\lambda_e} = W_s - \frac{1}{\mu}$$

在本模型中,如果 $N=c$,即不允许排队等候,这时系统状态概率为

$$\begin{cases} p_0 = \left[\sum_{n=0}^{c}\dfrac{\lambda^n}{\mu^n n!}\right]-1 \\[3mm] p_n = \dfrac{\lambda^n}{\mu^n n!}p_0 & n\leqslant c \end{cases}$$

上式称为爱尔朗(Erlang)呼唤损失公式,是爱尔朗在 1917 年研究电话通信时发现的,后来广泛应用于电话系统的设计中。

(九)$M/M/c/\infty/m$ 模型的分析

有效到达率 $\lambda_e=\lambda(m-L_s)$。系统的状态概率及运行指标如下:

$$\begin{cases} p_0 = \dfrac{1}{m!}\left[\sum_{k=0}^{c}\dfrac{1}{k!(m-k)!}\left(\dfrac{c\rho}{m}\right)^k + \dfrac{c^c}{c!}\sum_{k=c+1}^{m}\dfrac{1}{(m-k)!}\left(\dfrac{\rho}{m}\right)^k\right]^{-1} \\[4mm] p_n = \begin{cases} \dfrac{m!}{(m-n)!n!}\left(\dfrac{\lambda}{\mu}\right)^n p_0 & (0\leqslant n\leqslant c) \\[3mm] \dfrac{m!}{(m-n)!c!c^{n-c}}\left(\dfrac{\lambda}{\mu}\right)^n p_0 & (c+1\leqslant n\leqslant m) \end{cases} \end{cases}$$

上式中,λ 是每个顾客的到达率,服务强度 $\rho=\dfrac{m\lambda}{c\mu}$,系统各运行指标如下:

(1)队长:

$$L_s = \sum_{n=0}^{m}np_n$$

(2)排队长:

$$L_q = \sum_{n=c+1}^{m} (n-c)p_n = L_s - \frac{\lambda_e}{\mu}$$

（3）逗留时间：

$$W_s = \frac{L_s}{\lambda_e}$$

（4）等待时间：

$$W_q = \frac{L_q}{\lambda_e} = W_s - \frac{1}{\mu}$$

八、存储问题

(一)存储论

用数学方法对物资的库存费用进行数量分析,从而确定其最优存储数量,使用于存储的费用达到最小的理论,称为存储论。存储论用于研究各种不同情况下的库存问题,解决存储模型的建立、合理库存量的确定、均衡生产、降低成本等相关问题。

(二)存储四要素

1.补充

补充指对库存物资的补充,即库存的输入。补充可以自己生产,也可以向供货商订购。从开始订货到货物入库往往需要一段时间,这段时间称为拖后时间。从另一角度看,为了在某一时刻能补充存储,必须提前订货,所以这段时间也可称为提前时间。

$$\text{补充类型}\begin{cases}\text{外购}\begin{cases}\text{订货日期}\\\text{订货数量}\end{cases}\\\text{自产}\begin{cases}\text{生产日期}\\\text{生产数量}\end{cases}\end{cases}$$

2.需求

需求指用户从库存中取出资源,即库存的输出。一般来讲,存储因需求而减少。根据需求时间特征可将需求分为连续性需求和间断性需求。根据需求的数量特征,可将需求分为确定型需求和随机型需求。

$$\text{需求分类}\begin{cases}\text{从形式分}\begin{cases}\text{间断(如弹药消耗)}\\\text{连续(如水库放水)}\end{cases}\\\text{从需求确定性分}\begin{cases}\text{确定型(如定期供应原料)}\\\text{随机型(如书店卖书)}\end{cases}\end{cases}$$

3.费用

费用指库存过程中经济的各种损耗,统称费用。

（1）存储费:在存储中的各种损耗(保管设备折旧、保管经费、存货变质、被盗损失等),一般用 $AIHC(Q)$ 表示。

（2）订购费:指订购活动中的所有费用(差旅费、手续费、运输费等),一般用 $AOC(Q)$ 表示;它与每次订购数量无关,而只与订购次数成正比。

(3)缺货费：指由于缺货而造成的经济损失(停工待料损失,脱销利润损失,毁约罚款,战争中弹药缺货其损失常视为无穷大),一般用 $ABC(Q,B)$ 表示。

(4)年存储总费用：指物资存储中除物资本身以外的所有费用之和,一般用 $TAIC(Q)$ 表示。

$$两种情况 \begin{cases} 不许缺货:TAIC = AIHC + AOC \\ 允许缺货:TAIC = AIHC + AOC + ABC \end{cases}$$

(5)总费用：指年存储总费用和物资成本费之和,用 TC 表示。

$$TC = TAIC + K \cdot R$$

其中,K 指物资单件成本,R 指物资年需求量。

4. 存储策略

决定何时补充一次以及每次补充数量为多少的策略称为存储策略。常见的存储策略有以下三种。

(1)定期补充策略(T 策略)。每隔固定的时间 T 补充固定的存储量 Q,如图 5-7 所示。

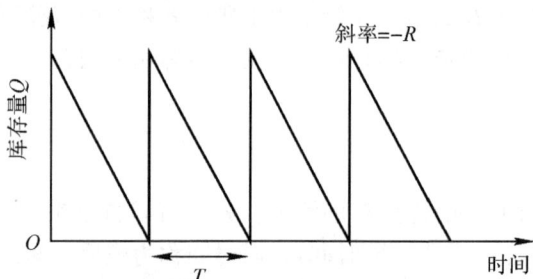

图 5-7 定期补充策略

(2)定量补充策略(s,S 策略)。当存储量 $x > s$ 时不补充,当存储量 $x \leqslant s$ 时补充存储,补充量 $Q = S - x$,补充后存储量达到最大存储量 S,其中 s 称为"订货点",如图 5-8 所示。

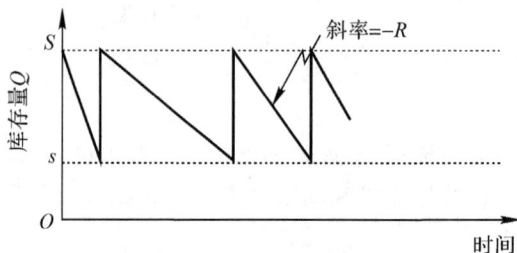

图 5-8 定量补充策略

(3)混合补充策略(t,s,S 策略)。每隔 T 时间检查存储量 x,当 $x > s$ 时不补充,当 $x \leqslant s$ 时补充存储达到 S,补充量 $Q = S - x$,如图 5-9 所示。

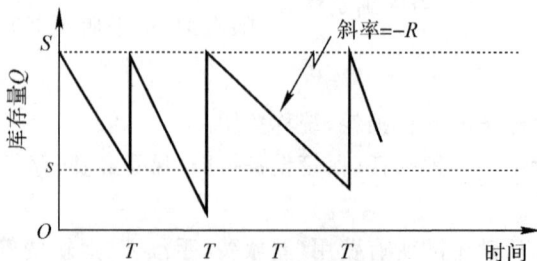

图 5-9 混合补充策略

(三)模型 I :无限供给率,不许缺货模型

1. 基本假设

(1)缺货费为无穷大,故不许缺货。

(2)当库存为 0 时,可立即得到补充。说明货源充足,补充时间极短,可近似为 0。

(3)需求为连续均匀,且年需求量 R 为常数。

(4)每次订货量不变,每次订购费 C_3 不变。

(5)单位产品年存储费 C_1 不变。

2. 图形

此模型由于不允许缺货,故不再考虑缺货费用,年存储总费用是年订货费和年存储费之和,在这些假设条件下,如何确定存储策略呢?直观分析可以得出:如果每批订货量很小,订货次数就多,订货费就会增加很快;如果每批订货量很大,存储费就会增加很快。可见确定合适的订货量,才能使年存储总费用最小。

存储量变化如图 5-10 所示。

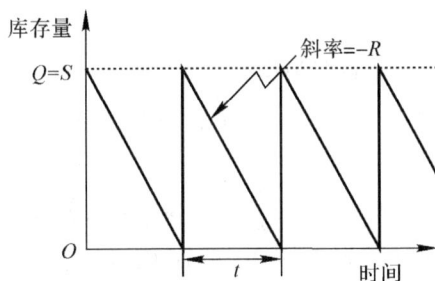

图 5-10 模型 I

3. 模型分析

Q——每批订货量;

R——某物资的年需求量;

N——每年订货次数,$N = R/Q$;

C_3——每次订货的订货费;

C_1——单位产品的年库存费。

$$平均库存量 = \frac{1}{2} \times (最大库存 + 最小库存) = \frac{1}{2} \times (Q + 0) = \frac{Q}{2}$$

年订货费:

$$\text{AOC}(Q) = N \cdot C_3 = C_3 \cdot \frac{R}{Q}$$

年存储费:

$$\text{AIHC}(Q) = C_1 \cdot \frac{Q}{2}$$

年存储总费用:

$$\text{TAIC}(Q) = \text{AOC}(Q) + \text{AIHC}(Q) = C_3 \cdot \frac{R}{Q} + C_1 \cdot \frac{Q}{2}$$

利用求导方法即可求出 EOQ 的值。

$$\frac{\mathrm{d}\left[\text{TAIC}(Q)\right]}{\mathrm{d}Q} = -\frac{C_3 R}{Q^2} + \frac{C_1}{2} = 0$$

得

经济订货量：

$$\text{EOQ} = \sqrt{\frac{2C_3 R}{C_1}}$$

最小存储费：

$$\text{TAIC}(Q) = \sqrt{2C_1 C_3 R}$$

最佳订货周期：

$$t_0 = \frac{\text{EOQ}}{R} = \sqrt{\frac{2C_3}{C_1 R}}$$

注：当订货量为经济订货量时，年存储总费用可用上式计算，否则要用年订货费和年存储费之和计算。

(四)模型Ⅱ：有限供给率，不许缺货模型

本模型适用于边供给(生产)边销售(使用)的不许缺货情况。

1. 基本假设

(1)货物以固定的供货率(生产率)供货，供货率(生产率)R 为常数。

(2)供货率(生产率)P 大于需求率(使用率)R，即 $P > R$。

其他假设同模型Ⅰ。

2. 图形

存储量变化如图 5-11 所示。

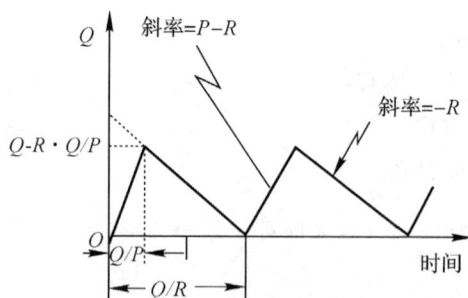

图 5-11　模型Ⅱ

3. 模型分析

(1)符号含义。

Q——供货批量；

T——供货时间；

P——供货率,$P = \dfrac{Q}{T}$;

R——年需求率且 $P > R$。

$$\text{年订货次数 } N = \frac{R}{Q}$$

$$\text{实际最大库存量} = Q - R \cdot \frac{Q}{P}$$

$$\text{平均库存量} = \frac{1}{2}\left(Q - R \cdot \frac{Q}{P}\right)$$

(2)费用计算。

年订货费:

$$\text{AOC}(Q) = C_3 \cdot \frac{R}{Q}$$

年存储费:

$$\text{AIHC}(Q) = \frac{C_1}{2\left(Q - R \cdot \dfrac{Q}{P}\right)}$$

年存储总费用:

$$\text{TAIC}(Q) = \text{AOC}(Q) + \text{AIHC}(Q) = C_3 \cdot \frac{R}{Q} + \frac{C_1}{2\left(Q - R \cdot \dfrac{Q}{P}\right)}$$

(3)存储策略。

经济订货量:

$$\text{EOQ} = \sqrt{\frac{2C_3 R}{C_1}}\sqrt{\frac{P}{P-R}}$$

年存储总费用:

$$\text{TAIC}(Q) = \sqrt{2C_1 C_3 R}\sqrt{\frac{P-R}{P}}$$

最佳订货周期:

$$t_0 = \frac{\text{EOQ}}{R} = \sqrt{\frac{2C_3}{C_1 R}}\sqrt{\frac{P}{P-R}}$$

(五)模型Ⅲ:无限供给率,允许缺货模型

1.模型假设

在顾客能忍受范围内脱销(事后要将缺货补上)。其他假设与模型Ⅰ假设相同。

2.图形

存储量变化如图 5-12 所示。

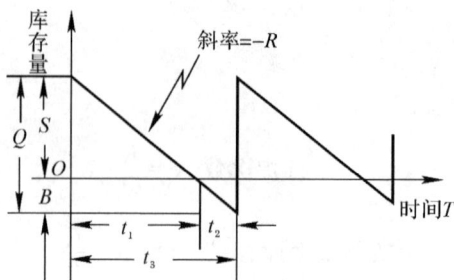

图 5 - 12 模型 Ⅲ

3. 模型讨论

(1) 符号说明。

B——仓库在得到补充前的允许缺货量;

C_2——单位货物的年缺货损失费;

t_1——有货期(从接收订货至库存又为 0 的时期);

t_2——缺货期(从库存为 0 至新订货到达时间);

t_3——订货周期(两次订货到达的间隔时间)。

(2) 费用计算。

年订货费:

$$\text{AOC}(Q,B) = C_3 \cdot \frac{R}{Q}$$

年存储费:

$$\text{AIHC}(Q,B) = C_1 \frac{Q-B}{2} \frac{t_1}{t_3} = C_1 \frac{(Q-B)^2}{2Q}$$

年缺货损失费:

$$\text{ABC}(Q,B) = C_2 \frac{B}{2} \frac{t_2}{t_3} = C_2 \frac{B^2}{2Q}$$

年存储总费用:

$$\text{TAIC}(Q,B) = \text{AOC} + \text{AIHC} + \text{ABC} = C_3 \frac{R}{Q} + C_1 \frac{(Q-B)^2}{2Q} + C_2 \frac{B^2}{2Q}$$

(3) 存储策略。

经济订货量:

$$\text{EOQ} = \sqrt{\frac{2C_3 R}{C_1}} \sqrt{\frac{C_1 + C_2}{C_2}}$$

最小缺货费:

$$B_0 = \sqrt{\frac{2RC_1 C_3}{C_2(C_1 + C_2)}}$$

最大存储量:

$$S_0 = \text{EOQ} - B_0 = \sqrt{\frac{2C_3 R}{C_1}} \sqrt{\frac{C_2}{C_1 + C_2}}$$

最小存储费:

$$\text{TAIC}(Q) = \sqrt{2C_1 C_3 R} \sqrt{\frac{C_2}{C_1 + C_2}}$$

最佳订货周期：

$$t_0 = \frac{\text{EOQ}}{R} = \sqrt{\frac{2C_3}{C_1R}}\sqrt{\frac{C_1+C_2}{C_2}}$$

(六)模型Ⅳ：有限供给率,允许缺货模型

1.图形

模型假设条件除允许缺货生产,以及生产需一定时间外,其余条件皆与模型Ⅰ相同,其存储量变化如图 5-13 所示。

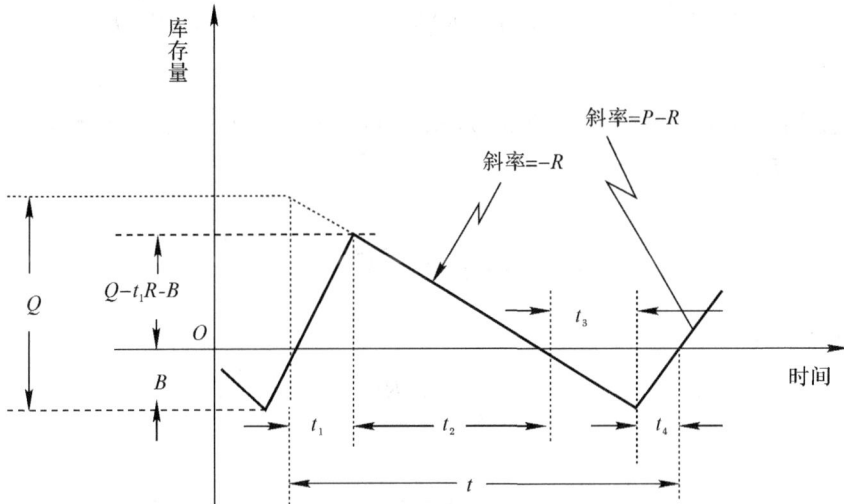

图 5-13　模型Ⅳ

(1)符号说明。

t_1——从库存为零直到全部订货收到为止的时间；

t_2——从收到全部订货直到库存量又为零的时间；

t_3——从开始缺货直到新订货开始到来的时间；

t_4——从新订购的货开始来到直到所有缺货都交清(库存量又回到零)的时间；

t—— 供销周期 $t = \sum\limits_{i=1}^{4} t_i$；

P、R、Q、B、C_1、C_2、C_3 的含义同前。

(2)费用计算。

年存储总费用为年订购费、存储费和缺货费之和。

年订货费：

$$C_3\frac{R}{Q}$$

年存储费：

$$C_1 \cdot \frac{S}{2} \cdot \frac{t_1+t_2}{t}$$

年缺货费：

$$C_2 \cdot \frac{B}{2} \cdot \frac{t_3 + t_4}{t}$$

其中，

$$Q = Rt = P(t_1 + t_4) = S + B + R(t_1 + t_4)$$
$$S = (P - R)t_1 = Rt_2$$
$$B = (P - R)t_4 = Rt_3$$

年存储总费用：

$$C(Q, B) = c_3 \frac{R}{Q} + \frac{C_1 P}{2Q(P - R)} \left(Q \frac{P - R}{P} + B \right)^2 + \frac{C_2 P B^2}{2Q(P - R)}$$

2. 存储策略

为了求得使 $C(Q, B)$ 为最小的 Q 和 B，取 $C(Q, B)$ 对 Q 和 B 的偏微分，分别令结果为零，求得 Q_0 和 B_0。

经济订购批量：

$$Q_0 = \sqrt{\frac{2C_3 R}{C_1}} \sqrt{\frac{C_1 + C_2}{C_2}} \sqrt{\frac{P}{P - R}}$$

最大缺货量：

$$B_0 = \sqrt{\frac{2C_1 C_3 R}{(C_1 + C_2)C_2}} \sqrt{\frac{P}{P - R}}$$

最大库存量：

$$S_0 = Q_0 - B_0 = \sqrt{\frac{2C_3 R}{C_1}} \sqrt{\frac{C_2}{C_1 + C_2}} \sqrt{\frac{P - R}{P}}$$

订货周期：

$$t_0 = \frac{Q_0}{R} = \sqrt{\frac{2C_3}{C_1 R}} \sqrt{\frac{C_1 + C_2}{C_2}} \sqrt{\frac{P}{P - R}}$$

年最小存储总费用：

$$C_0 = \sqrt{2C_1 C_3 R} \sqrt{\frac{C_2}{C_1 + C_2}} \sqrt{\frac{P - R}{P}}$$

上述 4 个模型是确定型存储模型的基本模型。从中不难看出，模型Ⅳ可看作模型Ⅰ、Ⅱ、Ⅲ的综合。在模型Ⅳ中，当补充速度很快（$P \to \infty$）时，即可得到模型Ⅲ；如果模型Ⅳ不允许缺货（$C_2 \to \infty$）便可得到模型Ⅱ；当模型Ⅳ不允许缺货，补充速度又很快时便可得到模型Ⅰ。

第二节 习 题

一、填空题

1. 线性规划常用来解决这样两类问题：一是资源一定，使＿＿＿＿＿＿＿＿＿＿＿最多；二是任务一定，使＿＿＿＿＿＿＿＿＿＿＿最少。

2.线性规划的目标函数是关于决策变量的_____函数,并按问题的不同,要求实现目标值_____或_____。

3.线性规划图解法解的形式有_____、_____、_____、_____等四种。

4.若下图虚线区为某线性规划的可行域,则该线性规划的基解为_____个,其中有_____个基解不是可行域的顶点。

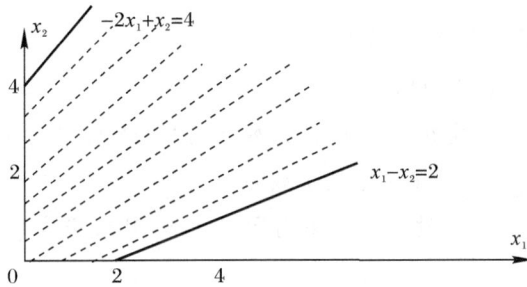

图 5 - 14　习题图(1)

5.若下图虚线区为某线性规划的可行域,则该线性规划的基解为_____个,其中有_____个基解不是可行域的顶点。

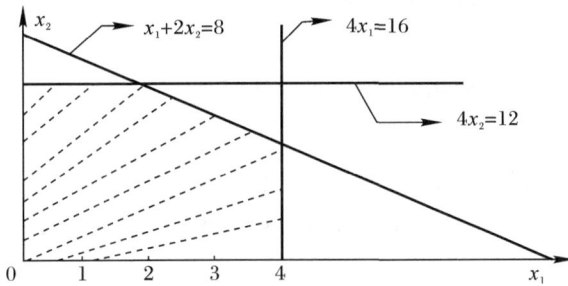

图 5 - 15　习题图(2)

6.若下图虚线区为某线性规划的可行域,则该线性规划的基解为_____个,其中有_____个基解不是可行域的顶点。

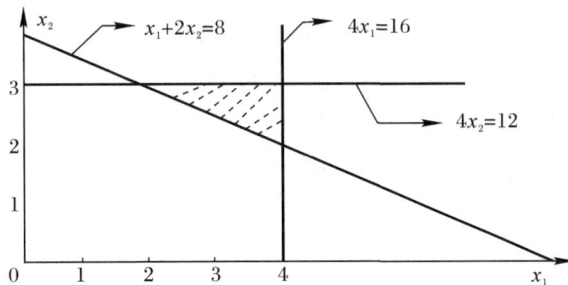

图 5 - 16　习题图(3)

7.若线性规划问题存在可行解,则其可行域的几何形态一定是_____。

8.从几何意义上说,线性规划的每个基可行解都对应其可行域的一个_____;若线性规划存在最优解,则其最优解必在某_____上得到。

9. 对于有 m 个约束方程，n 个变量的线性规划模型，其基解数_____C_n^m。

10. 在求一个线性规划问题的一个基解中，令其为零的变量称为_____，未设为零的变量叫_____。

11. 单纯形法要求线性规划模型为_____形式，并从初始_____解开始迭代。

12. 用单纯形法求解最大化线性规划问题时，当迭代后其目标函数方程式中非基变量前的系数都是_____时，便得最优解。

13. 线性规划数学模型求解时，常引入_____、_____和_____三种变量来进行标准化并确定初始基可行解。

14. 有 m 个产地，n 个销地的运输问题，其数学模型的决策变量个数为_____个，约束方程的个数为_____个，基变量的个数为_____个。

15. 对于 10 个产地，9 个销地的产销平衡运输问题，其决策变量个数为_____，基变量个数为_____。

16. 在 m 个产地 n 个销地的产销平衡运输问题的调运表中，当非零基变量个数少于_____时，便会出现退化解。

17. 对于销大于产的不平衡运输问题，可以通过虚设_____，将其转化为平衡问题来求解。

18. 对于产大于销的不平衡运输问题，可以通过虚设_____，将其转化为平衡问题来求解。

19. 目标规划的目标函数 $\min z = f(d^-)$ 的含义是_____。

20. 在目标规划中，_____用于区分目标主次或轻重缓急，而_____用于区分同级目标的差别。

21. 目标规划的目标函数 $\min z = f(d^- + d^+)$ 的含义是_____。

22. 目标规划的目标函数是由_____和赋予相应的_____与_____构成的。

23. 目标规划的目标函数 $\min z = f(d^+)$ 的含义是_____。

24. 动态规划是解决_____最优化的一种数量化方法。

25. 常见的指标函数有两种形式，一种是由它所包含的各阶段的_____组成，另一种是由它所包含的各阶段的_____组成。

26. 排队系统中的系统状态是指_____。

27. 一个排队系统是由_____、_____和_____三个基本部分组成的。

28. 评价排队系统的四个基本指标为_____、_____、_____和_____。

29. 符号 $M/M/1$ 中第二个 M 表示_____。

30. 符号 $M/M/1/\infty/\infty$ 中最后一个 ∞ 表示_____。

31. 库存四要素包括_____、_____、_____和_____。

32.当库存量低于一定数量时就进行补充的库存策略通常称为_____策略。

33.库存问题的相关存储费用通常包括_____、_____、_____。

34.常用的三种存贮策略为_____策略、_____策略和_____策略。

35.使年总存储费用达到最小的订货批量叫_____,可用符号_____表示。

二、选择题

1.线性规划问题的三要素是指(　　　)。

A.目标函数中有常数　　　　　　　　B.存在非线性约束条件

C.无非负约束条件　　　　　　　　　D.不是等式约束

2.线性规划非空的可行解、基解、基可行解和最优解集之间的恒正确关系是(　　　)。

A.可行解⊃基可行解⊃最优解　　　　B.基解⊃基可行解⊃最优解

C.(可行解∩基解)＝基可行解　　　　D.(可行解∩基可行解)＝最优解

3.最小元素法与伏格尔法相比,下列说法正确的是(　　　)。

A.最小元素法计算简单,但离最优解较远

B.最小元素法计算复杂,但离最优解较近

C.伏格尔法计算简单,但离最优解较远

D.伏格尔法计算复杂,但离最优解较近

4.模型 $\begin{cases} \max z = x_1 - 4x_2 + 10 \\ x_1 + 2x_2 \leqslant 5 \\ x_1^2 - x_2 \geqslant 1 \end{cases}$　　　不是线性规划模型,因为(　　　)。

A.目标函数中有常数　　　　　　　　B.存在非线性约束条件

C.无非负约束条件　　　　　　　　　D.不是等式约束

5.下图给出了某线性规划问题的可行域,图中的虚线为目标函数等值线。则该问题(　　　)。

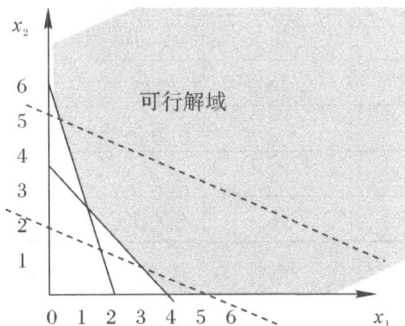

图 5-17　习题图(4)

A.肯定无最优解　　　　　　　　　　B.肯定有唯一最优解

C.肯定有无穷多最优解　　　　　　　D.不可能有无穷多最优解

6.下列方法中,( )不能用来求解指派问题。

A.单纯形法   B.匈牙利法

C.表上作业法   D.决策树法

7.下列模型中,( )为线性规划模型。

A. $\begin{cases} \max\ z=2x_1^2+x_2 \\ x_1+x_2\leqslant10 \\ x_1-x_2\geqslant0 \end{cases}$

B. $\begin{cases} \min\ z=x_{11}+x_{12}+x_{21}+x_{22} \\ x_{11}+x_{12}\leqslant1 \\ x_{21}-x_{22}\leqslant1 \end{cases}$

C. $\begin{cases} \min\ z=4x_1-x_2 \\ x_1^2-x_2\geqslant2 \end{cases}$

D. $\begin{cases} \max\ z=x_1-4x_2 \\ x_1+2x_2\leqslant5 \end{cases}$

8.在下列描述中,( )不属于动态规划的特性。

A.多阶段性   B.逆序性

C.阶段优化性   D.递归性

9.最大化整数规划的最优目标函数值( )对应的线性规划的最优目标函数值。

A.不小于   B.不大于

C.等于   D.大于

10.下列线性规划问题中可直接作为初始基变量的变量有( )。

$$\max\ z=x_1-x_2+x_3-x_4$$

$$\begin{cases} 2x_1+x_2-x_3=5 \\ -x_1+x_3+x_4=3 \\ x_1,x_2,x_3,x_4\geqslant0 \end{cases}$$

A. x_1、x_2 B. x_2、x_3 C. x_3、x_4 D. x_2、x_4

11.下表给出的调运方案不能作为用表上作业法求解时的初始解,因为( )。

表5-1 习题表(1)

产 地	销 地				
	B_1	B_2	B_3	B_4	产量
A_1	0	15			15
A_2			15	10	25
A_3	5				5
销量	5	15	15	10	

A.产销不平衡   B.有些非基变量不存在闭回路

C.基变量个数不足   D.运输成本不详

12.下列概念中,( )不是动态规划的特有概念。

A.最优值函数   B.约束条件

C.状态转移关系   D.阶段效益

13. 下列描述中,(　　)不是建立动态规划模型所必须的步骤。

A. 划分阶段　　　　　　　　　　B. 确定目标值

C. 写出状态转移方程　　　　　　D. 定义最优值函数

14. 若一线性规划问题的可行域无界,则该问题可能(　　)。

A. 无可行解　　　　　　　　　　B. 无界解

C. 多重解　　　　　　　　　　　D. 唯一解

15. 在目标规划中,当期望结果不低于目标值时,目标函数求(　　)。

A. 正、负偏差变量之差最小　　　B. 负偏差变量最小

C. 正、负偏差变量之和最小　　　D. 正偏差变量最小

16. 某原料每天存储量的约束是 $3x_1+5x_2 \leqslant 150$,若希望每天的存货量不多于150,则目标约束为(　　)。

A. $\begin{cases} \min P_1 d_1^+ \\ 3x_1+5x_2+d_1^-+d_1^+=150 \end{cases}$　　　B. $\begin{cases} \min P_1 d_1^- \\ 3x_1+5x_2+d_1^-+d_1^+=150 \end{cases}$

C. $\begin{cases} \min P_1 d_1^- \\ 3x_1+5x_2-d_1^-+d_1^+=150 \end{cases}$　　　D. $\begin{cases} \min P_1 d_1^+ \\ 3x_1+5x_2-d_1^-+d_1^+=150 \end{cases}$

17. 下列说法正确的是(　　)。

A. 只含目标约束的目标规划模型一定存在满意解

B. 目标规划的目标函数中既包含决策变量,又包含偏差变量

C. 正偏差量应取正值,负偏差量应取负值

D. 目标规划模型中的优先级 P_1、P_2、$\cdots$,其中 P_i 较之 P_{i+1} 目标的重要性一般为数倍至数十倍之间

18. $\begin{cases} \min d_1^+ \\ x_1+2x_2+d_1^-+d_1^+=40 \end{cases}$ 的系统约束如下图,则该目标规划可能解的区域是(　　)

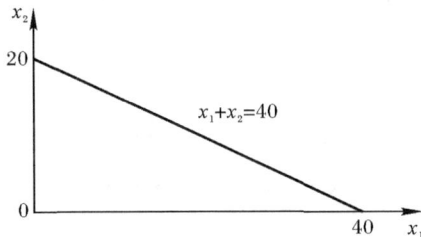

图 5-18　习题图(5)

A. 系统约束线的下方　　　　　　B. 不能确定

C. 系统约束线的上方　　　　　　D. 系统约束线上的点

19. 图解法求解目标规划,说法不正确的是(　　)。

A. 在满足前 $n-1$ 级目标时,尽可能接近第 n 级目标

B. 得到肯定是目标规划的最优解

C. 得到的是目标规划的满意解

D. 如果目标是极小化求负偏差量,其可能解的区域是对应系统约束线的上方

20. 下图是求解某目标规划问题的 EXCEL 界面，若求 $x_1+2x_2+d_1^- - d_1^+ = 40$ 的左端的约束总量，F4 的计算公式错误的是(　　)。

	A	B	C	D	E	F	G	H	I
2		产品		偏差量		约束总量	约束	目标	
3	目标约束	碗	杯子	d-	d+				
4	劳动力	1	2			0	=	40	
5	效率	40	50			0	=	1600	
6	材料	4	3			0	=	120	
7									
8		产量							
9	产品名称	碗	杯子						
10	产量数量								

图 5-19　习题图(6)

A. =B4 * B10+C4 * C10+D4-E4

B. =SUMPRODUCT(B4:C4,B10:C10)+D4-E4

C. =SUMPRODUCT(B4:C4,B10:C10)-D4+E4

D. =SUMPRODUCT(B4:C4,\$B\$10:\$C\$10)+D4-E4

21. 若某线性规划问题共有 9 个基解，则该问题可行域的顶点数(　　)。

A. 等于 9　　B. 小于或等于 9

C. 大于或等于 9　　D. 无法确定

22. 线性规划问题 $\max z=3x_1+2x_2+x_3$, $\begin{cases}-2x_1+x_2+x_3=4\\ x_1+x_2-x_3=2\\ x_1,x_2,x_3\geqslant 0\end{cases}$ 的基解数为(　　)个。

A. 1　　B. 2　　C. 3　　D. 4

23. 线性规划问题：$\min z=-3x_1+x_2+2x_3$, $\begin{cases}-2x_1+x_2\geqslant 4\\ x_1+2x_2-x_3=6\\ x_1,x_2,x_3\geqslant 0\end{cases}$ 的基解数为(　　)个。

A. 3　　B. 4　　C. 5　　D. 6

24. 下列线性规划问题中可直接作为初始基变量的变量有(　　)。

$$\max z=3x_1-2x_2+x_3-5x_4$$
$$\begin{cases}x_1+2x_2-x_4=8\\ x_2+x_3+2x_4=10\\ x_1,x_2,x_3,x_4\geqslant 0\end{cases}$$

A. x_1、x_2　　B. x_1、x_3　　C. x_2、x_3　　D. x_2、x_4

25. 对于有 10 个产地、20 个销地的产销平衡运输问题，其基变量个数为(　　)个。

A. 10　　B. 19　　C. 29　　D. 30

26. 用表上作业法求解运输问题时，最少需要(　　)个基变量才能构成一条闭回路。

A. 1　　B. 2　　C. 3　　D. 4

27.下列概念中,(　　)不是运输问题的特有概念。

A. 经济订货量　　　　　　　　　B. 闭回路法

C. 产销平衡表　　　　　　　　　D. 最小元素法

28.当要求目标约束 $2x_1+x_2+d_1^--d_1^+=11$ 的实际达成值尽量不超过目标值 11 时,其目标函数可表示为(　　)。

A. $\min z=d_1^-$　　　　　　　　　B. $\min z=d_1^+$

C. $\min z=d_1^-+d_1^+$　　　　　　　D. $\min z=d_1^--d_1^+$

29.下列概念中,(　　)不是目标规划的特有概念。

A. 目标约束　　　B. 优先因子　　　C. 偏差变量　　　D. 非负条件

30.用下列(　　)表达式作为目标规划的目标函数将出现逻辑×。

A. $\max z=d^-+d^+$　　　　　　　B. $\max z=d^--d^+$

C. $\min z=d^-+d^+$　　　　　　　D. $\min z=d^--d^+$

31.下列概念中,(　　)不是整数规划的特有概念。

A. 割平面法　　　B. 分支定界法　　　C. 隐枚举法　　　D. 期望值法

32.下列方法中,(　　)不能用来求解指派问题。

A. 单纯形法　　　B. 匈牙利法　　　C. 表上作业法　　　D. 等概率法

33.下列概念中,(　　)不是排队论的特有概念。

A. 空闲　　　B. 等待时间　　　C. 顾客　　　D. 自然状态

34.在 $M/M/1$ 排队模型中,从左往右第二个 M 的含义是(　　)。

A. 系统中的顾客数　　　　　　　B. 顾客到达概率服从负指数分布

C. 顾客服务时间服从负指数分布　　D. 顾客源数

35.在下列描述中,(　　)不属于库存的四要素。

A. 需求　　　B. 存储策略　　　C. 库存物资　　　D. 补充

36.下列关于最优存储策略的描述中,正确的是(　　)。

A. 使存储费最小　　　　　　　　B. 使订货费最小

C. 使缺货费最小　　　　　　　　D. 使年存储总费用最小

37.下列概念中,(　　)不是存储论的特有概念。

A. 折扣　　　B. 供给率　　　C. 顾客　　　D. 订货量

38.下列库存量随时间变化示意图反映的是(　　)库存模型。

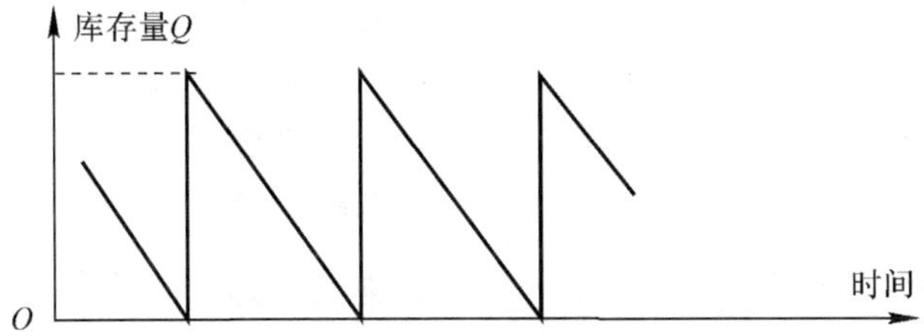

图 5-20　习题图(7)

A.无限供给率、不允许缺货　　　　　B.有限供给率、不允许缺货

C.无限供给率、允许缺货　　　　　　D.有限供给率、允许缺货

39.下列库存量随时间变化示意图反映的是(　　)库存模型。

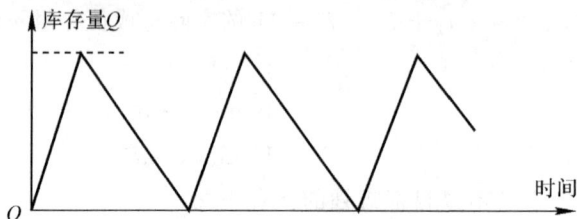

图 5-21　习题图(8)

A.无限供给率、不允许缺货　　　　　B.有限供给率、不允许缺货

C.无限供给率、允许缺货　　　　　　D.有限供给率、允许缺货

40.下列库存量随时间变化示意图反映的是(　　)库存模型。

图 5-22　习题图(9)

A.无限供给率、不允许缺货　　　　　B.有限供给率、不允许缺货

C.无限供给率、允许缺货　　　　　　D.有限供给率、允许缺货

41.下列库存量随时间变化示意图反映的是(　　)库存模型。

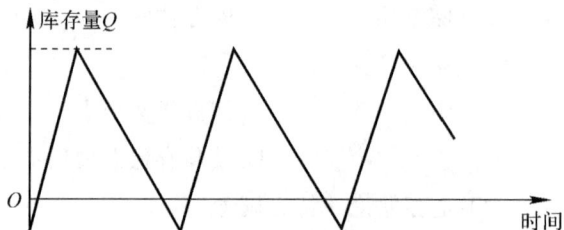

图 5-23　习题图(10)

A.无限供给率、不允许缺货　　　　　B.有限供给率、不允许缺货

C.无限供给率、允许缺货　　　　　　D.有限供给率、允许缺货

42.在 $M/M/1/N/\infty$ 排队模型中,符号 N 的含义是(　　)。

A.系统中的顾客数　　　　　　　　　B.顾客源数

C.服务台数　　　　　　　　　　　　D.系统容量

43.平均到达率为 λ 的 $M/M/c$ 系统与 c 个独立的到达率均为 $\dfrac{\lambda}{c}$ 的 $M/M/1$ 系统相比,其运行效率是(　　)。

A.$M/M/c$ 系统优于 c 个 $M/M/1$ 系统　　　B.c 个 $M/M/1$ 系统优于 $M/M/c$ 系统

C.两种系统一样　　　　　　　　　　　　D.两种系统不可比

44.在下列存储量随时间变化图中,粗线段 A 代表的含义是(　　),B 代表的含义是(　　)。

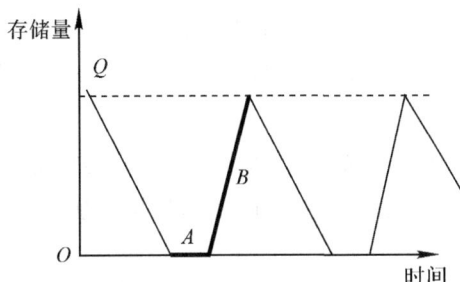

图 5-24　习题图(11)

A.无限供给率　　　　　　　　　　　　B.连续均匀消耗

C.有限供给率　　　　　　　　　　　　D.缺货时间

45.在下列存储量随时间变化图中,粗线段 A 代表的含义是(　　),B 代表的含义是(　　)。

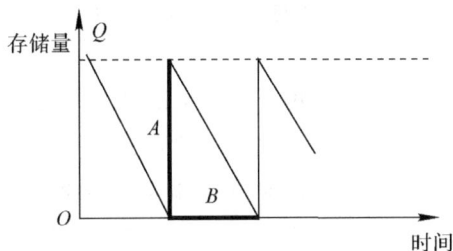

图 5-25　习题图(12)

A.无限供给率　　　　　　　　　　　　B.有限供给率

C.订货周期　　　　　　　　　　　　　D.缺货时间

三、判断题

1.单纯形法只适用于求解三个以上变量的线性规划问题。　　　　　　　　　　(　　)

2.运输问题的数学模型也是线性规划模型。　　　　　　　　　　　　　　　(　　)

3.整数规划的最优解不可能通过对其相应的线性规划的非整数最优解"化整"得到。(　　)

4.图解法只能适用于具有两个决策变量的线性规划问题。　　　　　　　　　(　　)

5.任何产销平衡的运输问题都有最优解。　　　　　　　　　　　　　　　　(　　)

6.线性规划问题的最优解都是唯一的。　　　　　　　　　　　　　　　　　(　　)

7.最小元素法中的"元素",指的是运输问题中各产地到各销地的调运量。　　(　　)

8.指标函数是用来衡量动态规划所实现过程优劣的一种数量指标。　　　　　(　　)

9.单纯形法中,从一个基可行解到另一个基可行解的变换,从几何意义上讲,就是从一个顶点转向另一个顶点。　　　　　　　　　　　　　　　　　　　　　　(　　)

10.整数规划的最优解一定可以通过对其相应的线性规划的非整数最优解"化整"得到。

(　　)

11. 动态规划中每个最优策略的子策略都是最优的。 （　　）

12. 用单纯形法求极大化问题时,只有当所有检验数都小于或等于 0 时,对应的基可行解才为最优解。 （　　）

13. 并不是任何运输问题都能找到最优调运方案。 （　　）

14. LP 的图解法可以求解任意多个变量的 LP 问题。 （　　）

15. 一般来说,伏格尔法给出的初始解比用最小元素法给出的初始解更接近最优解。
（　　）

16. 对一个动态规划问题,应用顺推或逆推解法可能会得出不同的最优解。 （　　）

17. 一般来说,最小元素法给出的初始解比用伏格尔法给出的初始解更接近最优解。
（　　）

18. 在动态规划模型中,问题的阶段数等于问题中的子问题的数目。 （　　）

19. 一个线性规划问题的约束条件都可以用一组线性等式或不等式来表示。 （　　）

20. 闭回路法是求运输问题的初始可行解的方法。 （　　）

21. 若某线性规划问题的可行域无界,则该问题一定无最优解。 （　　）

22. 在运输问题的表上作业法中,从每一个非基变量出发一定存在且可以找到唯一的闭回路。 （　　）

23. 单纯形法的实质就是逐一比较可行域的全部顶点,直至找到最优解。 （　　）

24. 最小元素法是求解运输问题最优解的一种方法。 （　　）

25. 目标规划中的正负偏差变量取值非负,且偏差变量越小越好。 （　　）

26. 目标规划模型中的优先级 P_1、P_2、…,下标越大表明该目标越重要。 （　　）

27. 在规划求解中,偏差量既可以作为决策变量,也可以作为目标函数。 （　　）

28. 松弛变量和剩余变量表示的是资源的剩余量和超额量,所以在目标函数方程中要有所反映,即其系数不为 0。 （　　）

29. 数学模型 $\max z = \sum_{i=1}^{m} a_i^2 x_i + \sum_{j=1}^{n} b_j^2 y_j$；$x_i + y_j \leqslant c_{ij}^2$（$x_i, y_j$ 为决策变量；$i = 1, 2, \cdots, m$；$j = 1, 2, \cdots, n$；a, b, c 为常数）是线性规划模型。 （　　）

30. 没有基可行解的线性规划问题,必定也没有最优解。 （　　）

31. 线性规划可行域有有限个顶点,每个顶点对应 LP 的一个基可行解。 （　　）

32. LP 可行解域必定是封闭的凸多边形。 （　　）

33. 线性规划问题可行域的顶点数等于其基解数。 （　　）

34. 没有最优解的线性规划问题,必定也没有基可行解。 （　　）

35. 可行域的顶点以外的点一定不是基可行解。 （　　）

36. 存在可行域的任何线性规划问题,其可行域的顶点数至少有两个。 （　　）

37. 若某线性规划问题只有两个基可行解,则其中一个必为其最优解。 （　　）

38. 一个线性规划问题基可行解中的所有变量都是正数。 （　　）

39. 有限个决策变量的线性规划问题都可用单纯形法求解。 （　　）

40. LP 问题的单纯形法通常是从原点开始在可行域的顶点上搜索以求得最优解的方法。　　　　　　　　　　　　　　　　　　　　　　　　　（　　）

41. 一个目标约束的正偏差和负偏差变量不可能同时大于 0。　　　（　　）

42. 目标规划的数学模型结构与线性规划的数学模型结构没有本质的区别。（　　）

43. 任何无硬约束（非负条件除外）的目标规划模型都有满意解。　（　　）

44. 目标规划的满意解不可能是唯一的。　　　　　　　　　　　（　　）

45. 若整数规划问题存在最优解，则其对应的线性规划问题也必有最优解。（　　）

46. 若线性规划问题存在最优解，则其对应的整数规划问题也必有最优解。（　　）

47. 最大化整数规划的最优目标函数值不可能超过对应线性规划的最优目标函数值。　　　　　　　　　　　　　　　　　　　　　　　　　（　　）

48. 阶段效益是用来衡量整个过程多阶段决策优劣的数量指标。　（　　）

49. 阶段效益是衡量过程的一个阶段的决策效益的数量指标。　　（　　）

50. 动态规划中的最优值函数是指指标函数的最优值。　　　　　（　　）

51. 动态规划也是求解所有线性规划的一种有效方法。　　　　　（　　）

52. 对于某最短路线问题而言，若 $A \rightarrow B_1 \rightarrow C_2 \rightarrow D_1 \rightarrow E_2 \rightarrow F_2 \rightarrow G$ 是从 A 到 G 的一条最短路线，则 $C_2 \rightarrow D_1 \rightarrow E_2 \rightarrow F_2 \rightarrow G$ 必定是从 C_2 到 G 的一条最短路线。（　　）

53. 贝尔曼最优性原理并不是对任何决策过程都普遍成立。　　　（　　）

54. 在动态规划中，当初始状态给定时，用顺推法比较方便。　　（　　）

55. 在动态规划中，当终止状态给定时，用逆推法比较方便。　　（　　）

56. 当排队系统处于稳态时，任一状态的有效输入都应等于其有效输出。（　　）

57. 排队长是指系统中排队等待服务的平均顾客数。　　　　　　（　　）

58. 在一个 $M/M/1/\infty/\infty$ 排队系统中，排队长 $L_q = L_s - 1$，其中，L_s、L_q 为队长和排队长的期望值。　　　　　　　　　　　　　　　　　　　　　　　（　　）

59. 在 $M/M/1$ 排队模型中，正接受服务的顾客平均数总是为 1 个。（　　）

60. 使存储费用最小的存储策略为最优存储策略。　　　　　　　（　　）

61. 经济订货量是指使年存储总费用最省的订货批量。　　　　　（　　）

62. 根据库存理论，对于不允许缺货的库存问题，应尽量加大库存量。（　　）

63. 有限供给率不允许缺货模型中，要求进货率小于销售率。　　（　　）

64. 在其他条件相同的情况下，一个允许缺货的 EOQ 模型的费用决不会超过一个不允许缺货的 EOQ 模型的费用。　　　　　　　　　　　　　　　　　　（　　）

65. 根据库存理论，对于允许缺货的库存问题，库存量总是越少越好。（　　）

66. $M/M/1/N/\infty$ 表示客源有限的单服务台排队系统。　　　　（　　）

67. 在 $M/M/1/N/\infty$ 排队模型中，有效到达率是指系统不满时的平均到达率。（　　）

68. $M/M/1/\infty/m$ 和 $M/M/1/m/m$ 的意义相同。　　　　　　（　　）

69. 平均到达率为 λ 的 $M/M/c$ 型排队系统比 c 个相互独立的、平均到达率为 $\dfrac{\lambda}{c}$ 的 $M/M/1$ 排队系统有显著的优越性。　　　　　　　　　　　　　　（　　）

70.在动态规划模型中,问题的阶段等于问题的子问题的数目。 （　　）

四、简答题

1.简述动态规划最优性原理。

2.简述线性规划图解法的适用范围及解的四种情况。

3.什么是指派问题？指派问题主要分为哪两类？

4.简述线性规划模型的标准形式。

5.线性规划数学模型有什么特征？

6.什么是基解、基可行解、最优基可行解？

7.产销平衡运输问题数学模型的特点有哪些？

8.目标规划的目标函数有哪几种基本形式？

9.目标规划的目标函数由哪些内容构成？

10.目标规划的优先因子和权系数是如何定义的？

11.分别给出下列排队模型的含义：

$$M/M/C；M/G/1$$

12.排队论中的队长和排队长有何区别？

13.排队系统有哪些组成部分？

14.$X/Y/Z$ 排队系统分类依据是什么？

15.库存模型中主要有哪几种费用？

16.库存论中有哪几种库存策略？

17.何为经济订货量？

18.对于 $M/M/1/N/\infty$ 排队系统,直观解释下列等式成立。

$$\lambda(1-P_N)=\mu(1-P_0)$$

19.符号 $M/M/1/m/m$ 表示什么排队系统？

20.符号 $M/M/3/N/\infty$ 表示什么排队系统？

五、计算题

1.某工厂的中心调度室,24小时都要有人值班,已知每个时段（每4小时为1时段）所需要的值班人数见表5-2。

表 5-2　习题表(2)

序　号	时　段	至少所需人数/人
1	6:00—10:00	8
2	10:00—14:00	12
3	14:00—18:00	10
4	18:00—22:00	8
5	22:00—2:00	6
6	2:00—6:00	4

又知每个值班人员每天连续工作 8 小时,并在某时段开始时上班。问如何安排才能使参加值班人员的总人数最少?试建立该问题的线性规划模型。(不必求解)

2. 表 5-3 为某运输问题用表上作业法求解时得到的初始调运方案。

表 5-3 习题表(3)

产 地	销 地				产量
	B_1	B_2	B_3	B_4	
A_1	0	15			15
A_2		0	15	10	25
A_3	5				5
销量	5	15	15	10	

(1)试在表中用虚线画出非基变量 x_{34} 对应的闭回路;

(2)用闭回路法确定方案调整时该变量的调整量。

3. 某仓库拟用火车或飞机托运甲乙两种备件,由于运输工具的不同,所采用的包装箱也不同,每箱的体积、重量、装载价值以及托运所受限制如表 5-4 所示,问用什么运输工具托运,两种备件各托运多少箱,装载价值为最大?

表 5-4 习题表(4)

备 件	火车运输体积 (m^3/箱)	飞机运输体积 (m^3/箱)	重量 (百斤/箱)	装载价值 (百元/箱)
甲	7	5	2	20
乙	3	4	5	10
托运限制	45	24	13	

4. 用长度为 500 cm 的条材截成长度分别为 98 cm 和 78 cm 两种毛坯,要求共截长度 98 cm 的毛坯 1 000 根,78 cm 的毛坯 2 000 根。什么截法用料最少?(只要求建立数学模型)

5. 为提高学员的学习兴趣,增强学员军事素养,决定围绕领导力、军棋推演、战术仿真和信息化作战四个主题开展学术交流活动。每个活动每周下午举行一次,每个下午不能安排多于一个活动。经调查得知,星期一至星期四不能出席某一讲座的学员数见表 5-5。

表 5-5 习题表(5)

	领导力	军棋推演	战术仿真	信息化作战
星期一	7	9	10	12
星期二	13	12	16	17
星期三	15	16	14	16
星期四	11	12	15	12

请你来安排活动的日程,使不能出席听讲的学员数最少,并说明你将采用何种方法求解。

6.表 5-6 是一张给出初始解的调运表,方格中的右上角为单位运价,左下角是初始调运量,请求出该问题的最优调运方案。

表 5-6　习题表(6)

A_i	B_j			可供量(T)
	B_1	B_2	B_3	
A_1	90 100	70 100	100	200
A_2	85	65 150	80 100	250
需求量(T)	100	150	200	450 / 450

7.已知某求最大化的线性规划问题,单纯形解法的中间步骤见表 5-7,填上表中空格,并判断是否已获最优解,若没有请求出最优解。

表 5-7　习题表(7)

	C_j		2	3	0	0	0	θ
C_B	X_B	b	x_1	x_2	x_3	x_4	x_5	
	x_1	2	1	0	1	0	$-1/2$	
	x_4	8	0	0	-4	1	2	
	x_2	3	0	1	0	0	$1/4$	
	$-Z$							

8.某弹药处组织弹药保障,它下设两个弹药库,其贮存量分别为:A_1—200 t,A_2—250 t,向三个作战部队供应弹药,其需求量分别为:B_1—100 t,B_2—150 t,B_3—200 t,已知从各仓库到各作战部队的单位运价见表 5-8。

表 5-8　习题表(8)

A_i	B_i			可供量(T)
	B_1	B_2	B_3	
A_1	90	70	100	200
A_2	85	65	80	250
需求量(T)	100	150	200	450 / 450

(1)列出该问题的数学模型;

(2)用最小元素法求初始解;

(3)求出该初始解下所有非基变量的闭回路及其影响系数(即检验数)。

9.求下列运输问题的最优解。

表 5-9 **习题表(9)**

产 地	销 地			产量 a_i
	B_1	B_2	B_3	
A_1	8	7	4	15
A_2	3	5	9	25
需求量 b_j	20	10	20	

10.对于下述线性规划模型

$$\max z = 6x_1 + 4x_2$$

$$\begin{cases} 2x_1 + 3x_2 \leqslant 100 \\ 5x_1 + 2x_2 \leqslant 120 \\ x_i \geqslant 0 \quad i = 1,2 \end{cases}$$

(1)将该模型转化为标准型;

(2)建立该模型的初始单纯形表,判断是否得到最优解并写出理由;

(3)判断下一次迭代的换入、换出变量是什么。

11.某兵工厂拟在甲、乙、丙三地建仓库,共有 7 个位置 $A_i(i=1,2,\cdots,7)$ 可供选择,规定:在甲地,由 A_1、A_2、A_3 三个点中至多选两个;在乙地,由 A_4、A_5 两个点中至少选一个;在丙地,由 A_6、A_7 两个点中至少选一个。如选用 A_i 点,设备投资估计为 b_i 元,每年收益为 c_i 元。规定投资总额不能超过 B 元,问应选择哪几个点可使年收益为最大?试建立此问题的整数规划模型,不求解。

12.已知线性规划问题

$$\max z = x_1 + x_2 + x_3 + x_4$$

$$\begin{cases} x_1 + x_2 \leqslant 2 \\ x_3 + x_4 \leqslant 5 \\ x_1,x_2,x_3,x_4 \geqslant 0 \end{cases}$$

的一张最终单纯表(见表 5-10)。

表 5-10 **习题表(10)**

	C_j		1	1	1	1	0	0
C_B	X_B	b	x_1	x_2	x_3	x_4	x_5	x_6
1	x_1	2	1	1	0	0	1	0
1	x_3	5	0	0	1	1	0	1
	σ_j		0	0	0	0	-1	-1

求出该问题的全部最优基可行解,并写出其任意最优解的表达式。

13.某指挥部准备把 4 台装备分配给所属的 1、2、3 三支部队,由于各部队人力、技术、训练等条件的不同,利用此装备所得到的作战效益也不同,见表 5-11。试问应如何分配装备才能使所得到的作战效益最大。

表 5-11 习题表(11)

效益		装备				
		0	1	2	3	4
部队 1	$g_1(x)$	0	4	7	9	12
部队 2	$g_2(x)$	0	5	10	11	11
部队 3	$g_3(x)$	0	4	6	10	12

(1)建立该问题的数学规划模型;

(2)写出该问题的阶段变量、决策变量、状态变量、状态转移方程和允许决策集合;

(3)写出其逆序递推方程及边界条件。

14.某战役级维修机构有四个装备维修保障分队甲、乙、丙、丁,现有 A、B、C、D 四项维修任务需要完成,其中每个保障分队只承担一项任务,且一项任务只能由一个保障分队完成。已知每个维修保障分队完成每一项维修任务所需的时间(见表 5-12),试求使所需总维修时间最省的分配方案。

表 5-12 习题表(12) 单位:h

分队	任务			
	A	B	C	D
甲	2	15	13	4
乙	10	4	14	15
丙	9	14	16	13
丁	7	8	11	9

15.某工厂计划生产甲、乙两种产品,这两种产品分别要用 A、B、C、D 四种机床加工,它们在机床上所需要的加工台时、机床的月计划有效台时以及产品的单价见表 5-13。试问:如何安排甲、乙两种产品的产量才能使工厂的月产值最高?(只要求建立数学模型)

表 5-13 习题表(13)

机床	产品		月计划台时
	甲	乙	
A	20	20	120
B	10	20	80
C	40	0	160
D	0	40	120
产品单价/元	2 000	3 000	

16.某种食品含 A、B 两种维生素,按规定 A 维生素含最少为 9 个单位,B 维生素最少为

19 个单位。现有 6 种生产原料,其维生素含量和单价见表 5-14。试问:应如何配料才能既满足规定要求又使生产费用最少?(只要求建立数学模型)

表 5-14　习题表(14)

维生素	1 kg 原料含维生素单位量						维生素最少需要量
	一	二	三	四	五	六	
A	1	0	2	2	1	2	9
B	0	1	3	1	3	2	19
单价/元	35	30	60	50	27	22	

17.有三种大型设备正被洪水围困,它们的重量和相对价值见表 5-15。

表 5-15　习题表(15)

设备种类	重量(t/件)	价值(万元/件)
1	10	20
2	2	6
3	3	7

现有一架直升飞机载重 25 t,但一次装运不能多于 3 件,装不走的将被水冲坏。试确定使一次装载价值最大的装运方案。(只要求建立模型)

18.将下列线性规划数学模型转化为标准型,建立该模型的初始单纯形表,并通过迭代运算求出下一个基可行解和对应的目标函数值。

$$\max z = 6x_1 + 4x_2$$
$$\begin{cases} 2x_1 + 3x_2 \leqslant 100 \\ 5x_1 + 2x_2 \leqslant 120 \\ x_i \geqslant 0 \quad i = 1, 2 \end{cases}$$

19.用最小元素法求表 5-16 中运输问题的初始调动方案,并画出其中 2 个非基变量对应的闭回路。

表 5-16　习题表(16)

产　地	销　地			产量 a_i
	B_1	B_2	B_3	
A_1	1	2	6	7
A_2	0	4	2	12
A_3	3	1	5	11
销量 b_j	10	10	10	

20.某公司下属三个工厂和三个仓库,三个工厂共生产产品30件,三个仓库能存放这种产品30件,从各工厂到各仓库的单位运价见表5-17。问各工厂应如何调运产品,才能使总费用最小。

(1)列出数学模型;

(2)用最小元素法求初始解;

(3)在(2)的基础上画出其中一个非基变量的闭回路并求出其影响系数(即检验数)。

表 5-17 习题表(17)

工 厂	仓库			1年生产量
	B_1	B_2	B_3	
A_1	7	3	2	13
A_2	6	8	6	11
A_3	2	4	4	6
允许存放/件	7	9	14	30

21.某工厂在同一条生产线上装配 A、B、C 三种产品。这三种产品的工时消耗分别为 5 h、8 h 和 12 h,每台利润分别为 10 000 元、14 000 元和 20 000 元。生产线每月正常运转时间为 400 h。该厂制定生产目标为:

P_1:充分利用工时;

P_2:A、B、C 三种产品的产量分别达到 15 台、13 台、18 台,权重按其利润比确定;

P_3:尽量减少加班时间,最好不超过 20 h/月;

P_4:C 产品尽可能不超过月产量 18 台。

试建立该问题的目标规划模型(不必求解)。

22.某厂生产 A、B 两种产品,每吨产品 A 获利 3 万元,B 获利 4 万元,据市场预测,产品 A 每月最大需求量为 2 000 t,B 为 1 000 t,面对这种情况,工厂有两种决策目标:

P_1:要求尽量完成每月 8 000 万元的利润指标;

P_2:每种产品的产量最好不超过其市场需求量。

试求:(1)建立该厂月生产计划的目标规划模型;

(2)用图解法求出其满意的生产方案。

23.用图解法找出下列目标规划的满意解,并说明各级目标的达成情况。

$$\min Z = P_1(d_1^- + d_1^+) + P_2 d_2^- + P_3 d_3^+$$

$$\begin{cases} x_1 + x_2 + d_1^- - d_1^+ = 10 \\ 3x_1 + 4x_2 + d_2^- - d_2^+ = 50 \\ 8x_1 + 10x_2 + d_3^- - d_3^+ = 30 \\ x_1, x_2, d_i^-, d_i^+ \geq 0, \quad i = 1, 2, 3 \end{cases}$$

24.某工厂生产 A、B 两种塑胶原料。该厂有 140 人工。每生产一吨原料 A 需两个人工,B 需一个人工。由于工厂生产能力的限制,原料 A 产量不超过 60 t/日,B 不超过 100 t/日。A、B 的利润分别为 500 元/t 及 250 元/t。要求制定生产方案,依序满足下列指标:

P_1:总利润大于 25 000 元;

P_2:充分利用 140 人工的劳动量;

P_3:日产品 A 不超过 60 t,B 不超过 100 t。

试建立该问题的目标规划模型,并求出其满意解。

25. 考虑装载货船问题。假定可装到船上的货物有 4 种,其单位重量、体积和价值见表 5-18。

表 5-18　习题表(18)

货物	单位重量	单位体积	单位价值
1	5	1	4
2	8	8	7
3	3	3	6
4	2	5	6

已知船的最大载重和体积分别为 90 和 100,现要确定使装载价值最大的装载方案。试建立此问题的整数规划模型。

26. 三年内有五项工程可以考虑施工,每项工程的期望收入和年度费用见表 5-19。

表 5-18　习题表(18)　　　　　　　　　　　　　　　　单位:万元

工　程	费用			收　入
	第 1 年	第 2 年	第 3 年	
1	5	1	8	20
2	4	7	10	40
3	3	9	2	20
4	7	4	1	15
5	8	6	10	30
可用资金	25	25	25	

假定每一项已经选定的工程要在整个三年内完成,目标是要选出使总收入达到最大的那些工程。将此投资问题表示成一个 0-1 整数规划模型。

27. 某公司有 4 个可能的地点可以建仓库(W)。在地点 i 建立一个仓库的费用为 K_i 元。公司有九个零售点(R),每个零售点至少必须由一个仓库供货,但不可能由一个仓库供应全部的零售点,如图 5-26 所示。

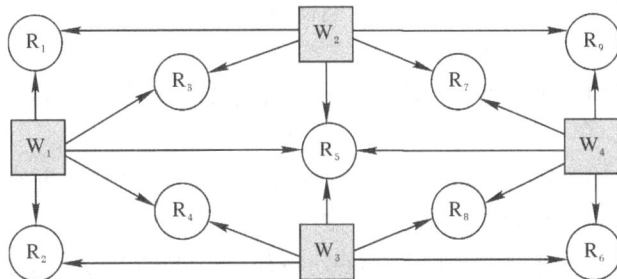

图 5-26　习题图(13)

问题是要决定各仓库应建在什么地点,才能使总费用最小。试建立此问题的整数规划模型。

28.求图 5-27 中从起点 A 到终点 C 的最短路线及其长度。

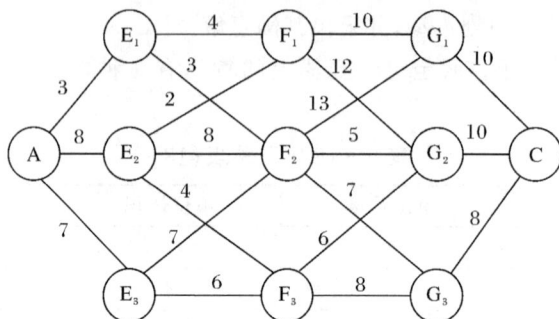

图 5-27 习题图(14)

29.某野战医院在作战地区救治伤病员,通过一段时间的统计,已知伤病员按泊松分布到达,每小时伤病员的平均到达率为 $\lambda = 2.1$ 人/h,对每个伤病员进行手术的平均时间为 $E(t) = 0.4$h/人,伤病员到达的时间间隔和手术时间都服从负指数分布,且只有一个手术台,试计算该排队系统的主要指标(L_s、L_q、W_s、W_q)。

30.某装备部修理分队只有一个修理台,损坏装备的送达服从泊松分布,平均每小时 4 人,修理时间服从负指数分布,平均需 10 min。求:

(1)该排队系统的 P_0、L_s、W_s;

(2)若想使 $L_s = 1$,修理分队的平均修理时间应改为多少?

31.设货船按泊松流到达某港,平均每天到达两只船。装卸货物时间为负指数分布,平均每天可装卸三只船。试问:每只船在港内平均停留时间,平均有多少船在排队等待卸货?

32.某超级市场顾客按泊松流到来,平均每半小时有 6 人,收款台计价收费时间为指数分布,平均为 4 min,试求:

(1)收款台空闲的时间比例;

(2)排队等待的人数;

(3)系统内顾客平均数;

(4)顾客排队的等待时间。

33.车辆按泊松流到达货场,平均每小时 3 辆。装卸作业组平均每小时可卸 4 辆,卸车时间服从负指数分布。

(1)作业组每天(8 小时工作制)有多少空闲时间?

(2)车辆平均等待多长时间?

34.某制造厂每周购进某种机械零件 50 件,订购费为 4 元,每周保管费为 0.36 元。

(1)求 EOQ;

(2)该厂为少占用流动资金,希望存贮量达到最低限度,决定宁可使总费用超过最低费用的 4% 用为存贮策略,问这时订购批量为多少?

35.某轧钢厂每月按计划需产角钢 3 000 t,每吨每月需存贮费 5.3 元,每次生产需调整机器设备等,共需装配费 2 500 元,问:按月计划生产和采用 EOQ 生产,哪个方案好?

36.某武器制造厂生产中需要一种钢材,年需求量为 3 000 t,每吨价格为 480 元,每次订货费用为 25 元,年保管费率为价格的 22%,已知货源充足和不允许缺货,试确定经济订货量、年存储总费用、年订货次数和订货周期。

37.某弹药制造厂生产中需要 TNT 炸药,年需求量为 5 000 t,每吨价格为 400 元,每次订货费用为 35 元,每吨 TNT 炸药年保管费为 10 元,已知货源充足和不允许缺货,要求确定经济订货量和年存储总费用。

第三节　习题答案

一、填空题

1.完成的任务;投入的资源　2.线性;最大化;最小化

3.唯一最优解;无穷多最优解;无界解;无可行解　4.6;3　5.8;3　6.8;5　7.凸集

8.顶点;顶点　9.不超过(或≤)　10.非基变量;基变量　11.标准;基可行

12.非正(或≤0)　13.松弛变量;剩余变量;人工变量　14.$m \times n$;$m+n$;$m+n-1$

15.90;18　16.$m+n-1$　17.产地　18.销地　19.要求超过目标值

20.优先因子;权系数　21.要求恰好达到目标值

22.正、负偏差变量;优先因子;权系数　23.要求不超过目标值　24.多阶段决策过程

25.阶段效益之和;阶段效益之积　26.系统中的顾客数

27.输入过程;排队规则;服务机构　28.队长;排队长;逗留时间;等待时间

29.服务时间服从负指数分布　30.顾客源无限　31.需求;补充;费用;存储策略

32.定量订货　33.存储费;订购费;缺货费　34.定期订货;定量订货;混合订货

35.经济订货量;EOQ

二、选择题

1.ACD　2.C　3.AD　4.B　5.D　6.D　7.BD　8.C　9.B　10.D　11.BC　12.B

13.B　14.BCD　15.B　16.A　17.A　18.A　19.B　20.C　21.B　22.C　23.D

24.B　25.C　26.C　27.A　28.B　29.D　30.ABD　31.D　32.D　33.D　34.D

35.C　36.C　37.C　38.A　39.B　40.C　41.D　42.D　43.A　44.DC　45.AC

三、判断题

1.×　2.√　3.×　4.√　5.√　6.×　7.×　8.√　9.√　10.×　11.√　12.√

13.×　14.×　15.√　16.×　17.×　18.√　19.√　20.×　21.×　22.√

23.×　24.×　25.√　26.×　27.√　28.×　29.√　30.√　31.√　32.×

33.×　34.×　35.√　36.×　37.×　38.×　39.√　40.√　41.√　42.√

43.√　44.×　45.√　46.×　47.√　48.×　49.×　50.√　51.×　52.√

53.√　54.×　55.×　56.√　57.√　58.×　59.×　60.×　61.√　62.×

63.×　64.√　65.×　66.×　67.√　68.√　69.√　70.√

四、简答题

1. 一个最优策略的子策略总是最优的。

2. 线性规划图解法仅限于求解两个决策变量的 LP 问题。

线性规划的解可能出现四种情况：唯一最优解、无穷多最优解、无解解、无可行解。

3. 在满足给定的指派要求条件下，根据任务的性质和承担者的特长，科学地安排 m 个人去完成 n 项任务且使总体效果最佳的问题，统称为指派问题。

根据人数与任务数的多少，指派问题可以分为两大类：

(1) 当人数 m 与任务数 n 相等时，$m = n$，称为平衡的指派问题；

(2) 当人数 m 与任务数 n 不相等时，$m \neq n$，称为不平衡的指派问题。

4. (1) 所有变量均为非负；

(2) 目标函数为最大；

(3) 右侧常数为非负；

(4) 所有约束条件都为等式。

5. (1) 用一组决策变量表示一个方案，这些决策变量的特定值就代表一个具体方案。

(2) 存在一定的约束条件，这些约束条件都是关于决策变量的一组线性等式或线性不等式。

(3) 都有一个要求达到的目标，它也是决策变量的线性函数，按问题的不同，要求目标函数实现最大化或最小化。

6. (1) 在约束方程系数矩阵中指定一个基，求解该基对应的线性方程组，得到的一个解叫作这个基所对应的基解；

(2) 所有分量都满足非负条件的基解叫基可行解；

(3) 使目标函数达到最优的基可行解叫最优基可行解。

7. 运输问题是一种特殊的线性规划问题，它除了具有线性规划的特征外，还有一些特性：

(1) 有 $m \times n$ 个决策变量，有 $m + n$ 个约束方程，有 $m + n - 1$ 个基变量；

(2) 约束方程系数矩阵是稀疏矩阵，其秩 $R(A) = m + n - 1$；

(3) 产销平衡，即总产量等于总销量。

8. (1) 要求恰好达到目标值 $\min z = f(d^+ + d^-)$；

(2) 要求尽量不超过目标值 $\min z = f(d^+)$；

(3) 要求尽量不小于目标值 $\min z = f(d^-)$。

9. 由偏差变量、优先因子、权系数组成。

10. 反映目标轻重缓急、优先程度的因子；若要区别具有相同优先因子的两个目标的差别，这时可分别赋予它们不同的权系数

11. (1) 顾客到达服从泊松分布、服务时间服从负指数分布、c 个服务台的排队模型；

(2) 顾客到达服从泊松分布、服务时间服从一般分布、1 个服务台的排队模型。

12. (1) 队长：指在排队系统中顾客数的期望值，记为 L_s。

(2) 排队长：指在系统中排队等待服务的顾客数的期望值，记为 L_q。

一般情形下,队长或排队长越大,说明服务率越低,排队成龙,是顾客最厌烦的。

13.输入过程、排队规则、服务机构。

14.(1)顾客相继到达间隔时间的分布;

(2)服务时间的分布;

(3)服务台个数。

15.存储费、订货费、缺货费、年存储总费用。

16.t_0-循环策略;$(s-S)$策略;(t,s,S)混合策略。

17.使年存储总费用达到最小的订货批量称为经济订货量(EOQ)。

18.等式左边为有效到达率,右边为有效服务率。在系统处于稳态条件下,这两者应相等。

19.表示顾客到达间隔时间服从负指数分布,服务时间服从负指数分布,有1个服务台,系统容量无限,客源有限的排队系统。

20.表示顾客到达间隔时间服从负指数分布,服务时间服从负指数分布,有3个服务台,系统容量有限,客源无限的排队系统。

五、计算题

1.设 x_j 为第 j 时段开始上班的人数,$j=1,2,\cdots,6$。则数学模型为

$$\min z = \sum_{j=1}^{6} x_j$$

$$\begin{cases} x_1 + x_2 \geqslant 12 \\ x_2 + x_3 \geqslant 10 \\ x_3 + x_4 \geqslant 8 \\ x_4 + x_5 \geqslant 6 \\ x_5 + x_6 \geqslant 4 \\ x_1 + x_6 \geqslant 8 \\ x_j \geqslant 0, j = 1,2,\cdots,6 \end{cases}$$

2.(1)x_{34} 对应的闭回路为 $x_{34} \rightarrow x_{24} \rightarrow x_{22} \rightarrow x_{12} \rightarrow x_{11} \rightarrow x_{31} \rightarrow x_{34}$;

(2)x_{34} 对应的调整量为 5。

3.设托运甲备件 x_1 箱,乙备件 x_2 箱,引入 0-1 变量 x_3,令

$$x_3 = \begin{cases} 0, & \text{当采用火车运输时} \\ 1, & \text{当采用飞机运输时} \end{cases}$$

$$\max z = 20x_1 + 10x_2 + 0x_3$$

$$\begin{cases} 7x_1 + 3x_2 \leqslant 45 + x_3 M \\ 5x_1 + 4x_2 \leqslant 24 + (1-x_3)M \\ 2x_1 + 5x_2 \leqslant 13 \\ x_1, x_2 \geqslant 0 \\ x_1, x_2 \text{ 取整}, x_3 = 0 \text{ 或 } 1 \end{cases}$$

4.建立模型如下：

$$\min z = x_1 + x_2 + x_3 + x_4 + x_5 + x_6$$

$$\begin{cases} 5x_1 + 4x_2 + 3x_3 + 2x_4 + x_5 + 0x_6 \geqslant 1\ 000 \\ 0x_1 + x_2 + 2x_3 + 3x_4 + 5x_5 + 6x_6 \geqslant 2\ 000 \\ x_j \geqslant 0\ 且为整数\ j = 1,2,\cdots,5 \end{cases}$$

5.变换系数矩阵如下：

$$(c_{ij}) = \begin{pmatrix} 2 & 15 & 13 & 4 \\ 10 & 4 & 14 & 15 \\ 9 & 14 & 16 & 13 \\ 7 & 8 & 11 & 9 \end{pmatrix} \begin{matrix} -2 \\ -4 \\ -9 \\ -7 \end{matrix} \rightarrow \begin{pmatrix} 0 & 13 & 11 & 2 \\ 6 & 0 & 10 & 11 \\ 0 & 5 & 7 & 4 \\ 0 & 1 & 4 & 2 \\ 0 & 0 & -4 & -2 \end{pmatrix} \rightarrow \begin{pmatrix} \phi & 13 & 7 & (0) \\ 6 & (0) & 6 & 9 \\ (0) & 5 & 3 & 2 \\ \phi & 1 & (0) & \phi \end{pmatrix} = (b_{ij})$$

匈牙利法（一次指派）求解最优解为

$$(x_{ij}) = \begin{pmatrix} 0 & 0 & 0 & 1 \\ 0 & 1 & 0 & 0 \\ 1 & 0 & 0 & 0 \\ 0 & 0 & 1 & 0 \end{pmatrix}$$

不能出席讲座的人数为 $\min z = 4 + 4 + 9 + 11 = 28$（人）。

讲座安排如下：

星期	一	二	三	四
讲座	信息化作战	军棋推演	领导力	战术仿真

6.$x_{11} = 100, x_{12} = 100, x_{22} = 50, x_{23} = 200, z^* = 35\ 250$。

7.单纯形法计算如下（见表 5-20）。

表 5-20　习题表(20)

C_B	X_B	b	x_1	x_2	x_3	x_4	x_5	θ
	C_j		2	3	0	0	0	
2	x_1	2	1	0	1	0	$-1/2$	—
0	x_4	8	0	0	-4	1	[2]	4
3	x_2	3	0	1	0	0	$1/4$	12
	$c_j - z_j$		0	0	-2	0	$1/4$	

由表 5-20 最后一行的检验数中有负值可知，该问题未获得最优解。

继续迭代如下（见表 5-21）：

表 5 - 20　习题表(21)

C_B	X_B	b	x_1	x_2	x_3	x_4	x_5	θ
	C_j		2	3	0	0	0	
2	x_1	4	1	0	−1	1/4	0	
0	x_5	4	0	0	−2	1/2	1	
3	x_2	2	0	1	1/2	−1/8	0	
	c_j-z_j		0	0	−3/2	−1/8	0	

由表 5 - 21 可知,该问题的最优解为:$X^* = (4,2,0,0,4)^{\mathrm{T}}$,$z^* = 14$。

8.(1)设 x_{ij} 为从弹药库 A_i 到部队 B_j 的调运量。用 c_{ij} 表示单位运费,a_i 表示供应量,b_j 表示需求量。则数学模型如下:

$$\min z = \sum_{i=1}^{2} \sum_{j=1}^{3} c_{ij} x_{ij}$$

$$\begin{cases} \sum_{j=1}^{3} x_{ij} = a_i \\ \sum_{i=1}^{2} x_{ij} = b_j \\ x_{ij} \geqslant 0 \quad i = 1,2; j = 1,2,3 \end{cases}$$

(2)最小元素法求初始解:$x_{11} = 100$,$x_{13} = 100$,$x_{22} = 150$,$x_{23} = 100$。

(3)非基变量 x_{12} 和 x_{21} 的闭回路见表 5 - 22,计算检验数:$\sigma_{12} = -15$,$\sigma_{21} = 15$。

表 5 - 22　习题表(22)

A_i	B_j			可供量 (T)
	B_1	B_2	B_3	
A_1	90　　100	70　　x_{12}	100　　100	200
A_2	85　　x_{21}	65　　150	80　　100	250
需求量 (T)	100	150	200　　450	450

9.最优解见表 5 - 23,最小费用 $z^* = 145$。

表 5 - 23　习题表(23)

产 地	销 地			产 量 a_i
	B_1	B_2	B_3	
A_1	8	7	4 **15**	15
A_2	3 **20**	5 **5**	9	25
A_3	0	0 **5**	0 **5**	25
需求量 b_j	20	10	20	

10. (1)标准型如下:

$$\max z = 6x_1 + 4x_2$$

$$\begin{cases} 2x_1 + 3x_2 + x_3 = 100 \\ 5x_1 + 2x_2 + x_4 = 120 \\ x_i \geqslant 0 \quad i = 1, 2, 3, 4 \end{cases}$$

(2)建立该模型的初始单纯形表(见表 5 - 24)。

表 5 - 24　习题表(24)

C_B	X_B	b	6 X_1	4 X_2	0 X_3	0 X_4	θ_i
0	X_3	100	2	3	1	0	50
0	X_4	120	[5]	2	0	1	24
	$-z$		0	6	4	0	0

因为 x_1、x_2 的检验数都大于 0,所以未得最优解。

(3)换入变量 x_1、换出变量 x_4。

11. 引入 $0 - 1$ 变量 $x_i(i = 1, 2, \cdots, 7)$,于是,建立模型如下:

$$x_i = \begin{cases} 1, & \text{当} A_i \text{ 被选用} \\ 0, & \text{当} A_i \text{ 不被选用} \end{cases}$$

$$\max z = \sum_{i=1}^{7} c_i x_i$$

$$\begin{cases} x_1 + x_2 + x_3 \leqslant 2 \\ x_4 + x_5 \geqslant 1 \\ x_6 + x_7 \geqslant 1 \\ x_i = 0, 1 \end{cases}$$

12. $X^{(1)} = (2, 0, 5, 0)^{\mathrm{T}}$; $X^{(2)} = (0, 2, 5, 0)^{\mathrm{T}}$; $X^{(3)} = (0, 2, 0, 5)^{\mathrm{T}}$; $X^{(4)} = (2, 0, 0, 5)^{\mathrm{T}}$

任意最优解为:$X^* = k_1 X^{(1)} + k_2 X^{(2)} + k_3 X^{(3)} + k_4 X^{(4)} (k_j \geqslant 0, \sum_{j=1}^{4} k_j = 1)$

13.(1)该问题的数学模型为

$$\max z = g_1(x_1) + g_2(x_2) + g_3(x_3)$$

$$\begin{cases} x_1 + x_2 + x_3 = 4 \\ x_i \geqslant 0 \text{ 且为整数}, i = 1, 2, 3 \end{cases}$$

(2)按照部队个数将问题分为 3 个阶段,阶段变量 $k = 1, 2, 3$;

决策变量 x_k 表示分配给第 k 个部队的装备数;

状态变量为 s_k 表示分配给第 k 个至第 3 个部队的装备数;

状态转移方程: $s_{k+1} = s_k - x_k$,其中 $s_1 = 4$; $s_2 = s_1 - x_1$; $s_3 = s_2 - x_2$; $s_4 = s_3 - x_3 = 0$;

允许决策集合: $D_k(s_k) = \{x_k \mid 0 \leqslant x_k \leqslant s_k\}$,即 $0 \leqslant x_1 \leqslant s_1$; $0 \leqslant x_2 \leqslant s_2$; $x_3 = s_3$。

(3)最优指标函数 $f_k(s_k)$ 表示将数量为 s_k 的装备分配给第 k 个至第 3 个部队所得到的最大作战效益,动态规划基本方程为

$$\begin{cases} f_k(s_k) = \max_{0 \leqslant x_k \leqslant s_k} \left[g_k(x_k) + f_{k+1}(s_k - x_k) \right] \quad k = 3, 2, 1 \\ f_4(s_4) = 0 \end{cases}$$

14.变换系数矩阵如下:

$$(c_{ij}) = \begin{pmatrix} 2 & 15 & 13 & 4 \\ 10 & 4 & 14 & 15 \\ 9 & 14 & 16 & 13 \\ 7 & 8 & 11 & 9 \end{pmatrix} \begin{matrix} -2 \\ -4 \\ -9 \\ -7 \end{matrix} \rightarrow \begin{pmatrix} 0 & 13 & 11 & 2 \\ 6 & 0 & 10 & 11 \\ 0 & 5 & 7 & 4 \\ 0 & 1 & 4 & 2 \\ 0 & 0 & -4 & -2 \end{pmatrix} \rightarrow \begin{pmatrix} \phi & 13 & 7 & (0) \\ 6 & (0) & 6 & 9 \\ (0) & 5 & 3 & 2 \\ \phi & 1 & (0) & \phi \end{pmatrix} = (b_{ij})$$

最优解为

$$(x_{ij}) = \begin{pmatrix} 0 & 0 & 0 & 1 \\ 0 & 1 & 0 & 0 \\ 1 & 0 & 0 & 0 \\ 0 & 0 & 1 & 0 \end{pmatrix}$$

最短时间为: $\min z = 4 + 4 + 9 + 11 = 28 \text{ h}$,即指定甲完成任务 D,乙完成任务 B,丙完成任务 A,丁完成任务 C,所需总时间最少为 28 h。

15.设安排甲、乙两种产品的产量分别为 x_1, x_2,建立相应的数学模型如下:

$$\max z = 2\,000x_1 + 3\,000x_2$$

$$\begin{cases} 20x_1 + 20x_2 \leqslant 120 \\ 10x_1 + 20x_2 \leqslant 80 \\ 40x_1 + 0x_2 \leqslant 160 \\ 0x_1 + 40x_2 \leqslant 120 \\ x_1, x_2 \geqslant 0 \end{cases}$$

16.设用 x_i 表示 6 种生产原料用量,建立相应的数学模型如下:

$$\min z = 35x_1 + 30x_2 + 60x_3 + 50x_4 + 27x_5 + 22x_6$$

$$\begin{cases} x_1 + 2x_3 + 2x_4 + x_5 + 2x_6 \geqslant 9 \\ x_2 + 3x_3 + x_4 + 3x_5 + 2x_6 \geqslant 19 \\ x_j \geqslant 0 \quad j = 1, 2, \cdots, 6 \end{cases}$$

17. 设决策变量 x_j 为装运第 j 种设备的件数。则数学模型为

$$\max z = 20x_1 + 11x_2 + 7x_3$$

$$\begin{cases} x_1 + x_2 + x_3 \leqslant 3 \\ 10x_1 + 6x_2 + 3x_3 \leqslant 25 \\ x_1, x_2, x_3 \geqslant 0, \text{且要求整数} \end{cases}$$

18. 将模型化为标准型,如下:

$$\max z = 6x_1 + 4x_2$$

$$\begin{cases} 2x_1 + 3x_2 + x_3 = 100 \\ 5x_1 + 2x_2 + x_4 = 120 \\ x_i \geqslant 0 \quad i = 1, 2, 3, 4 \end{cases}$$

由表 5 - 25 可知:下一个基可行解为 $X = (24, 0, 52, 0)^{\mathrm{T}}$,目标函数值 $z^* = 144$。

表 5 - 25 习题表(25)

C_B	c_j		6	4	0	0	θ_i
C_B	x_B	b	x_1	x_2	x_3	x_4	
0	x_3	100	2	3	1	0	50
0	x_4	120	[5]	2	0	1	24
	$-z$	0	6	4	0	0	
0	x_3	52	0	11/5	1	-2/5	
6	x_1	24	1	2/5	0	1/5	
	$-z$	-144	0	8/5	0	-6/5	

19. 最小元素求得的初始调运方案及 2 个闭回路见表 5 - 26。

表 5 - 26 习题表(25)

产地	销地			产量a_i
	B_1	B_2	B_3	
A_1	1	2	7 ⌐ 6	7
A_2	10 ⌐ θ	4	2 ⌐ 2	12
A_3	3	10 ⌐ 1	1 ⌐ 5	11
销量b_j	10	10	10	

20. 设 x_{ij} 为从 A_i 到 B_j 的调运量,用 c_{ij} 表示从 A_i 到 B_j 的单位运价,a_i 表示各工厂产量,b_j 表示各仓库存放量

（1）数学模型为

$$\min z = \sum_{i=1}^{3}\sum_{j=1}^{3}c_{ij}x_{ij}$$

$$\sum_{j=1}^{3}x_{ij}=a_i,\quad i=1,2,3$$

$$\sum_{i=1}^{3}x_{ij}=b_j,\quad j=1,2,3$$

$$x_{ij}\geqslant 0$$

（2）初始解见表 5-27 带括号的数字。

（3）闭回路见表 5-27 中虚线；x_{11} 影响系数为 5。

表 5-27 习题表（27）

工厂	仓库			1年生产量
	B_1	B_2	B_3	
A_1	7	3	2 (13)	13
A_2	(1) 6	(9) 8	(1) 6	11
A_3	(6) 2	4	4	6
允许存放/件	7	9	14	30

21. 设 x_1、x_2、x_3 分别为产品 A、B、C 的产量。

$$\min z=P_1 d_1^- +P_2(5d_2^- +7d_3^- +10d_4^-)+P_3(d_1^+ +d_{11}^+)+P_4 d_4^+$$

$$\begin{cases} 5x_1+8x_2+12x_3+d_1^- -d_1^+=400 \\ x_1+d_2^- -d_2^+=15 \\ x_2+d_3^- -d_3^+=13 \\ x_3+d_4^- -d_4^+=18 \\ d_1^+ +d_{11}^- -d_{11}^+=20 \\ x_j,d_{11}^-,d_{11}^+\geqslant 0,d_i^-,d_i^+\geqslant 0,i=1,2,3,4;j=1,2,3 \end{cases}$$

22.（1）设 x_1、x_2 分别为产品 A、B 的月产量。

$$\min z=P_1 d_1^- +P_2(d_2^+ +d_3^+)$$

$$\begin{cases} 3x_1+4x_2+d_1^- -d_1^+=8\,000 \\ x_1+d_2^- -d_2^+=2000 \\ x_2+d_3^- -d_3^+=1000 \\ x_1,x_2,d_i^-,d_i^+\geqslant 0,i=1,2,3 \end{cases}$$

满意生产方案：$x_1^*=2\,000$；$x_2^*=1\,000$。

23. 满意解：$x_1^* = 0；x_2^* = 10$

达成情况：P_1 目标完全达成，P_2 目标的偏差为 $d_2^- = 10$，P_3 目标的偏差为 $d_3^+ = 70$。

24. 设产品 A、B 的产量分别为 x_1 和 x_2，则模型为

$$\min z = P_1 d_1^- + P_2 d_2^- + P_3(d_3^+ + d_4^+)$$

$$\begin{cases} 500x_1 + 250x_2 + d_1^- - d_1^+ = 25\ 000 \\ 2x_1 + x_2 + d_2^- - d_2^+ = 140 \\ x_1 + d_3^- - d_3^+ = 60 \\ x_2 + d_4^- - d_4^+ = 100 \\ x_1, x_2, d_i^-, d_i^+ \geqslant 0, i = 1, 2, 3, 4 \end{cases}$$

满意解在由坐标为 $(20,100)$、$(60,100)$、$(60,20)$ 的三点所构成的三角形区域内。

25. 设 x_j 为第 j 种货物的装载数量。则数学模型为

$$\max z = 4x_1 + 7x_2 + 5x_3 + 6x_4$$

$$\begin{cases} 5x_1 + 8x_2 + 3x_3 + 2x_4 \leqslant 90 \\ x_1 + 8x_2 + 6x_3 + 5x_4 \leqslant 100 \\ x_1, x_2, x_3, x_4 \geqslant 0, 且为整数 \end{cases}$$

26. 设 $x_j = \begin{cases} 1, & 第\ j\ 项工程施工 \\ 0, & 第\ j\ 项工程不施工, j = 1, 2, \cdots, 5 \end{cases}$

$$\max z = 20x_1 + 40x_2 + 20x_3 + 15x_4 + 30x_5$$

$$\begin{cases} 5x_1 + 4x_2 + 3x_3 + 7x_4 + 8x_5 \leqslant 25 \\ x_1 + 7x_2 + 9x_3 + 4x_4 + 6x_5 \leqslant 25 \\ 8x_1 + 10x_2 + 2x_3 + x_4 + 10x_5 \leqslant 25 \\ x_j = 0\ 或\ 1, \quad j = 1, 2, \cdots, 5 \end{cases}$$

27. 设决策变量 x_j：

$$x_j = \begin{cases} 1, 在\ W_j\ 处建仓库 \\ 0, 否则 \end{cases}$$

则数学模型为

$$\min z = \sum_{j=1}^{4} K_j x_j$$

$$\begin{cases} x_1 + x_2 \geqslant 1 \\ x_1 + x_3 \geqslant 1 \\ x_2 + x_4 \geqslant 1 \\ x_3 + x_4 \geqslant 1 \\ x_j = 0\ 或\ 1, j = 1, 2, 3, 4 \end{cases}$$

28. A 到 C：$\left. \begin{cases} A \to E_1 \to F_2 \to G_2 \to C \\ A \to E_1 \to F_2 \to G_3 \to C \end{cases} \right\}$ 长为 21。

29. $L_s = 5.25$；$L_q = 4.41$；$W_s = 2.5$；$W_q = 2.1$

30.(1)$P_0=1/3$；$L_s=2$；$W_s=0.5$；(2)7.5 分

31.$\lambda=\dfrac{1}{12}$，$\mu=\dfrac{1}{8}$，$L_s=2$ 只，$W_s=24$ h，$L_q=\dfrac{4}{3}$ 只

32.$\lambda=12$，$\mu=15$，$P_0=0.2$，$L_q=\dfrac{16}{5}$，$L_s=4$，$W_q=\dfrac{4}{15}$

33.(1)$8\times P_0=2$ h；(2)$L_q=2.25$ 辆

34.已知 $R=50$ 件/周，$c_1=0.36$ 元/(件·周)，$c_3=4$ 元/次

(1)$\text{EOQ}=Q_0=\sqrt{\dfrac{2Rc_3}{c_1}}=\sqrt{\dfrac{2\times 50\times 4}{0.36}}=33$ 件

(2)$\text{TAIC}(Q_0)=12$ 元，$\text{TAIC}(Q')=12\times(1+4\%)=12.48$ 元

因为：$\text{TAIC}(Q)=c_3\cdot\dfrac{R}{Q}+c_1\cdot\dfrac{Q}{2}$

所以：$\dfrac{4\times 50}{Q}+0.36\dfrac{Q}{2}=12.48$

解得：$Q=44$ 或 $Q=25$。取 $Q=25$ 件为最优订购批量。

35.$D=3\,000\times 12$ t/a，$c_3=2\,500$ 元。$c_1=5.3\times 12$ 元/(a·t)

(1)该厂按月生产，则 $Q=3\,000$ t

年存储总费用$=c_3\cdot\dfrac{D}{Q}+c_1\cdot\dfrac{Q}{2}=2\,500\times\dfrac{3\,000\times 12}{3\,000}+5.3\times 12\times\dfrac{3\,000}{2}=125\,400$ 元/年

(2)该厂按 EOQ 生产：

$Q_0=\text{EOQ}=\sqrt{2c_3D/c_1}=\sqrt{\dfrac{2\times 2\,500\times 3\,000\times 12}{5.3\times 12}}\approx 1\,682$ t

年生产次数：$n_0=\dfrac{D}{Q_0}=\dfrac{3\,000\times 12}{1\,682}\approx 21.4$ 次

周期：$t_0=\dfrac{365}{n_0}\approx 17$ 天(取整应注意：t_0 应舍去分数)

年存储总费用：

$\text{TAIC}(Q)=c_3\cdot\dfrac{D}{Q_0}+c_1\cdot\dfrac{Q_0}{2}=2\,500\times\dfrac{3\,000\times 12}{1\,682}+5.3\times 12\times\dfrac{1\,682}{2}=108\,488$ 元

比较：$125\,400-108\,488=16\,912$ 元

所以该厂采用 EOQ 批量生产每年可节约资金 16 912 元。

36.$Q_0=37.69$ t；$C_0=3\,979.9$ t；$t_0=5$ 天；$n=80$ 次。

37.$Q_0=187$ t；$C_0=1\,870.83$ 元。

第六章 系 统 决 策

第一节 学 习 要 点

一、系统决策概述

(一)决策的概念

狭义理解,作决策就是作决定,作选择。

广义理解,决策是一个过程,是决策者为了达到某种目标,在多个可能采取的方案中择优的整个过程。

(二)决策的基本要素

决策是人类的基本行为,是人类在行动之前的思考和选择的过程,哪怕这个过程的时间极为短暂。从定义可以看出,要进行科学的决策分析,需把握决策的几个基本要素。

(1)决策者。实施决策的决策主体,决策者可以是个人、群体或某个组织。一般指领导者或领导集体。

(2)决策目标。决策问题中决策者所希望实现的目标,可以是单个目标或多个目标。

(3)行动方案。实现决策目标所采取的具体行动、策略或方案,可以出现有限多个或无限多个行动方案。如我方兵力部署方案、作战方案等;在经济生活中,采用何种生产工艺,生产何种商品以及数量等。通常,有限多个行动方案用 $A_i(i=1,2,\cdots,m)$ 表示。在某些情况下,行动方案也可以用连续变量表示。

(4)自然状态。采取各种行动方案时,决策环境客观存在的各种状态,即可能发生的客观情况。自然状态可以是确定的、不确定的或随机的,可以是离散的也可以是连续的。它通常是指待决策问题的自然和社会环境,如敌人的兵力和火力配置、可能的主攻方向、天气情况;某种产品的市场需求量;竞争对手数量和实力等。通常,有限多个自然状态用 $S_j(j=1,2,\cdots,n)$ 表示。

(5)益损值。采取不同行动方案在各种自然状态下的收益值或损失值。通常,行动方案 A_i 在自然状态 S_j 下的益损值用 $L_{ij}(i=1,2,\cdots,m;j=1,2,\cdots,n)$ 表示。以表格形式表示出每个方案在每一种自然状态下的益损值,就形成了一张益损表,见表 6-1。

表 6-1　益损表

	S_1	S_2	...	S_j	...	S_n
	P_1	P_2	...	P_j	...	P_n
A_1	L_{11}	L_{12}	...	L_{1j}	...	L_{1n}
A_2	L_{21}	L_{22}	...	L_{2j}	...	L_{2n}
⋮	⋮	⋮	⋮	⋮	⋮	⋮
A_i	L_{i1}	L_{i2}	...	L_{ij}	...	L_{in}
⋮	⋮	⋮	⋮	⋮	⋮	⋮
A_m	L_{m1}	L_{m2}	...	L_{mj}	...	L_{mn}

其中,P_j 表示自然状态 S_j 可能出现的概率。益损表中的行动方案、自然状态和益损值构成了决策的三要素。

(6)决策准则。实现决策目标而选择行动方案所依据的价值标准和行为准则。一般来说,决策准则依赖于决策者的价值倾向和偏好态度。

(三)决策分类

决策问题可以从不同的角度进行分类。

(1)按决策问题的重要性,可分为战略决策、管理决策和业务决策。战略决策是指与组织的发展和生存有关的全局性、战略性问题的决策。管理决策是指为完成战略决策所规定的目的而进行的有关的战术性决策。业务决策是指根据管理决策的要求,根据管理过程中出现的具体的问题而进行的决策。

(2)按决策问题的重复程度,可分为程序化决策和非程序化决策。程序化决策是指针对经常出现的问题,可以按照现有的经验、方法和步骤进行的决策。非程序化决策是指针对临时或偶尔出现的问题,必须采取新的方法和步骤进行的决策。

(3)按决策方法的不同,可分为定量决策和定性决策。定量决策是指决策方案、决策目标和变量可以用数学方式表示,可以采用数学模型进行分析的决策。定性决策是指决策方案、决策目标和变量难以用数学方式表示,主要依靠决策者的定性分析判断进行的决策,如采购某种新装备等。

(4)按决策时掌握信息量的不同,可分为确定型决策、不确定型决策和风险型决策。确定型决策,是指决策者完全掌握了将出现的客观情况,从而在该情况下,从多个备选行动方案中,选择一个最有利的方案。在完全不掌握客观情况的概率规律性条件下作出决策,叫作不确定型决策。如果不完全掌握客观情况出现的规律,但掌握了它们的概率分布,这时的决策叫风险型决策。

(5)按决策时考虑目标的数量,可分为单目标决策和多目标决策等。决策所要实现的目标只有一个,则为单目标决策;如果同时要实现几个目标,则为多目标决策。

(6)按决策的连续性,可分为单项决策和序列决策。单项决策是指整个决策过程只作一次决策就得到结果,序列决策是指整个决策过程由一系列决策组成。

(四)决策的过程

(1)找出问题,确定目标。

(2)收集资料,拟订方案。

(3)方案可行性分析,确定可行方案。

(4)预测自然状态,并努力确定各自然状态出现的概率。

(5)编制损益表。

(6)根据损益表进行决策,确定最优行动方案。

(7)编制计划,组织实施。

二、不确定型决策

不确定型决策是指决策者对自然状态发生的概率一无所知,仅仅根据自身的经验、性格和主观态度进行决策,因此带有相当强的主观性。一般来说,按决策者主观态度的不同,通常将不确定型决策的标准分为以下五种:悲观主义决策准则、乐观主义决策准则、折中主义决策准则、等概率准则和最小后悔值准则。

(一)悲观主义决策准则(保守主义决策准则)

指导思想:从最坏处着想,向最好处争取。

以该准则进行决策的决策者往往比较保守,为追求决策的"万无一失",决策者会小心谨慎。在作决策时,首先考虑出现最坏情形时该怎么办,所以他总是先选取每一方案可能出现的最坏结果,然后从这些最坏结果中再选择一个最好的结果。

方法 $\begin{cases} \text{收益表}: A_k{}^* \rightarrow \max\{\min L_{ij}\} \text{(小中取大)} \\ \text{损失表}: A_k{}^* \rightarrow \min\{\max L_{ij}\} \text{(大中取小)} \end{cases}$

(二)乐观主义决策准则

指导思想:不放弃任何一个能获得最好结果的机会,争取好中求好(属冒险型)。

与悲观准则恰恰相反,以该准则进行决策的决策者对未来总是抱着非常乐观的态度,绝不放弃任何能获得最好结果的机会,以乐观冒险的精神寄希望于出现对自己最有利的自然状态,这种准则称为乐观主义决策准则。它的核心是"好中求好"。

方法 $\begin{cases} \text{收益表}: S_k{}^* \rightarrow \max\{\max L_{ij}\} \\ \text{损失表}: S_k{}^* \rightarrow \min\{\min L_{ij}\} \end{cases}$

(三)折中主义决策准则(乐观系数法)

指导思想:既不冒险,也不甘保守。

这是介于乐观和悲观之间的一种折中方法。通过引入乐观系数 $\alpha(0 \leqslant \alpha \leqslant 1)$,将每一方案在各自然状态下的收益或损失予以折中,从而得到每一方案的折中收益或折中损失,以此作为决策评价的依据。

方法 $\begin{cases} \text{收益表}: A_k{}^* \rightarrow \max\{\alpha L_{\max} + (1-\alpha)L_{\min}\} \\ \text{损失表}: A_k{}^* \rightarrow \min\{\alpha L_{\min} + (1-\alpha)L_{\max}\} \end{cases}$

乐观系数: $0 \leqslant \alpha \leqslant 1$, α 可理解为决策者对"最有利状态"出现的可能性的主观估计。究竟选什么样的 α 合适,决策者应视具体情况而定。

原则 $\begin{cases} \text{信息知道多}, \alpha \text{取大} \\ \text{信息知道少}, \alpha \text{取小} \end{cases}$

当 $\alpha=0$ 时,折中法实际为悲观主义决策准则;

当 $\alpha=1$ 时,折中法实际为乐观主义决策准则。

因此,可以说悲观准则和乐观准则是折中准则在 $\alpha=0$ 和 $\alpha=1$ 时的特例,是折中准则的两个极端。那既然折中法是对乐观法和悲观法的一种折中,那么折中法是最好的吗? 它有缺点吗?

当然,由于折中法只考虑了每一方案在各自然状态下的最好结果和最坏结果,而对中间的结果没有考虑,所以折中法也存在着明显的不足之处。

(四)等概率准则(Laplace 准则)

该准则在 19 世纪由数学家 Laplace 提出,又称拉普拉斯准则。该准则认为当一个决策者面对各种自然状态时,如果没有什么特殊的理由来说明这个状态比那个状态出现的可能性更大时,只能认为所有状态的发生机会是等可能的。因此,决策者就不偏不倚地对待每一个状态,赋予每个状态以相同的发生概率,然后计算出每一方案的期望收益值,从这些期望值中选择最大期望值所对应的方案。

等概率性准则以全部状态的期望损益值作为决策依据,对每一方案在各自然状态下的结果都予以考虑,应该说,这比折中法更进了一步。但由于在实际中各状态以等可能的概率发生的情况并不多见,所以对这种方法,我们在实际运用时要注意它的可行性。

(五)最小后悔值准则(Savage 准则)

这种方法主要适用于这样一类决策者,这些人在做出决策后,如果实际发生的结果不是自己预期的理想结果,常会有后悔之感。于是,为了在做出决策后不至于在将来后悔,经济学家萨万奇(Savage)提出了这样一种准则——最小后悔值准则。

后悔值(O_{ij})是指在某一自然状态下,由于未采用相对最优的方案而造成的损失,它实际是一种机会损失。

在用该方法进行决策时,首先要将损益表转换为后悔值表,然后再进行决策。如何转换?

对于收益表来说,后悔值=列中最大收益值-列值;

对于损失表来说,后悔值=列值-列中最小损失值。

有了后悔值表以后,由于表中的后悔值实际为一种机会损失值,所以,后边再进行决策便依据损失表的悲观主义决策准则来进行。

以上是不确定型决策的五种决策标准。在无法获取有关自然状态出现的任何信息时,这些方法和标准均有一定的合理之处,但也有它的缺点和局限性。在实际决策中究竟采用哪一种准则,主要取决于决策者的主观态度。

三、风险型决策

风险型决策是指决策者并不确切知道未来哪一种自然状态必然出现,但是根据过去的经验、统计资料和估计等方法,决策者能够得到各种自然状态出现的概率,并据此进行决策。由于此时决策是带有风险的,故称为风险型决策。

(一)期望值准则

期望值准则通常按照决策目标是收益最大还是损失最小,分为两种:

(1)最大收益期望准则：即以收益表中期望收益最大的方案作为决策选择。

该准则以收益表为基础，先依据各自然状态出现的概率，计算每个方案 A_i 的期望收益值 $\sum_j P_j L_{ij}(i=1,2,\cdots,m)$；再从这些期望收益值中选取最大值。

$$\max_i\{\sum_j P_j L_{ij}\}$$

其所对应的方案 A_k^* 即为最佳方案。

(2)最小机会损失准则：即以损失表中期望损失最小的方案作为决策选择。

该准则以损失表为基础，先依据各自然状态出现的概率，计算每个方案 A_i 的期望损失值 $\sum_j P_j L_{ij}$，$i=1,2,\cdots,m$；再从这些期望损失值中选取最小值 $\min_i\{\sum_j P_j L_{ij}\}$，其所对应的方案 A_k^* 即为最佳方案。

(二)决策树

决策树是用树形图来进行决策分析的一种方法。它不仅是一种进行序列决策分析的有效工具，而且适用于所有的风险型决策问题。

1.决策树结构

决策树是由三类节点、两类分支连接而成的树形图(见图6-1)。由于该图形状似树，故名"决策树"。我们进行决策分析的整个过程都在该树形图上进行，所以这种方法的最大特点就是直观、简便、易于计算。

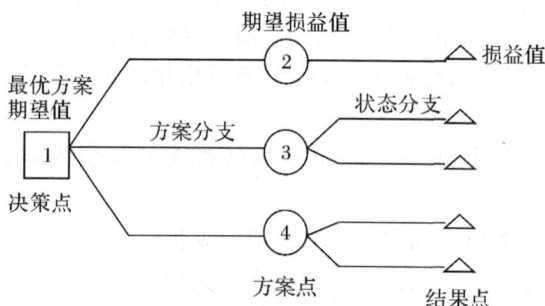

图6-1 决策树的结构图

图中符号说明：

"□"表示决策点，由它引出的分支称为方案分支，每条分支代表一个行动方案。

"○"表示方案点，由它引出的分支称为状态分支，每条分支代表一个可能出现的自然状态，分支上需要标注该状态出现的概率。

"△"表示结果点，它旁边标注的数字为某方案在某种自然状态下的益损值。

2.决策原理

每一次决策均按风险型决策求期望损益值的原理，通过计算各方案期望损益值，比较，然后选出最优方案。

因此，决策树这种方法实质是对期望值准则的应用形式进行了改造，由原来的损益表变成了现在的决策树，其原理并没有发生变化。

3. 决策步骤

(1)画出决策树。分清决策点和方案点,标出方案名称(方案分支上方标明)、自然状态的发生概率(状态分支上方标明)和损益值(结果点右侧标明),从左向右逐步绘制。

(2)逆序决策并剪枝。进行决策时,需要由右向左逆序求解。遇到方案点时计算期望损益值,遇到决策点进行比较择优,选择一个最优方案,同时将其他方案舍弃。

(三)灵敏度分析

通常,决策模型中自然状态出现的概率和益损值往往是预测和估计得到的,一般不会十分准确,此外实际情况也在不断地发生变化。因此,根据实际情况的变化,有必要对这些数据在多大范围内变动,原最优决策方案继续有效进行分析,这就是灵敏度分析。它主要解决两类问题:

(1)某些数据变化时,最优方案是否会变化?

(2)某些数据在什么范围内变化时,原最优方案继续有效? 也就是要确定允许数据变化的"界"或"度",即"转折点"。

通过灵敏度分析,可以判断已获得的最优方案关于某些数据的稳定程度,以及在最优方案下,这些数据允许变化的范围。若这些数据在某些允许的范围内变动,而最优方案保持不变,这个方案就是比较稳定的;反之,若这些数据在某些允许的范围内稍加变动,最优方案就会出现变化,这个方案就是不稳定的。由此可以得出哪些是敏感变量。

(四)全情报(信息)的价值

概率估计的准确程度取决于情报资料的多少和详细程度。为获取情报,需作调查研究等。故应权衡是否需要作调查或试验,以及投入多少人力和财力获取情报。

获得大量情报资料后,对状态的发生概率的估计更准确,做出决策更合理。而情报也需要付出一定费用。故有必要对情报的价值做出估算。

全情报价值(EVPI)又叫完全信息价值,是全情报期望收益(EPPI)与先验信息条件下最大期望收益值(EMV)的差额。

$$EVPI = EPPI - EMV$$

(五)效用理论

效用:决策者对得失效果的看法和态度的一种相对数量表示。

效用函数:描述货币值与效用值之间关系的函数。

一般用 $U(x)$ 来表示,x 为实际的货币值。

效用曲线:描述效用函数的曲线,如图 6-2 所示。效用曲线一般通过心理测试法求出。

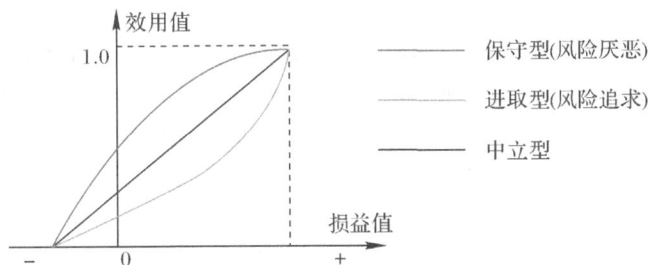

图 6-2　效用曲线

保守型：对损失比较敏感，怕冒险。

进取型：对收入的增加比较敏感，不怕冒险。

中立型：既不冒险也不甘保守。

四、系统对策问题

(一)对策论

对策行为是指具有竞争或对抗性质的行为。对策行为的最终目的都是为了在竞争中获得胜利。

研究对策行为中斗争各方是否存在最合理的行动方案，以及如何找到这个合理的行动方案的数学理论和方法称为对策论。

对策论作为一门科学诞生于 20 世纪初。它最初产生于对赌博的研究，随后逐渐应用于各类文体比赛、政治、经济谈判、军事斗争等各个领域，并得到逐渐完善和发展。

1921 年，策墨洛发表了"关于把集合论应用于国际象棋对策理论中"。

1944 年，冯·诺依曼和摩根斯坦合著的《对策论与经济行为》奠定了对策论的基础。之后，对策论广泛应用于经济生活、政治斗争等各个方面，极大地推动了人类的进步，自身也逐步完善起来。

20 世纪 50 年代，美国普林斯顿大学教授约翰·纳什(J. Nash)建立了非合作博弈的"纳什均衡"理论；1994 年 10 月 12 日瑞典皇家科学院宣布把该年度的诺贝尔经济奖授予他，使纳什成为继冯·诺依曼之后最伟大的博弈论大师之一。

(二)对策行为三要素

1.局中人

局中人是有权决定自己行动方案的对策参加者。通常用 I 表示局中人的集合。如果有 n 个局中人，则 $I = \{1, 2, \cdots, n\}$。

(1)一个对策行为中可以有两个局中人，也可以有多个，但至少要有两个。

(2)局中人可以是一个人，也可以是一个集团(球队、企业、参战国等)。

(3)在对策中利益完全一致的参加者只能看成是一个局中人(桥牌)。

(4)在对策中总是假定每一个局中人都是"理智的"决策者或竞争者，即对任一局中人来讲，不存在利用其他局中人决策的失误来扩大自身利益的可能性。

2.策略集

策略：一局对策中，可供局中人选择的一个实际可行的完整的行动方案。

策略集：一个局中人所拥有的策略的总和。

参加对策的每个局中人 $i, i \in I$，都有自己的策略集 S_i，每个局中人的策略集至少要有两个策略。

3.赢得函数(支付函数)

局势：在一局对策中，各局中人在其策略集中各取一个策略所组成的策略组叫作局势。

若 s_i 是第 i 个局中人的一个策略,则 n 个局中人的策略组 $s=(s_1,s_2,\cdots,s_n)$ 就是一个局势。

赢得函数:每个局中人在一局对策中的"得失"是局势的函数 $H_i(s)$,两个局中人对策时,这个函数对应于一个局中人为赢得函数,另一个局中人为支付函数,对于一个确定的局势便得到其赢得值。

赢得表:所有局势对应的赢得值组成一个赢得表。

(三)对策分类

依据对策模型的三要素,通常的分类方式有:

(1)根据局中人的个数:二人对策、多人对策。

(2)根据局中人策略集中的策略个数:有限对策、无限对策。

(3)根据各局中人在任一局势下赢得函数的代数和是否为零:零和对策、非零和对策。

此外,还有其他的分类标准和方式,比如根据局中人间是否允许合作,分为合作对策和非合作对策;根据策略的选择是否与时间推移有关,可分为静态对策和动态对策;根据对策中各局中人所拥有的有关决策信息的情况,可分为完全信息对策和不完全信息对策;根据对策模型的数学特征,可分为矩阵对策、连续对策、微分对策、随机对策等,如图 6-3 所示。

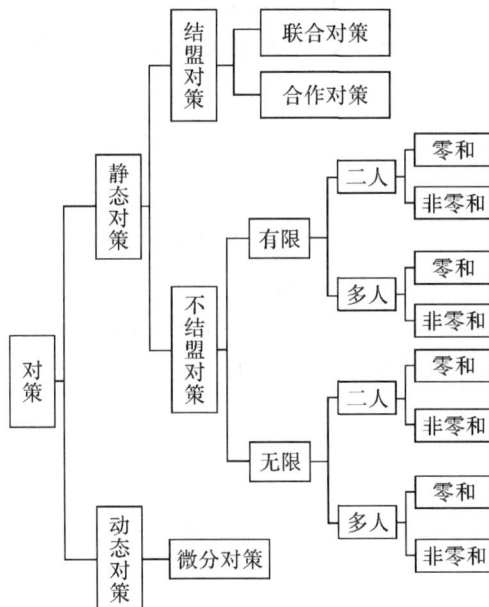

图 6-3 对策的分类

(四)矩阵对策

矩阵对策是指有两个局中人参加、双方各有有限个策略、任一局势下双方得失之和为零的对策问题。

设 $S_{\mathrm{I}}=\{\alpha_1,\alpha_2,\cdots,\alpha_m\}$;$S_{\mathrm{II}}=\{\beta_1,\beta_2,\cdots,\beta_n\}$ 分别是局中人 I、II 双方的策略集,在局中人 I 选定纯策略 α_i 和局中人 II 选定纯策略 β_j 后,就形成了一个纯局势 (α_i,β_j)。可见这样的纯局势共有 $m\times n$ 个,对任一纯局势 (α_i,β_j),记局中人 I 的赢得值为 a_{ij},并称

$$A = (a_{ij}) = \begin{bmatrix} a_{11} & \cdots & a_{1n} \\ \vdots & & \vdots \\ a_{m1} & \cdots & a_{mn} \end{bmatrix}$$

为局中人 I 的赢得矩阵,或为 II 的支付矩阵,$G = \{ I, II; S_I, S_{II}; A \}$ 称为矩阵对策的数学模型。

(五)纯策略

1.纯策略的概念

以概率 1 取某行(或某列),以概率 0 取其他行(或其他列),则该行(或该列)便为局中人甲(或乙)的纯策略。

2.纯策略意义下的解

定义 1 设 $G = \{ S_1, S_2; A \}$ 为矩阵对策,若等式 $\max\limits_i \min\limits_j a_{ij} = \min\limits_j \max\limits_i = a_{i^* j^*}$ 成立,记 $V_G = a_{i^* j^*}$,则称 V_G 为对策 G 的值,称使上式成立的纯局势 (α_i^*, β_j^*) 为 G 在纯策略下的解,α_{i^*} 与 β_{j^*} 分别称为局中人 I、II 的最优纯策略,$a_{i^* j^*}$ 称为矩阵 A 的一个鞍点。

由定义可知,在矩阵对策中两个局中人都采用最优纯策略才是理智的行动。

定理 1 矩阵对策 $G = \{ S_1, S_2, A \}$ 在纯策略意义下有解的充要条件是:存在纯局势 (α_i^*, β_j^*) 使得一切 $i = 1, 2, \cdots, m; j = 1, 2, \cdots, n$,均有

$$a_{ij^*} \leqslant a_{i^* j^*} \leqslant a_{i^* j}$$

3.鞍点判别准则

矩阵对策 $G = \{ S_1, S_2, A \}$ 在纯策略意义下有解且 $V_G = a_{i^* j^*}$ 的充要条件是:鞍点存在。鞍点是所在行的最小元素,所在列的最大元素。

当鞍点不存在时,G 在纯策略意义下无解。此时,该矩阵对策为混合策略问题。此外,矩阵对策的解可能有多个,但矩阵对策的值是唯一的。

(六)混合策略

1.混合策略的概念

在纯策略意义下无解时,甲、乙双方各以一定概率灵活地选取各自策略集中的策略进行对策,叫作混合策略。

2.混合策略的数学描述

设 $G = \{ S_1, S_2; A \}$ 为矩阵对策,其中设 $S_1 = \{ \alpha_1, \alpha_2, \cdots, \alpha_m \}$;$S_2 = \{ \beta_1, \beta_2, \cdots, \beta_n \}$,$A = (a_{ij})_{m \times n}$,记

$$S_1^* = \left\{ x \in E^m \mid x_i \geqslant 0, i = 1, 2, \cdots, m, \sum_{i=1}^{m} x_i = 1 \right\}$$

$$S_2^* = \left\{ y \in E^n \mid y_j \geqslant 0, j = 1, 2, \cdots, n, \sum_{j=1}^{n} y_j = 1 \right\}$$

则称 S_1^* 和 S_2^* 分别为局中人 I 和 II 的混合策略集;$x \in S_1^*$ 和 $y \in S_2^*$ 分别称为局中人 I 和

Ⅱ的混合策略;(x,y)称为一个混合局势。

局中人Ⅰ的赢得函数为

$$E(x,y) = x^{\mathrm{T}}Ay = \sum_{i=1}^{m}\sum_{j=1}^{n}x_iy_ja_{ij}$$

得到的新对策 $G^* = \{S_1^*, S_2^*; E\}$,称 G^* 为对策 G 的混合扩充。

定义 2 设 $G^* = \{S_1^*, S_2^*; E\}$ 是矩阵对策 $G = \{S_1, S_2; A\}$ 的混合扩充,如果

$$\max_{x\in S_1^*}\min_{y\in S_2^*} E(x,y) = \min_{y\in S_2^*}\max_{x\in S_1^*} E(x,y)$$

记其值为 V_G,则称 V_G 为对策 G^* 的值,并称使上式成立的混合策略 x^*、y^* 为矩阵对策的最优混合策略,混合局势$(x^*、y^*)$为 G 在混合策略意义下的解。

定理 2 混合策略意义下的鞍点定理。

矩阵对策 $G=\{S_1, S_2; A\}$ 在混合策略意义下有解的充要条件是:存在 $x^* \in S_1^*$,$y^* \in S_2^*$,使(x^*, y^*)为函数 $E(x,y)$ 的一个鞍点,即对一切 $x^* \in S_1^*$,$y^* \in S_2^*$,有

$$E(x, y^*) \leqslant E(x^*, y^*) \leqslant E(x^*, y)$$

定理 3 鞍点存在性定理。

设 $x^* \in S_1^*$,$y^* \in S_2^*$,则(x^*, y^*)是 G 的解的充要条件是:对任意 $i=1,2,\cdots,m$ 和 $j=1,2,\cdots,n$,有

$$E(i, y^*) \leqslant E(x^*, y^*) \leqslant E(x^*, j)$$

定理 4 设 $x^* \in S_1^*$,$y^* \in S_2^*$,则(x^*, y^*)是 G 的解的充要条件是:存在数 v,使得 x^* 和 y^* 分别是下列不等式组的解,且 $v=V_G=E(x^*, y^*)$。

$$(1)\begin{cases} \sum_i a_{ij}x_i \geqslant v \quad j=1,2,\cdots,n \quad \text{即 } E(x^*,j)\geqslant E(x^*,y^*) \\ \sum_i x_i = 1 \\ x_i \geqslant 0 \quad i=1,2,\cdots,m \end{cases}$$

$$(2)\begin{cases} \sum_j a_{ij}y_j \leqslant v \quad i=1,2,\cdots,m \quad \text{即 } E(i,y^*)\leqslant E(x^*,y^*) \\ \sum_j y_j = 1 \\ y_j \geqslant 0 \quad j=1,2,\cdots,n \end{cases}$$

定理 5 对任一矩阵对策 $G=\{S_1, S_2; A\}$,一定存在混合策略意义下的解。

定理 6 相关行、相关列定理。

设(x^*, y^*)是矩阵对策 G 的解,$v=V_G$,则

(1)若 $x_i^* > 0$,则 $E(i, y^*) = \sum_j a_{ij}y_j^* = v$;

(2)若 $y_j^* > 0$,则 $E(x^*, j) = \sum_i a_{ij}x_i^* = v$;

(3)$\sum_j a_{ij}y_j^* < v$,则 $x_i^* = 0$;

(4)$\sum_i a_{ij}x_i^* > v$,则 $y_j^* = 0$。

定理 7 设有两个矩阵对策 $G_1 = \{S_1, S_2; A_1\}, G_2 = \{S_1, S_2; A_2\}$,其中 $A_1 = (a_{ij}), A_2 = (a_{ij} + L), L$ 为任一常数,记矩阵对策 G 的解集为 $T(G)$。

(1) $V_{G_2} = V_{G_1} + L$;

(2) $T(G_1) = T(G_2)$。

定理 8 设有两个矩阵对策 $G_1 = \{S_1, S_2; A_1\}, G_2 = \{S_1, S_2; A_2\}$,其中 $\alpha > 0$ 为任一常数,则

(1) $V_{G_2} = \alpha V_{G_1}$;

(2) $T(G_1) = T(G_2)$。

定理 9 设 $G = \{S_1, S_2; A\}$ 为任一矩阵对策,且 $A = -A^T$ 为斜对称矩阵。则

(1) $V_G = 0$;

(2) $T(G_1) = T(G_2)$。

定理 10 优超定理。设有矩阵对策 $G = \{S_1, S_2; A\}$,如果纯策略 α_1 被其余纯策略 α_2, $\alpha_3, \cdots, \alpha_m$ 中之一所优超,由 G 可得到一个新的矩阵对策 G':

$$G' = \{S_1{}', S_2; A'\}$$

其中:
$$S_1{}' = \{\alpha_2, \alpha_3, \cdots, \alpha_m\}。$$
$$A' = (a'_{ij})_{(m-1) \times n}$$
$$a_{ij} = a'_{ij} (i = 2, 3, \cdots, m; j = 1, 2, \cdots, n)$$

于是有

(1) $V_{G'} = V_G$;

(2) G' 中局中人 Ⅱ 的最优策略就是其在 G 中的最优策略;

(3) 若 $(x_2^*, \cdots, x_m^*)^T$ 是 G' 中局中人 Ⅰ 的最优策略,则 $x^* = (0, x_2^*, \cdots, x_m^*)^T$ 便是其在 G 中的最优策略。

通过优超方法可以去掉劣策略的行和列,而使矩阵得到简化,便于矩阵对策的求解。

(七)矩阵对策的解法

1. 2×2 公式法

设有赢得矩阵:

$$A = \begin{bmatrix} a_{11} & a_{12} \\ a_{21} & a_{22} \end{bmatrix}$$

如果 A 有鞍点,则可求出各局中人的最优纯策略;如果 A 没有鞍点,则最优混合策略中的 x_i^*、y_j^* 均不为 0,于是,由定理 6 可知:

若 $x_i^* > 0$,则 $E(i, y^*) = \sum_j a_{ij} y_j^* = v$;

若 $y_j^* > 0$,则 $E(x^*, j) = \sum_i a_{ij} x_i^* = v$。

为求最优混合策略可求解下列等式组:

$$\begin{cases} x_1^* a_{11} + x_2^* a_{12} = V \\ x_1^* a_{21} + x_2^* a_{22} = V \\ x_1^* + x_2^* = 1 \end{cases}$$

$$\begin{cases} y_1^* a_{11} + y_2^* a_{12} = V \\ y_1^* a_{21} + y_2^* {}_{22} = V \\ y_1^* + y_2^* = 1 \end{cases}$$

解得：

$$x_1^* = \frac{a_{22} - a_{21}}{(a_{11} + a_{22}) - (a_{12} + a_{21})}$$

$$x_2^* = 1 - x_1^*$$

$$y_1^* = \frac{a_{22} - a_{12}}{(a_{11} + a_{22}) - (a_{12} + a_{21})}$$

$$y_2^* = 1 - y_1^*$$

$$V_G = \frac{a_{11} a_{22} - a_{12} a_{21}}{(a_{11} + a_{22}) - (a_{12} + a_{21})}$$

2.优超降阶法

当局中人的纯策略之间存在上述优超关系时,局中人任何时候都不会选择自己的劣策略,因而在求解之前,可以从赢得矩阵中划去该策略所对应的行或列,从而使赢得矩阵得到简化。可以证明,经过上述简化后,矩阵对策的最优策略保持不变(选取劣策略的概率为零),对策的值也保持不变,这是优超原理的应用。

具体应用时,一般分为三步:①鞍点判别;②优超化简;③利用 2×2 公式法求解,或利用相关行相关列定理求解最优混合策略。

第二节　习　　题

一、填空题

1.按决策环境分类,可将决策问题分为 _____ 、_____ 和 _____ 决策三种。

2.决策的三个基本要素是指 _____ 、_____ 和 _____ 。

3.按照"从坏处着想,争取好的结果"的思想进行决策的准则称为 _____ 准则。

4.按照"好中求好"的思想进行决策的准则称为 _____ 准则。

5.在决策分析中,解决序列决策问题的有力工具是 _____ 。

6.决策树中由 _____ 引出的分支叫概率分支,概率分支的数目表示 _____ 。

7.决策树中从决策点引出的分支叫 _____ ,每个分支代表一个 _____ 。

8.矩阵对策的三要素为 _____ , _____ , _____ 。

9.矩阵对策是指有 _____ 个局中人参与,各有 _____ 个策略,局中人在每个局势下的得失之和 _____ 的对策问题。

10.当甲方采取某一纯策略时,可以保证其赢得不依赖于对方的纯策略,则说明甲方采取的一定是 _____ 策略。

11.纯策略环境下,鞍点的特征是所在行的 _____ ,所在列的 _____ 。

12.任何对策问题在 _____ 意义下都一定有解。

13.矩阵对策在 _____ 意义下可能无解,但在 _____ 意义下必定有解。

14.纯策略是 _____ 的特例。

15.2×2对策公式法求解依据的定理是_____。

二、选择题

1.决策者对客观情况不甚了解,但对将发生各事件的概率是已知的,这时进行的是(　　)决策。

  A.不确定型决策   B.风险型决策

  C.确定型决策   D.序列决策

2.决策树中的"□"节点表示(　　),"○"节点表示(　　),"△"节点表示(　　)。

  A.方案点   B.决策点   C.结果点   D.概率点

3.决策树中(　　)符号表示决策点。

  A.○   B.—   C.△   D.□

4.决策者对环境情况一无所知时进行的是(　　)决策。

  A.确定型   B.不确定型   C.风险型   D.三者都不是

5.下列概念中,(　　)不是决策论的特有概念。

  A.后悔值   B.目标值   C.效用值   D.损益值

6.已知$(30,-10,15,-5)^T$为某决策问题在给定事件下各方案的收益值,则当用后悔值法决策时,其对应的后悔值为(　　)。

  A.$(-30,10,-15,5)^T$ B.$(30,10,15,5)^T$

  C.$(0,40,15,35)^T$ D.$(40,0,25,5)^T$

7.对于损失决策矩阵而言,先求每一方案下的最小损失,再取这些最小损失值中的最小者对应的方案为最优方案。此准则称为(　　)。

  A.悲观决策准则   B.乐观决策准则

  C.后悔值决策准则   D.等可能决策准则

8.图6-4中的效用曲线表示该决策者对待风险的态度是(　　)的。

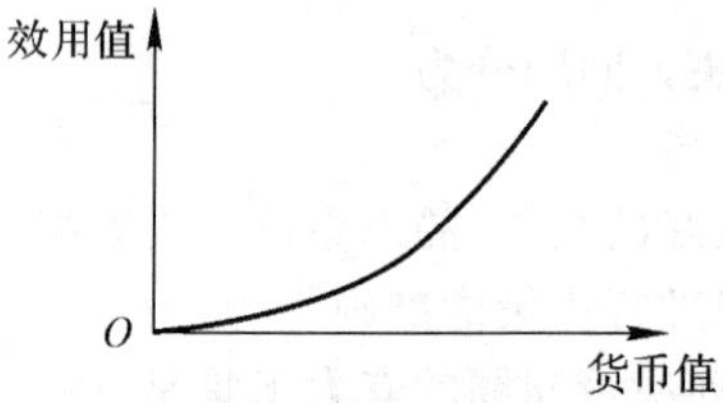

图6-4　习题图(1)

  A.保守型   B.中间型   C.冒险型   D.综合型

9.图6-5中的效用曲线表示该决策者对待风险的态度是(　　)的。

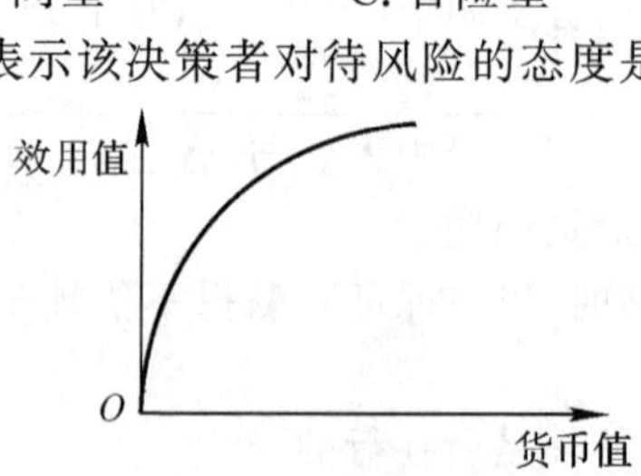

图6-5　习题图(2)

  A.保守型   B.中间型   C.冒险型   D.综合型

10.图 6-6 中的效用曲线表示该决策者对待风险的态度是(　　)的。

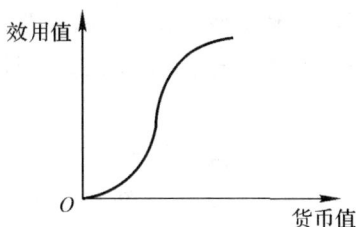

图 6-5　习题图(3)

A.保守型　　　　　　B.中间型　　　　　　C.冒险型　　　　　　D.综合型

11.下列概念中,(　　)不是对策论的特有概念。

A.混合策略　　　　　B.期望值　　　　　　C.局中人　　　　　　D.优超原理

12.下列概念中,(　　)不是对策论的特有概念。

A.策略　　　　　　　B.局势　　　　　　　C.鞍点　　　　　　　D.优超

13.已知甲、乙两人对策时,甲的赢得矩阵为 $\begin{bmatrix} 2 & 1 & 4 \\ 2 & 0 & 3 \\ -1 & -2 & 0 \end{bmatrix}$,则双方最优策略及对策值

为(　　)。

A.(α_2,β_2);0　　　B.(α_3,β_3);0　　　C.(α_1,β_2);1　　　D.(α_2,β_1);1

14.已知矩阵对策 $G=\{S_1,S_2;A\}$ 的对策值为0,其中 $A=\begin{pmatrix} 2 & -3 & 4 \\ -3 & 4 & -5 \\ 4 & -5 & 6 \end{pmatrix}$。下列判断

中正确的是 (　　)。

A.该对策无鞍点　　　　　　　　B.该对策在纯策略范围内有解

C.该对策的期望赢得值总为 0　　　D.该对策无最优策略

15.已知甲、乙两人对策时,甲的赢得矩阵为 $\begin{bmatrix} 9 & -6 & -3 \\ 5 & 6 & 4 \\ 7 & 4 & 3 \end{bmatrix}$,则双方最优策略及对策值

为(　　)。

A.(α_3,β_2);4　　　B.;(α_2,β_3);4　　　C.(α_2,β_1);5　　　D.(α_2,β_3);3

三、判断题

1.决策问题的数学模型可以用决策表或者益损矩阵来表示。　　　　　　(　　)

2.在决策树中从方案节点引出的枝叫方案分支,故每个枝表示一个方案。(　　)

3.有限对策是指对策次数有限的对策。　　　　　　　　　　　　　　　(　　)

4.有权决定自己行动方案的对策参与者,称为局中人。　　　　　　　　(　　)

5.风险型决策是因决策者对环境情况一无所知并冒险决策而得名。　　　(　　)

6.在实际工作中,持乐观标准决策的人总是要比持悲观标准决策的人收获得多。(　　)

7.对于损失决策矩阵而言,遗憾值将全部小于或等于 0。　　　　　　　(　　)

8.后悔值是在同一自然状态下,由于未采用相对最优的方案而造成的经济损失。(　　)

9. 后悔值准则是求解所有不确定性决策问题的最好方法。 （　　）

10. 悲观决策准则是求解所有不确定性决策问题的最差方法。 （　　）

11. 决策树方案节点后的分支叫概率分支,分支的数量即自然状态的数量,所标的概率为该自然状态出现的概率。 （　　）

12. 在决策树中从决策点引出的枝叫概率分支。 （　　）

13. 风险型决策,决策者对自然状态出现的概率是可以估计的。 （　　）

14. 不确定型决策,决策者对自然状态及其出现的概率都是一无所知的。 （　　）

15. 风险型决策依据的标准主要是概率值。 （　　）

16. 决策树是以期望值为标准进行决策的风险型决策方法。 （　　）

17. 决策树法使得决策问题形象化、便于指挥员讨论研究,可以解决单阶段决策问题和多阶段决策问题。 （　　）

18. 决策树法是利用树枝形状的图模型来表述决策风险评估问题,其评估准则可以是益损期望值或效用期望值等。 （　　）

19. 采用最小后悔准则进行决策时,首先构造后悔值矩阵,接着将方案的最大后悔值作为其指示值,最后从中选择指示值最小的方案作为最优方案。 （　　）

20. 不管决策问题如何变化,一个人的效用曲线总是不变的。 （　　）

21. 具有中间型效用曲线的决策者,对收入的增长和对金钱的损失都不敏感。 （　　）

22. 矩阵对策的对策值可以不唯一,但最优策略是唯一的。 （　　）

23. 在纯策略意义下,鞍点就是所在行的最小元素,所在列的最大元素。 （　　）

24. 若已知某矩阵对策其中一个局中人的最优策略为纯策略,则另一个局中人的最优策略也必为纯策略。 （　　）

25. 矩阵对策中,鞍点一定是唯一的,而对策值可能不唯一。 （　　）

26. 矩阵对策的对策值不可能小于零。 （　　）

27. 在矩阵对策中鞍点可以有多个,而对策值是唯一的。 （　　）

28. 对于存在鞍点的对策问题,竞争双方都无须对自己的策略保密。 （　　）

29. 对于不存在鞍点的对策问题,竞争双方在开局前都必须对自己的策略保密,否则不保密的一方很容易吃亏。 （　　）

30. 若矩阵对策有纯策略意义的解,则其鞍点是唯一的。 （　　）

31. 任何对策问题在纯策略意义下都一定有解。 （　　）

32. 对策论中,混合策略是纯策略的特例。 （　　）

33. 对策论中的策略与动态规划中的策略定义完全一样。 （　　）

34. 若已知某矩阵对策其中一个局中人的最优策略为混合策略,则另一个局中人的最优策略也必为混合策略。 （　　）

35. 混合策略意义下的鞍点值是双方都采用最优混合策略时的期望值。 （　　）

36. 纯策略是指以概率1选取某行(或某列),以概率0选取其他行(或其他列)的一种特殊混合策略。 （　　）

37. 对任一矩阵对策 $G=\{S_1,S_2,A\}$，一定存在混合策略意义下的解。（　　）

38. 对策论中优超原理为了删除劣策略，行应去大，列应去小。（　　）

39. 由对策定理知，求任意矩阵对策的最优策略都等价于求解两个线性方程组。（　　）

40. 矩阵对策一定有最优混合策略。（　　）

四、简答题

1. 简述决策的一般步骤。

2. 什么是决策树？简述决策树的基本结构。

3. 为什么说实际决策问题所选择的只能是满意解而非最优解？

4. 简述系统对策问题的三个基本要素。

5. 什么是不确定型决策？其主要决策标准有哪些？

6. 简述纯策略意义下鞍点的特征。

7. 确定决策目标为什么是困难的？

8. 简述科学的决策体制。

9. 简述决策体制。

10. 简述问题决策过程。

11. 什么是决策？

12. 根据对自然状态的了解情况分类，有哪几类决策？

13. 什么是确定型决策？非确定型决策？风险型决策？

14. 什么是后悔值？

15. 简述不确定型决策中折中决策标准的乐观系数 α 的选定原则。

16. 阐述决策树的结构。

17. 试述动态规划中的策略与对策论中的策略有何不同。

18. 什么样的对策称为矩阵对策？

19. 何为纯策略？

20. 已知矩阵对策 $A=\begin{pmatrix} 2 & 3 & 11 \\ 7 & 5 & 2 \end{pmatrix}$ 的一个混合策略为 $X=(3/11,8/11)^{\mathrm{T}},Y=(0,9/11,2/11)$，试求该策略对应的赢得期望值，并判断其是否为最优策略。

五、计算题

1. 某摩步团执行进攻任务。备选的主攻方向有 4 种：S_1,S_2,S_3,S_4，它们分别表示左、中、右和两翼包抄。防御之敌的主要防御方向可能有 3 种：$\theta_1,\theta_2,\theta_3$，它们分别代表左、中、右 3 种部署。团指挥员对每个备选主攻方向的评价用突破敌前沿防御的概率来度量。也就是说，这时的益损值就是突破敌防御前沿的概率。如果团指挥员无法估计敌采用某一部署的可能性，则他面临的就是不确定决策问题，其决策矩阵见表 6-1。表中给出了收益矩阵，并分别列出了不确定情况下，分别按乐观、悲观和最小后悔值决策准则给出相应的决策方案。

表 6-1　习题表(1)

	θ_1	θ_2	θ_3
S_1	0.6	0.7	0.8
S_2	0.7	0.5	0.6
S_3	0.7	0.6	0.4
S_4	0.6	0.9	0.5

2.敌军某部已被我军包围,迹象表明,敌人可能在夜间从东、南、西三个方向突围。我军拟订了相应的作战方案,决策矩阵见表 6-2,表中收益值表示可歼敌百分比。试根据以下两种情况分别确定我军的最优作战方案。

表 6-2　习题表(2)

方 案	状 态			
	s_1(东)	s_2(南)	s_3(西)	s_4(不突围)
A_1	0.5	0.2	0.7	0.4
A_2	0.6	0.4	0.3	0.3
A_3	0.4	0.5	0.8	0.2
A_4	0.5	0.7	0.4	0.3

(1)若敌人突围方向的概率信息未知,该决策属于哪种类型的决策问题,并按后悔值决策标准进行决策。

(2)若已知敌人突围的概率信息:$P(s_1)=0.3,P(s_2)=0.4,P(s_3)=0.1,P(s_4)=0.2$,该决策属于哪种类型的决策问题,试求出最优决策。

3.考虑下面的损失矩阵(见表 6-3)。

表 6-3　习题表(3)

方 案	状 态				
	S_1	S_2	S_3	S_4	S_5
a_1	15	10	0	-6	17
a_2	3	14	8	9	2
a_3	1	5	14	20	-3
a_4	7	9	10	2	0

假定不知道各种自然状态出现的概率,试分别用以下两种方法求最优决策方案:

(1)等可能决策准则(标准);

(2)后悔值决策准则(标准)。

4.有一种游戏分两阶段进行。第一阶段,参加者需先付 10 元,然后从含 45% 白球和 55% 红球的罐子中任摸一球,并决定是否继续第二阶段。如继续需再付 10 元,根据第一阶段摸到的球的颜色在相同颜色罐子中再摸一球。已知白色罐子中含 70% 蓝球和 30% 绿球,红色罐子中含 10％ 的蓝球和 90％ 的绿球,当第二阶段摸到蓝色球时,参加者可得奖 50 元,如摸到的是绿球或不参加第二阶段游戏的均无所得。试用决策树法确定参加者的最优策略。

5.有一种赌博游戏,游戏者 Ⅰ 拿两张牌:红 1 和黑 2,游戏者 Ⅱ 也拿两张牌:红 2 和黑 3。游戏时两人各同时出示一张牌,如颜色相同,Ⅱ 付给 Ⅰ 钱,如果颜色不同,Ⅰ 付给 Ⅱ 钱。并且规定,如 Ⅰ 打的是红 1,按两人牌上点数差付钱。如果 Ⅰ 打的是黑 2,按两个牌上点数和付钱。求游戏者 Ⅰ、Ⅱ 的最优策略,并回答这种游戏对双方是否公平合理?

6.在某战斗中,有一批军用物资,需要用汽车以最短的时间从出发地运送到部队前沿阵地。现有 3 条道路(公路 A、公路 B 和公路 C)可供选择,如图 6-7 所示。由于刚遭遇敌空、炮火力的袭击,桥梁可能遭到破坏。已知公路 A 桥完好的可能性为 0.5,公路 B 桥完好的可能性为 0.6。运送途中,汽车遇到桥梁损坏要立即返回,并选择其他路线。试画出决策树,并确定最优运输方案。

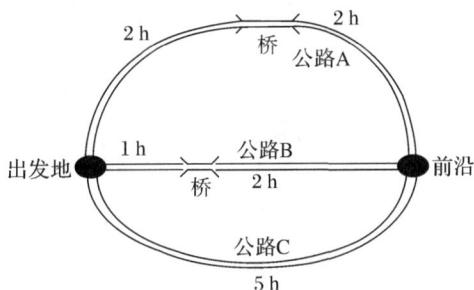

图 6-7 习题图(4)

7.某指挥员要定下是否单独组织反冲击的决心。如命令二梯队团组织反冲击,可能损失 200 人;反冲击有 60％ 可能成功,40％ 可能失败。如成功,则下一步有两种打法:一是原地待援、巩固阵地,成功概率 50％,可能损失 180 人;二是继续进攻,把口子堵上,成功概率 80％,可能损失 280 人。无论下一步用何种打法,如第二步成功,敌损失 700 人,如第二步不成功,敌仅损失 100 人,反冲击部队还将多损失 150 人。假设以敌我损失人数之差作为评价准则,问是否应当组织反冲击?试画出决策树并解答。

8.A、B 两国进行军备竞赛,A 国有 4 种可选的武器装备发展方案,分别为 a_1, a_2, a_3, a_4,B 国有 4 种可选的武器装备发展方案,分别为 b_1, b_2, b_3, b_4,当两国采用不同的方案时,A 国相对于 B 国的军事优势的量化值见表 6-4,试求 A、B 两国的最优策略。

表 6-4 习题表(4)

方 案	状 态			
	b_1	b_2	b_3	b_4
a_1	7	10	4	3
a_2	-6	8	5	2
a_3	9	-11	2	1
a_4	-15	3	8	-4

9.已知某一决策问题,见表 6-5,表中数值为年利润。试求:

表 6-5　习题表(5)

方　案	状　态		
	S_1	S_2	S_3
A_1	40	200	2 400
A_2	360	360	360
A_3	1 000	240	200

(1)采用乐观决策标准选出最优决策方案;

(2)采用后悔值决策标准选出最优决策方案;

(3)问乐观系数 α 取何值时,方案 A_1 和 A_3 是不偏不倚的?

10.某人在年初计划进行一笔 30 万元的投资。投资方式可以是与他人合资生产防雨用具或用于旅游业的开发。投资收益受当年气候的影响,当雨量少、适中或较多时,到年底他可能获得的利润预测如下:

$$
\begin{array}{c}
\quad\quad\quad\text{少　适中　多} \\
\begin{array}{l}
\text{防雨用具} \\
\text{旅游业}
\end{array}
\begin{pmatrix}
2 & 5 & 9 \\
11 & 7 & -3
\end{pmatrix}
\end{array}
$$

试分别按下述方法确定该投资者的最优方案或策略,并通过结论对比对这两种方法做简要评价。

(1)后悔值决策方法;

(2)对策论方法。

11.建仓库投资有 3 个行动方案可供选择,并有 3 种自然状态,其损失表如下:

表 6-6　习题表(6)

方　案	自然状态		
	S_1	S_2	S_3
A_1	3	7	3
A_2	6	5	4
A_3	5	6	10

试用:

(1)乐观决策标准决策。

(2)折中决策标准决策($\alpha=0.6$)。

(3)当三种自然状态 S_1、S_2、S_3 的概率分别为 0.3、0.4、0.3 时,请用风险决策方法决策。

12.敌军某部已被我军包围,迹象表明,敌人可能在夜间从东、南、西三个方向突围。我军拟订了相应的作战方案,决策矩阵见表 6-7,表中收益值表示可歼敌百分比。试根据以下两种情况分别确定我军的最优作战方案。

表 6-7　习题表(7)

方案	状态			
	s_1(东)	s_2(南)	s_3(西)	s_4(不突围)
A_1	0.5	0.2	0.7	0.4
A_2	0.6	0.4	0.3	0.3
A_3	0.4	0.5	0.8	0.2
A_4	0.5	0.7	0.4	0.3

(1)敌人突围方向的概率信息未知(按悲观决策标准);

(2)已知敌人突围的概率信息:$P(s_1)=0.3, P(s_2)=0.4, P(s_3)=0.1, P(s_4)=0.2$。

13.某工程队承担一座桥梁的施工任务。由于施工地区夏季多雨,需停工三个月。在停工期间该工程队可将施工机械搬走或留在原处。如搬走,需搬运费 1 800 元,如留原处,一种方案是花 500 元筑一护堤,防止河水上涨发生高水位的侵袭。若不筑护堤,发生高水位侵袭时将损失 10 000 元。如下暴雨发生洪水时,则不管是否筑护堤,施工机械留在原处都将受到 60 000 元的损失。据历史资料,该地区夏季高水位的发生率是 25%,洪水的发生率是2%,试用决策树法分析该施工队要不要把施工机械搬走及要不要筑护堤。

14.某工厂进行技术改造。有两个方案可供选择:方案一,自行设计,成功概率 60%,需投资 16 万元。方案二,购买专利,成功概率 80%,需投资 20 万元。两者成功后考虑:①产量不变;②增加产量。两者失败后,按原工艺生产。预测价格:高的概率为 0.4,中的概率为0.5,低的概率为 0.1。损益见表 6-8,试用决策树法求最优决策方案。

表 6-8　习题表(8)

预测概率	方案				
	按原工艺	自行设计		购买专利	
		产量不变	增加产量	产量不变	增加产量
低 0.1	-100	-200	-300	-200	-300
中 0.5	0	50	150	50	150
高 0.4	100	150	400	150	400

15.利用优超原则简化并求解矩阵对策 $\begin{bmatrix} 2 & 4 & 0 & -2 \\ 4 & 8 & 2 & 6 \\ -2 & 0 & 4 & 2 \\ -4 & -2 & -2 & 0 \end{bmatrix}$。

16.给定矩阵对策(见表 6-9):

表 6-9　习题表(9)

		B	
	策略	β_1	β_2
A	α_1	-2	4
	α_2	3	2
	α_3	1	5

已知局中人 B 的最优策略为 $Y^* = (3/5, 2/5)$,求 A 的最优策略和对策值。

17. A、B 两名游戏者双方各持一枚硬币,同时展示硬币的一面。如均为正面,A 赢 2/3 元,均为反面,A 赢 1/3 元,如为一正一反,A 输 1/2 元。写出 A 的赢得矩阵,求 A、B 双方各自的最优策略,并回答这种游戏是否公平合理。

18. 有矩阵对策

$$A = \begin{bmatrix} -1 & 2 & 0 & 3 \\ 2 & 4 & 2 & 2 \\ 6 & 1 & 3 & 6 \\ 0 & 3 & 2 & 1 \end{bmatrix}$$

且知其一个混合策略为 $X = [0, 1/2, 1/2, 0]^T$,$Y = [0, 1/4, 3/4, 0]$。

(1)计算该策略对应的期望支付;

(2)该策略是否为双方最优混合策略,为什么?

19. 利用优超原理求解对策问题。

$$A = \begin{bmatrix} 1 & 0 & 3 & 4 \\ -1 & 4 & 0 & 1 \\ 2 & 2 & 2 & 3 \\ 0 & 4 & 1 & 1 \end{bmatrix}$$

20. A、B 两人玩一种游戏:有三张牌,分别记为高、中、低,由 A 任抽一张,由 B 猜。B 只能猜高或低,如所抽之牌恰为高或低,则当 B 猜对时,A 输 3 元,否则 B 输 2 元,又若 A 所抽的牌为中,则当 B 猜低时,B 赢 2 元,猜高时,由 A 再从剩下两张牌中任抽一张由 B 猜,当 B 猜对时,B 赢 1 元,猜错时 B 输 3 元。将此问题归结成二人零和对策问题,列出 A 的赢得矩阵,并求出各自的最优策略和对策值。

第三节　习题答案

一、填空题

1.确定型;风险型;不确定型　2.行动方案;自然状态;损益值　3.悲观主义决策

4.乐观主义决策　5.决策树　6.方案节点;自然状态数　7.方案分支;决策方案

8.局中人;策略集;赢得函数　9.两;有限;为零　10.最优纯　11.最小元素;最大元素

12.混合策略　13.纯策略;混合策略　14.混合策略　15.相关行相关列定理

二、选择题

1.B　2.ABC　3.D　4.B　5.B　6.C　7.B　8.C　9.A　10.D　11.B　12.A

13.C　14.A　15.B

三、判断题

1.√　2.×　3.×　4.√　5.×　6.×　7.×　8.√　9.×　10.×　11.√　12.×

13. √ 　14. × 　15. × 　16. × 　17. √ 　18. √ 　19. √ 　20. × 　21. √ 　22. ×

23. √ 　24. × 　25. × 　26. × 　27. √ 　28. √ 　29. √ 　30. × 　31. × 　32. ×

33. × 　34. × 　35. √ 　36. √ 　37. √ 　38. × 　39. × 　40. √

四、简答题

1. ①明确问题;②确定目标;③制定方案;④方案评估和选择;⑤方案实施及控制。

2. 决策树是用来求解风险型序列决策问题的一种树形工具图,其结构由决策点、方案点和结果点构成。

3. 理想的最优方案是无法拟定或识别的,实际上所选择的也只能是满意解。不过分地追求所谓"最优解"可以大大减轻决策分析、评估的工作量。满意性原则的提出是决策思想的重大突破。它不仅告诫人们对于任何具体的实际问题,不存在、不必追求绝对的最优方案,同时也告诉人们任何方案都有改进、更新的可能性和必要性。

4. 局中人、策略集、赢得函数(支付函数)。

5. 不确定型决策是指决策者对自然状态发生的概率一无所知,仅仅根据自身的经验、性格和主观态度进行的决策;不确定型决策的主要决策标准包括悲观准则、乐观准则、等可能性准则、折中准则、最小后悔值准则等。

6. 行中最小,列中最大。

7. (1)因为目标不是现实,而是希望将来能够实现的事实。

(2)系统的目标状态一般高于现时状态,并且不是现时状态的自然演变,明显优于自然演化达到的状态。新依据的却是现实的各种条件。

8. 领导者利用智囊团进行决策研究论证以使自己的决策建立在科学基础上的决策组织形式。

9. 指参与决策的人员的分工。

10. 问题很少以鲜明形式出现,因此首先要发现问题,然后寻找问题形成的因素及影响,即明确问题,接着提出解决问题的目标和可能的途径,即初步形式决策问题,再对问题进行专家审议确认,最后形成决策问题。

11. 为了达到某种目的,在多个可供选择的方案中择优的过程。

12. 分为确定型决策、风险型决策、不确定型决策。

13. 确定型决策是指决策环境是完全确定的,作出的选择结果也是完全确定的;风险型决策是指决策的环境不是完全确定的,而其发生的概率是已知的;不确定型决策是指决策者对将发生的结果一无所知,只能凭决策者的主观倾向进行决策。

14. 在某种自然状态下,由于未采取相对最优的方案而造成的损失。

15. 为了解决悲观决策准则和乐观决策准则太极端的问题,制定了折中决策准则,引入了乐观系数 α,且 $0 \leqslant \alpha \leqslant 1$。决策者对一个不确定型问题进行决策时,若对该问题知道较多信息,则 α 可取大些,若知道较少信息,α 可取小些。

16.决策树的结构如图 6-8 所示。

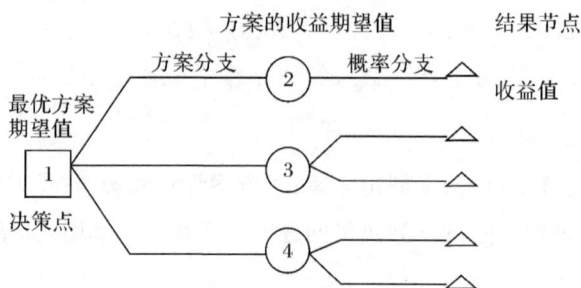

图 6-8 习题图(5)

17.动态规划中的策略:各个阶段的决策确定以后就构成一个决策序列,称为策略。或者说策略是一个按顺序排列的决策组成的集合。对策论中的策略:一局对策中,可供局中人选择的一个实际可行的完整的行动方案称为一个策略。或者说可供局中人选择的实际可行的方案。

18.二人有限零和对策又叫矩阵对策。它是指两个局中人,每个局中人的策略集分别有有限个策略,在任一局势下,两个局中人的赢得之和总是等于零。

19.在对策中,局中人以概率 1 选取某一策略,则该策略为此局中人的纯策略。

20.$V_G = 49/11$;由定理 4 知是最优策略。

五、计算题

1.按照乐观决策准则,该摩步团会选择方案 S_4,即两翼包抄;按照悲观决策准则,该摩步团会选择方案 S_1,即左翼包抄;按照最小后悔值决策准则,该摩步团会选择方案 S_1,即左翼包抄。

2.(1)该决策属于不确定型决策,此时的最优决策为 A_2 或 A_4;

(2)该决策属于风险型决策,此时的最优决策为 A_4。

3.(1)最优方案为 a_1 或 a_2;(2)最优方案为 a_4。

4.决策树决策过程如图 6-9 所示。

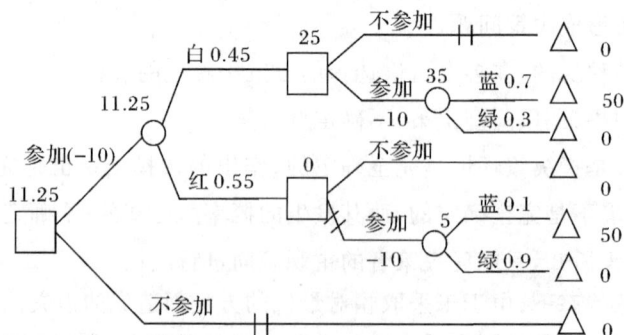

图 6-9 习题图(6)

最优策略:第一次摸球如摸到白球,继续参加第二次摸球。如摸到红球,则不再继续。

红2　黑3

5.(1)列出游戏 I 的赢得矩阵:红 1 $\begin{matrix} 红1 \\ 黑2 \end{matrix}\begin{bmatrix} 1 & -2 \\ -4 & 5 \end{bmatrix}$

最优解:$X^* = \left(\dfrac{3}{4}, \dfrac{1}{4}\right)$,$Y^* = \left(\dfrac{7}{12}, \dfrac{5}{12}\right)$,最优值:$\upsilon = \left(-\dfrac{1}{4}\right)$

(2)由对策值小于零可知,该游戏对双方并不公平。

6.决策树求解如图 6-10 所示。

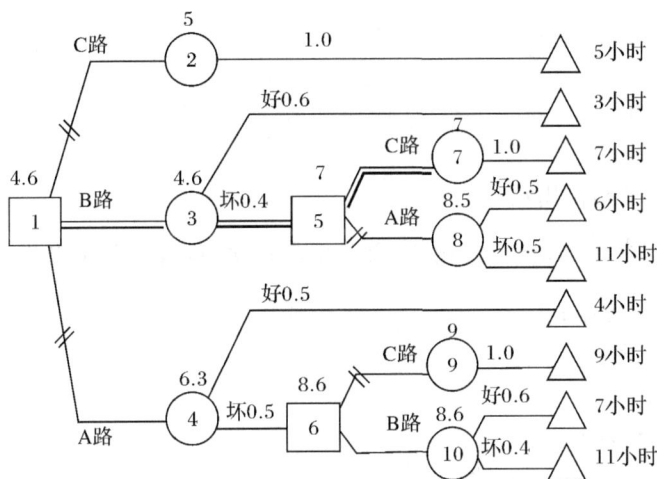

图 6-10　习题图(10)

由上图可知,该问题的最优运输方案为:先走公路 B,如果公路 B 坏,再走公路 C。

7.绘制决策树如图 6-11 所示。

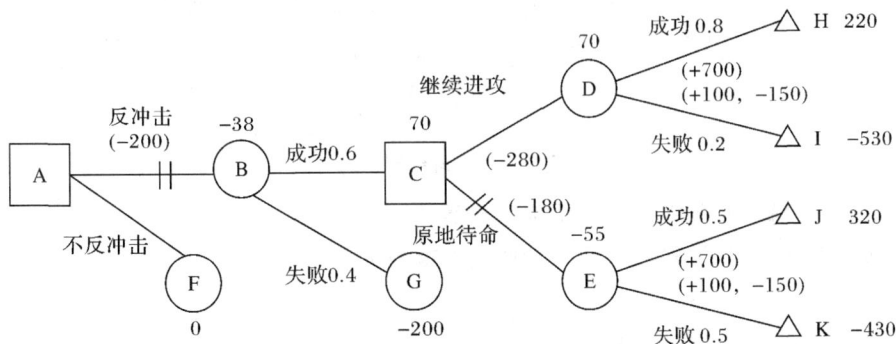

图 6-11　习题图(11)

结论:以敌我损失人数对比考虑,指挥员应定下决心,不单独组织反冲击。

8.直接在赢得矩阵 **A** 上计算,有

$$\begin{array}{c} \begin{array}{cccc} \beta_1 & \beta_2 & \beta_3 & \beta_4 \end{array} \qquad \min \\ \boldsymbol{A} = \begin{array}{c} \alpha_1 \\ \alpha_2 \\ \alpha_3 \\ \alpha_4 \end{array} \begin{pmatrix} 7 & 10 & 4 & 3 \\ -6 & 8 & 5 & 2 \\ 9 & -1 & 2 & 1 \\ -15 & 3 & 8 & -4 \end{pmatrix} \begin{array}{c} 3^* \\ -6 \\ -1 \\ -15 \end{array} \\ \max \qquad 7 \quad 10 \quad 8 \quad 3^* \end{array}$$

于是,有 $\max\limits_{i}\min\limits_{j} a_{ij} = \min\limits_{j}\max\limits_{i} a_{ij} = 3$。

因此,该对策在纯策略意义下的解为 (α_1, β_4),即 A、B 两国的武器装备发展最优策略分别为 a_1、b_4。

9.(1)乐观:A_1;

(2)后悔值:A_1;

(3)$\alpha = 0.102\ 56$。

10.(1)投资生产防雨用具;

(2)$X^* = \left(\dfrac{2}{3}, \dfrac{1}{3}\right)^T$,$V_G = 5$,即用 20 万元生产防雨用具,10 万元开发旅游业。

11.(1)采用 A_1 方案;

(2)采用 A_1 方案;

(3)采用 A_1 方案。

12.(1)A_2 或 A_4;(2)A_4。

13.绘制决策树如图 6-12 所示。

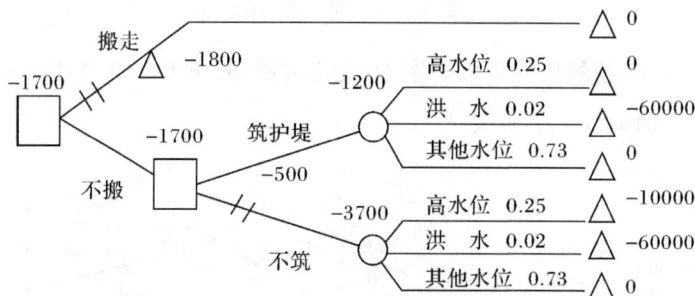

图 6-12 习题图(12)

所以不搬走施工机械并筑一护堤为最合算。

14.采用购买专利的方案,可得期望收益 150 万元。

15.简化为 $\begin{array}{c} \\ \alpha_2 \\ \alpha_3 \end{array} \begin{array}{cc} \beta_1 & \beta_3 \\ \begin{pmatrix} 4 & 2 \\ -2 & 4 \end{pmatrix} \end{array}$,无鞍点。

用公式法求得:$X^* = \left(0, \dfrac{3}{4}, \dfrac{1}{4}, 0\right)^T$,$Y^* = \left(\dfrac{1}{4}, 0, \dfrac{3}{4}, 0\right)^T$,$V = \dfrac{5}{2}$。

16.$X^* = (0, 4/5, 1/5)^T$,$V = 13/5$。

17.列出对 A 的赢得矩阵,解得

$$
\begin{array}{cc}
& \text{正} \quad \text{反} \\
\begin{array}{c} \text{正} \\ \text{反} \end{array} &
\begin{bmatrix} \dfrac{2}{3} & -\dfrac{1}{2} \\[2mm] -\dfrac{1}{2} & \dfrac{1}{3} \end{bmatrix}
\end{array}
$$

$X* = \left(\dfrac{5}{12}, \dfrac{7}{12}\right)$　$Y* = \left(\dfrac{5}{12}, \dfrac{7}{12}\right), v* = \left(-\dfrac{1}{12}\right)$。

18.(1) $v = 5/2$；(2)是。

19. $X^* = (0,0,1,0)^\mathrm{T}, Y^* = (1,0,0,0)^\mathrm{T}; V_G = 2$。

20.A 有 4 个策略:①抽高;②抽中,需再次抽时抽高;③抽中,再次抽时抽低;④抽低。B 有 3 个策略:①猜高,需再次猜时仍猜高;②猜高,再次猜时猜低;③猜低,列出对 A 的赢得矩阵,见表 6－10。

表 6－10　习题表(10)

A	B		
	①	②	③
①	−3	−3	2
②	−1	3	−2
③	3	−1	−2
④	2	2	−3

解得 $X^* = \left(\dfrac{1}{2}, 0, 0, \dfrac{1}{2}\right), Y^* = \left(\dfrac{1}{4}, \dfrac{1}{4}, \dfrac{1}{2}\right), v = -\dfrac{1}{2}$。

第七章　网络计划技术

第一节　学习要点

一、网络计划技术概述

网络计划技术是装备系统工程中常用的一种科学管理方法。它是把工程开发研制过程当作一个系统来处理,将组成系统的各项工作和各个阶段按先后顺序,通过网络图的形式,统筹规划,全面安排,并对整个系统进行组织、协调和控制,以达到最有效地利用资源,并用最少的时间来完成系统的预期目标。

1.甘特图

甘特图可以看作网络计划的前身,由美国的甘特(H.L.Gantt)在1917年提出,又叫线条图(又称施工进度表),对于计划管理曾发挥过重要作用。线条图的横轴表示日程,可以直观地表示每项作业开始时间、完工时间,对于工作计划的制订与实施大有帮助。但是,线条图不能准确地反映作业之间的逻辑关系,不能反映出计划管理中的重点,特别是对于复杂的任务,仅利用线条图还不能有效地进行日程安排,难以提高计划工作的科学性。

2.PERT 和 CPM

20世纪50年代,在美国几乎同时开发了两种科学地制订计划的方法:一种是计划协调技术(Programe Evaluationand Review Technique,PERT),另一种为关键线法(Critical Path Method,CPM)。

PERT 是1956年美国海军军械部特种计划局的专家与洛克希德公司的专家合作,在研制导弹核潜艇的"北极星计划"中创造的。此计划中有十几亿道工序,由于采用 PERT,该计划提前两年完成(原计划用6年)。

CPM 是1957年美国杜邦公司与兰德公司合作开发的。当时为制订一个大型化工厂开关装置的维修计划,由于该开关维修时间的长短对生产效率、成本、利润等影响很大,为了尽量缩短维修时间,设计了 CPM。

上述两种方法都是以网络图来表示计划的实施过程,而且都是以时间最长的路径("关键线")作为重点的管理方法。二者不同之处是 PERT 注意时间问题,对成本不太注意,而 CPM 把时间和成本一块考虑;PERT 对每项具体工作的完成时间计入不确定因素,而 CPM 假定每项工作的完成时间都是确定的,即使不确定,只估计一个时间参数。当前的 PERT 和 CPM 已不像上述区别那么显著,二者在发展中相互融合。

PERT 和 CPM,可以统称为网络计划技术,它是一种科学地制订计划的方法。它利用网络图的形式把与任务有关的所有工作组成一个有机整体,通过对各项工作的完成时间及其人力、物力、财力分配的定量分析计算,重点抓住关键线,并注意总任务诸环节的协调平衡,以求使得任务完成的期限最短,或是在指定的完成期限内成本费用最低。

二、网络图绘制

(一)网络图构成

网络计划技术的基础和核心工作就是绘制网络图。网络图是指网络计划技术的图解模型,反映整个工程任务的分解与合成。其中,分解是指对工程任务的划分;合成是指各项工作的协作与配合。

网络图由工序、事项和路线三个部分组成。

1. 工序

工序(作业)是一项有具体活动的过程,是需要人力、物力参加,经过一定时间后才能完成的活动。一般,用一个箭线"→"表示一项工序。把工序的名称写在箭线上,完成工序所需要的时间(小时、天、周等)写在箭线下面。箭尾表示工序的开始,箭头表示工序的结束。箭头和箭尾衔接的地方画上圆圈,并编上号码,如图 7-1 所示,共有 A、B、C、D、E、F 六道工序。

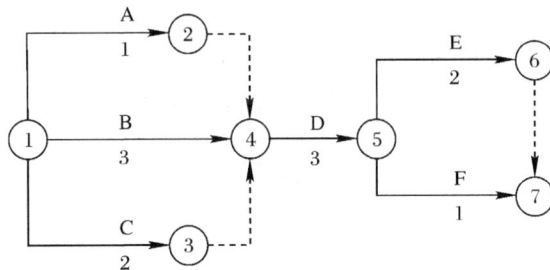

图 7-1　网络图

(1)虚工序。虚工序是指不需要消耗任何资源和时间的工序,在网络图中用虚箭线"┄┄►"来表示。虚工序是一种虚设的活动,其工时为零,因此也称其为零工序。如图 7-1 中的虚箭线即为虚工序。

(2)紧前工序和紧后工序。工序有先后和衔接关系,我们将直接相衔接的工序依时间的先后分为紧前工序和紧后工序。一个工序的紧前工序是指本工序前面紧接着要开始的工序,一个工序的紧后工序是指本工序后面紧接着要开始的工序。如图 7-1 中,A、B、C 是 D 的紧前工序,E、F 是 D 的紧后工序。

2.事项

事项(事件)表示某一项活动的开始或结束。在网络图中,用圆圈表示事项。它是两个或两个以上箭线的交接点,所以又称结点。图 7-1 中,用①、②、③、④、⑤、⑥、⑦表示事项。事项不消耗资源,也不占用时间。一项任务,除了总开工事项和总完工事项外,其他事项常常代表双重意义,即它既是前一项活动的结束,又是后一项活动的开始。每项任务都有"最初事项"(接受任务、开始干)和"最终事项"(任务完成),每个工序都有个"开始事项"和"结束事项"。

3.路线

在网络图中,从始点开始,按照各道工序的顺序,连续不断地到达终点的一条通路称为路线。各条路线上活动(工序)时间的和称为路长。在所有各条路线的路长中,可以找到一条所需工时最长的路线,这条路线称为关键路线,一般用双箭线或粗线表示。图 7-1 中,①→④→⑤→⑥为关键路线。位于关键路线上的工序,称为关键工序,显然关键工序不能如期完成,整个任务的工期就会拖延;如果关键工序提前完成,整个任务工期就有可能缩短。

(二)网络图绘制规则

(1)避免循环,不允许出现循环路线。

(2)两点一线,相邻两结点之间只能有一条箭线。

(3)首尾有圈,箭线的首尾都必须有结点。

(4)始终唯一,整个网络图上只能有一个最初结点(事项)和一个最终结点(事项)。

(5)编号有序,结点(事项)编号不能重复,箭头结点编号必须大于箭尾结点编号。

(三)网络图绘制的注意事项

1.平行工序

开始事项和结束事项均相同的几个工序称为平行工序。根据"相邻两结点之间只能有一条箭线"的规则,平行工序需引入虚工序来正确表示其逻辑关系,如图 7-2 所示。

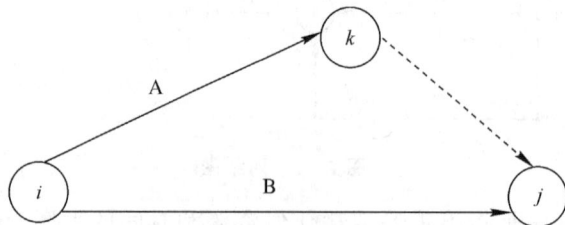

图 7-2 平行工序

2.相继工序

如有甲、乙、丙、丁 4 个工序,丙的先行工序是甲和乙,而丁的先行工序只有乙,这种相继关系如图 7-3 所示。

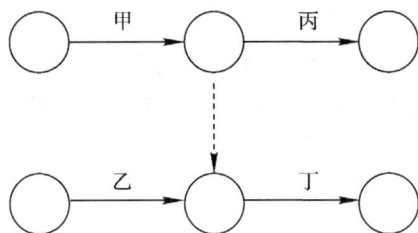

图 7-3　相继工序

3.衍生工序

某一工序(如 A)进行到一定程度(未完成),下一工序(如 B)就可以开始或必须开始,称后一工序(B)为前一工序(A)的衍生工序。正确的画法是将 A 分解为两个工序,其一为 B 的先行工序,另一与 B 并行展开,如图 7-4 所示。

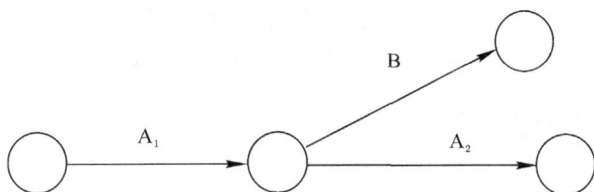

图 7-4　衍生工序

4.箭线交叉

网络图绘制应力求简明、整齐、清晰,尽量避免交叉。当交叉不可避免时,交叉处应采用桥形,如图 7-5 所示。

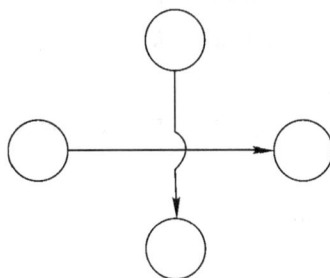

图 7-5　箭线交叉

(四)网络图绘制步骤

1.依据问题定目标

以作战保障计划制订为例,在统筹考虑作战准备的各项问题的基础上明确以下目标:通过问题分析与计算,找出关键作业和管理路线,确定任务总工期,并判断总工期是否符合任务计划所规定的时间要求。

2.依据任务列清单

通过对作战保障的相关准备流程分析,可以知道进行作战准备主要需要进行以下活动:

传达任务、侦察敌情、召开作战会议、战斗动员、进入作战地点、定下决心、建立作战指挥所、组织进攻。同时,确定各项任务大概起始时间。

需要注意的是,工序划分的粗细程度应依据任务内容及不同单位要求来确定。对上层领导机关,可绘制粗些,便于领导通观全局、掌握关键、协调工作、进行决策;对基层单位,可绘制细致些,便于具体组织和指导工作。

3. 按照规则绘草图。

依据战斗任务清单从左往右、由前向后绘制草图。

4. 检查调整纠错漏

对绘制好的草图对照清单检查各项工作逻辑关系是否正确,是否可以调整优化。纠正三多:纠漏、纠错、纠多,达到三准:节点准、关系准、规则准。

5. 注记编号定图稿

按照网络图编号规则给网络图编号。一般采用顺序编号,即从起点开始,从左至右,从小至大,到终点为止,依次编号,不能重复,且确保箭尾结点编号须小于箭头结点编号。

三、网络图时间参数计算

(一)事项时间参数

1. 事项最早开始时间

事项最早开始时间,表示以该事项为始点的各工序的最早可能开工的时间,也表示以它为终点的各工序全部完成的最早结束时间,这里用符号 $T_E(j)$ 表示。

事项最早开始时间,通常按"箭头事项"来进行计算,它等于从始点事项起到本事项最长路线的时间长度。因此,计算事项(箭头事项)最早开始时间,要从始点事项开始,自左向右、编号从小到大逐个计算,直至终点。

设总开始事项的结点编号为①,则事项最早开始时间的计算公式为

$$T_E(1)=0$$
$$T_E(j)=\max\{T_E(i)+T(i,j)\} \quad j=1,2,\cdots,n$$

式中:$T_E(j)$ 为箭头事项最早开始时间;$T_E(i)$ 为箭尾事项的最早开始时间;$T(i,j)$ 为工序 $i \rightarrow j$ 的作业时间。

终点事项的最早开始时间 $T_E(n)$ 就是整个任务的最早完工时间。即 $T_E(n)=$ 任务的最早完工期。

2. 事项最迟结束时间

事项最迟结束时间 $T_L(i)$,表示以它为终点的工序的最迟必须完工时间,或以它为始点的工序的最迟必须开始时间。

事项最迟结束时间,通常按"箭尾事项"的最迟开始时间计算获得,从右向左,编号由大到小反顺序逐个计算,直到始点。为了尽量缩短工期,一般把终点事项的最早结束时间(即任务的最早完工时间)作为终点事项的最迟结束时间,挖掘任务进程中的潜力。

设终点事项的结点编号为 n,则事项的最迟结束时间计算公式为

$$T_L(n) = T_E(n)$$

$$T_L(i) = \min\{T_L(j) - T(i,j)\} \quad j = n-1, \cdots, 2, 1$$

式中: $T_L(i)$ 为箭尾事项的最迟结束时间; $T_E(j)$ 为箭头事项的最迟结束时间; $T(i,j)$ 为工序 $i \rightarrow j$ 的作业时间。

3. 事项时差

一个事项的完工期可以推迟多少时间,才不致影响整个工程的完工期或下一个事项的最早可能的开工期,这样的时间称为事项时差。时差表明事项有多大的机动时间可以利用。时差越大则时间潜力也越大,也就是说可以将该事项的资源暂时调去支援关键性的路线,使关键路线上的事项时差为零。其计算公式为

$$S(i) = T_L(i) - T_E(i)$$

事项的最早开始时间和最迟结束时间在图上直接计算时,先算出每个事项的最早开始时间,并在事项的左下方用符号"□"括起来,从始点事项起,直到终点事项止。最早开始时间算完后,再从终点事项起,逆箭头的方向逐个计算事项的最迟结束时间,并在事项的右下方用符号"△"括起来,直到始点事项为止。

(二)工序时间参数

工序的时间参数包括工序的最早开始时间、最早结束时间、最迟开始时间、最迟结束时间。

1. 工序最早开始时间

工序的最早可能开工时间称为工序最早开始时间,用 $T_{ES}(i,j)$ 表示。任何一道工序 (i,j) 必须在其所有紧前工序完工后才能开工,因此工序最早开始时间等于工序箭尾事项的最早时间,即

$$T_{ES}(i,j) = T_E(i)$$

2. 工序最早结束时间

工序最早可能完工的时间称为工序最早结束时间,用 $T_{EF}(i,j)$ 表示。它等于该工序最早开始时间加上该工序的作业时间。即

$$T_{EF}(i,j) = T_{ES}(i,j) + T(i,j) = T_E(i) + T(i,j)$$

3. 工序最迟结束时间

在不影响任务最早结束时间的条件下,工序最迟必须结束的时间,称为工序最迟结束时间,用 $T_{LE}(i,j)$ 表示。工序最迟结束时间等于箭头事项的最迟结束时间,即 $T_{LF}(i,j) = T_L(j)$。

4. 工序最迟开始时间

在不影响任务最早结束时间的条件下,工序最迟必须开始的时间,称为工序最迟开始时间,用 $T_{LS}(i,j)$ 表示。工序最迟开始时间等于工序最迟必须结束时间减去工序的作业时间。即

$$T_{LS}(i,j) = T_{LF}(i,j) - T(i,j) = T_L(j) - T(i,j)$$

5.工序时差

作业的时差是用来表明该作业有多大的机动时间可以利用,时差越大,则作业的时间潜力也越大,这就可以将该作业的资源暂时调出去支援关键性工作。

(1)工序总时差,是指在不影响整个任务工期情况下,该工序可以推迟的时间。工序的总时差表明了工序有多大的时间潜力,即有多大的机动时间可以利用。总时差的计算公式为

$$R(i,j)=T_{LF}(i,j)-T_{EF}(i,j)=T_{LS}(i,j)-T_{ES}(i,j)=T_L(j)-T_E(i)-T(i,j)$$

(2)工序单时差。又称自由时差(Free Slack)或局部时差,是指不影响后继工序最早开始时间的前提下,该工序完成中可以机动的时间。其意义是一道工序(作业)按单时差来推迟工期,对其后道工序(作业)没有影响。其计算公式为

$$r(i,j)=T_E(j)-T_E(i)-T(i,j)$$

(三)关键路线的确定方法

在网络图中找出关键路线是网络计划方法的核心,因为它决定着整个工程的工期。网络计划方法主要是找出任务中的关键路线,想办法缩短这条路线上工序的完工时间,以尽早完成任务。确定关键路线的主要方法有以下三种。

(1)根据定义确定关键路线。对从网络图的起点开始到终点为止的所有路线,比较其路长,路长最长的路线即为关键路线。

(2)根据工序的时间参数确定关键路线。找到总时差为零的关键工序,由关键工序所组成的从起点到达终点的路线即为关键路线。

(3)破圈法。从起点事项始,按事项编号顺序,从小到大,逐个考察每个事项点。按"留长路去短路"的原则,破掉由不同路长的路线所形成的每一个圈,便可得到从起点到终点的通道,即为关键路线。

四、网络计划优化

(一)优化思路

绘制网络图,通过计算网络时间和确定关键路线,可以得到一个初始的计划方案。但通常还要对初始方案进行调整和完善,直到得到最优的计划方案。所谓最优,即指按该计划方案能最合理地、最有效地利用人力、财力、物力等资源达到周期最短、成本最低的目的。这个过程称之为网络图的优化。

(二)时间优化

时间优化就是要缩短工期。缩短工期的主要途径有:

(1)采取技术措施,压缩关键工序的作业时间。因为关键工序一般作业技术含量高,因此集中技术力量攻关,是压缩关键工序作业时间的首选。

(2)采取管理措施,在非关键工序上挖潜力。非关键工序一般在时间上总有机动的余地,因而可从时差较大的非关键工序作业中抽调部分资源,支援关键工序的作业。

(3)积极采用平行工序和交叉工序等方法来压缩工期。

(三)资源优化

编制网络计划时,任务进度无疑是我们最关注的,但是,较快的进度往往也需要大量的资源支持。当涉及的资源种类较多时,如何对任务进度、费用和资源利用情况进行合理统筹、安排,制定出一个最合理的计划方案,这就是时间与资源优化问题。合理安排有限资源的要求是:

(1)在分配资源时,优先安排关键工序所需资源,对那些延迟完工不直接影响工程周期的非关键工序,可以考虑利用时差延迟完工。

(2)利用非关键工序的总时差,灵活确定这些工序的开工时间,拉平资源需求高峰,尽量使资源需求均衡。例如将非关键工序分段作业、减少非关键工序所需的资源,甚至综合考虑权衡利弊后,适当延长工程工期等。

(四)成本优化

完成一项工程往往需要大量投资,因此人们关注工程进度的同时,还希望工程的费用较低。例如军事新武器的研制、防汛工程等。工程总费用主要包括两方面内容:

(1)直接费用:指直接用于工程建设工作的耗费,如工人工资、直接消耗的材料等。一般来说,当我们想要压缩工程的作业时间时,都会带来直接费用的增加。

图7-6表明了直接费用随时间的压缩而增加的趋势,极限时间对应的直接费用远大于正常时间对应的直接费用。根据这两个时间对应的两个费用数据,可以计算出直接费用变动率为

$$直接费用变动率 = \frac{极限时间的工序直接费用 - 正常时间的工序直接费用}{正常时间 - 极限时间}$$

(2)间接费用:指为组织和管理工程的生产经营活动所发生的费用。如管理人员的工资、办公费、采购费用、设备租金及固定资产折旧等。间接费用需要按照一定标准,在一定的会计期间进行分摊。在一定的生产规模内,工序作业时间越短,分摊的间接费用就越少。

图7-6说明了工程费用与时间的一般关系:工期过短时,在技术、生产安排及组织管理中采取的额外措施导致工程费用增加;而工期过长,也会造成工程的成本费用偏高。只有在进度安排科学、生产组织合理、技术措施适当的情况下,才能使得工程的费用达到较低的水平。我们把工程费用最低的工程完工时间称为"最低成本日程"。

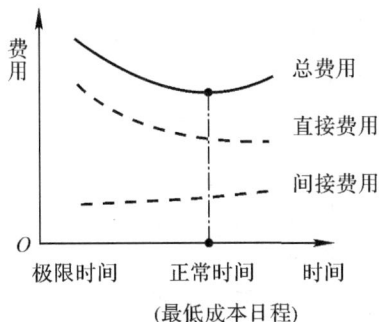

(最低成本日程)

图7-6　工程费用与时间关系图

通常,把工程费用最低的工程完工时间称为"最低成本日程"。最低成本日程提供了时间和费用方面最优的配置状况。在工期和投资限制都较少的情况下,选择最低成本日程制定工期和投资计划,无疑会获得较高的效益。在实际中,往往时间和投资都会受到不同程度的限制约束,因此关于工程的时间与费用优化,常分为两种情况:一是在工期受到限制的情况下,使工程的总费用最低;二是在投资费用一定的情况下,使工期最短。

第二节 习 题

一、填空题

1. 网络优化分析一般包括_____优化、_____优化和_____优化三种情形。

2. 编制网络计划通常包括_____,_____,_____及_____等工作环节。

3. PERT 是_____的简称。

4. CPM 是_____的简称。

5. 网络图中,一般用一条箭线表示一项_____。

6. _____是指不需要消耗任何资源和时间的工序。

7. 虚工序是一种虚设的活动,其工时为_____。

8. 将直接相衔接的工序依时间的先后分为_____、_____。

9. 从始点开始,按照各道工序的顺序,连续不断地到达终点的一条通路称为_____。

10. 网络图由_____、_____、_____三个部分组成。

11. 在进行网络分析时,三点时间估计法是通过估计完成工序的_____时间、最悲观时间和_____时间,之后取其平均时间作为该工序的作业时间。

12. 完成一道工序所需的时间称为_____。

13. 确定作业时间的方法有两种:一点时间估计法和_____。

14. _____表示某一项活动的开始或结束。

15. 一个事项的完工期可以推迟多少时间,才不致影响整个工程的完工期或下一个事项的最早可能的开工期,这样的时间称为_____。

16. 在所有各条路线的路长中,可以找到一条所需工时最长的路线,这条路线称为_____。

17. 位于关键路线上的工序,称为_____。

18. 位于关键路线上的事项,称为_____。

19. _____,是指在不影响整个任务工期情况下,该工序可以推迟的时间。

20. 工序单时差是指在不影响_____最早开始时间前提下,该工序完成中可以机动的时间。

二、选择题

1.下列网络图画法中,( )是错误的。

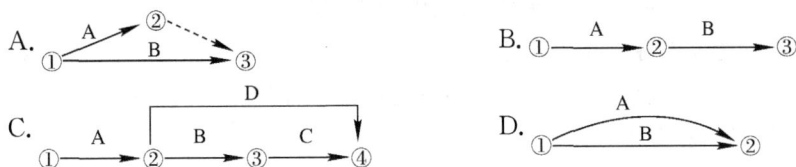

A. ① →A→ ② ⋯→ ③ (B below)

B. ① →A→ ② →B→ ③

C. ① →A→ ② →B→ ③ →C→ ④ (D arc from ② to ④)

D. ① →A/B→ ②

2.下述说法,正确的是( )。

A.在网络图中只有一个始点和一个终点

B.工序的最早开工时间等于该工序箭头事项的最早时间

C.总时差为零的各项工序所组成的线路就是网络的关键路线

D.工序的总时差越大,表明该工序在整个网络中的机动时间越大

3.下述哪种方法不能用来确定关键路线( )。

A.根据定义确定关键路线   B.根据关键事项确定关键路线

C.根据工序的时间参数确定关键路线   D.破圈法

4.某工程工序见表7-1,右侧网络图7-7中出现的错误有( )。

表7-1 习题表(1)

工序	紧前工序
a	—
b	—
c	—
d	b
e	c
f	a,b,c

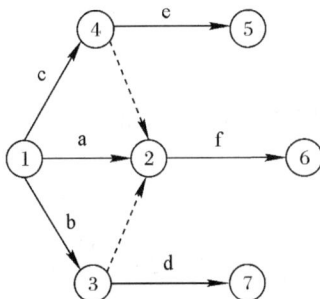

图7-7 习题图(1)

A.结点编号错误   B.虚工序使用错误

C.违反一个始点一个终点原则   D.工序逻辑关系出现错误

5.关于关键路线说法正确的是( )。

A.网络图中路长最长的路线   B.网络图中工序最多的路线

C.网络图中工序单时差为0的路线   D.网络图中工序总时差为0的路线

三、判断题

1.网络图中的关键路线总是唯一的。   (   )

2.网络图中要求箭尾结点编号必须大于箭头结点编号。   (   )

3.时差为0的事项为关键事项,两个关键事项之间的工序即为关键工序。   (   )

4.由关键事项连成的路线一定是关键路线。   (   )

5.在一张网络图上,始点和终点都只能有一个。   (   )

6.在对网络图进行时间优化时,利用机动时间就是利用非关键线路上的人力、物力支援

关键线路上的工作,从而增加关键线路的时间。 （　　）

7. 网络图中的关键路线是相对的、可变的。 （　　）

8. 由总时差为 0 的工序组成的路线就是网络图中的关键路线。 （　　）

9. 工序的总时差总是等于各工序单时差之和。 （　　）

10. 时差为 0 的事项为关键事项,两个关键事项之间的工序即为关键工序。 （　　）

11. 虚工序不消耗时间和资源。 （　　）

12. 行军中的休息属于虚工序。 （　　）

13. 油漆后晾干为虚工序。 （　　）

14. 产品的贮存试验是虚工序。 （　　）

15. 在网络图中, 这样的画法是允许的。 （　　）

16. 在网络图中, 这样的画法是不允许的。 （　　）

17. 在网络图中, 这样的情况是允许的。 （　　）

18. 在网络图中,一般把 情况,画为 。 （　　）

19. 对如下两种逻辑关系 应合并为(C) 。 （　　）

20. 在计算工序的作业时间时,乐观时间、最可能时间和悲观时间是同等重要的。 （　　）

21. 网络图中虚工序用来表示工序的衔接关系,需要消耗时间、人力、物力等资源。 （　　）

22. 网络图中从始点到终点只有一条通路。 （　　）

23. 工序的时间参数可以用结点的时间参数来表示。 （　　）

24. 关键路线是网络图中工序最多的路线。 （　　）

25. 调用时差时,应该优先调用单时差。 （　　）

26. 一项工程要缩短工期,应采取措施压缩非关键路线上的工序时间。 （　　）

27. 制订计划时,每次调整都需要重新计算时间参数和确定关键路线。 （　　）

28. 制订计划时,每次调整都仅需要重新计算时间参数,不需要确定关键路线。 （　　）

29. 编制计划时,非平稳的资源需求将花费较大代价。 （　　）

30. 调整计划时,应根据实际情况优先选择直接费用变动率低的关键工序缩短时间。 （　　）

四、简答题

1. 简述绘制网络图的基本原则。

2. 简述网络图。

3. 简述路线。

4. 简述关键线。

5. 简述关键工序。

6. 简述关键事项。

7. 简述绘制网络图的前提。

8. 简述孤立事项。

9. 写出不确定工序完成时间的三点估计式。

10. 写出网络图中事项的最早可能实现时间。

11. 写出网络图中事项最迟必须完成时间的公式。

12. 简述工序。

13. 简述任务。

五、计算题

1. 已知某项工程的资料,见表 7 - 2。要求:

(1)绘制网络图;

(2)计算各事项的最早时间和最迟时间;

(3)确定关键路线。

表 7 - 2　习题表(2)

工序代号	A	B	C	D	E	F	G	H
紧前工序	—	—	B	A	A	A	B,D	E,F,G
作业时间/天	4	8	6	3	5	7	4	3

2. 已知某项工程工序及其关系,见表 7 - 3。

表 7 - 3　习题表(3)

工序代号	A	B	C	D	E	F	G	H	I	J
紧后工序	D,E	F,I	G	J	H,J	H,J	I	—	—	—
作业时间/天	4	3	4	5	5	3	3	5	6	8

要求:

(1)绘制网络图;

(2)计算各事项的最早时间和最迟时间;

(3)确定关键路线。

3. 某战斗的作战计划见表 7 - 4。

表 7－4　习题表(4)

工序(作业)	工序代号	紧后工序	作业时间
传达任务	a	b,c,d,e	60
侦察敌情	b	1	45
作战飞机开赴加油站	c	f	10
召开作战会议	d	g,h	20
陆军进入作战地点	e	h	40
作战飞机飞赴作战地	f	1	18
下定决心和作战准备	g	k	30
陆军进行战斗准备	h	1	15
建立作战指挥所	k	1	25
组织进攻	l	—	35

(1)依据该作战计划绘制其作战计划网络图。

(2)计算各事项最早开始时间,并用"□"标于所绘制网络图各事项的结点旁;计算各事项最迟完成时间,并用"△"标于所绘制网络图各事项的结点旁。

(3)计算各工序的总时差,用[ ]标于网络图中工序下方。然后根据时差确定本问题的关键路线,并用双线标于所绘制的网络图中。

4.根据下列工程调查资料(见表7-5),画出相应的计划网络图。

表 7－5　习题表(5)

工序代号	A	B	C	D	E	F	G	H	I	J	K
先行工序	—	A	A	B,C	C	C	D	D,E,F	E	H,G,I	A

5.已知某项工程的下列资料(见表-6)。

表 7－6　习题表(6)

工序代号	A	B	C	D	E	F	G	H
紧前工序	—	—	B	A	A	A	B,D	E,F,G
作业时间/天	4	8	6	3	5	7	4	3

要求:

(1)绘制网络图;

(2)计算各事项的最早时间和最迟时间;

(3)确定关键路线。

6.已知工序明细表(见表7-7),画出网络图。

表7-7　习题表(7)

工序代号	A	B	C	D	E	F	G	H
工序	(1,2)	(1,3)	(2,3)	(2,4)	(3,4)	(3,5)	(4,6)	(5,6)
作业时间/天	10	10	12	5	5	8	7	4

7.已知下列资料(见表7-8):

(1)绘制网络图;

(2)求事项时间参数 T_E、T_L、S;

(3)确定关键路线。

表7-8　习题表(8)

工序代号	A	B	C	D	E	F	G	H
作业时间	4	8	6	3	5	7	4	3
紧前工序	—	—	B	A	A	A	B,D	E,F,G

8.已知某工程工序调查如下(见表7-9),绘制网络图。

表7-9　习题表(9)

工序代号	A	B	C	D	E	F	G	H	I	J
后继工序	D,E	F,I	G	J	H,J	H,J	I	—	—	—

9.已知下列资料(见表7-10):

表7-10　习题表(10)

工序代号	A	B	C	D	E	F	G	H	I	J
先行工序	—	A	B	A	B	B	D	C,E,F	G	H,I
作业时间	10	2	13	8	7	2	4	4	2	1

(1)绘制网络图;

(2)求事项时间参数 T_E、T_L、S;

(3)确定关键路线。

10.已知调查情况如下(见表7-11):

表7-11　习题表(11)

工序代号	A	B	C	D	E	F	G	H	I	J
后继工序	D,E	F,I	G	J	H,J	H,J	I	—	—	—
作业时间	4	3	4	5	5	3	3	5	6	8

(1)绘制网络图;

(2)求各事项时间参数 T_E。

11.某产品有十二道加工工序,有关资料如下(见表7-12)。

表7-12　习题表(12)

工序代号	A	B	C	D	E	F	G	H	I	J	K	L
紧前工序	—	—	—	A,B	B	B	C,F	B	H,E	H,E	D,J	K
工序时间	30	15	50	40	20	45	50	18	35	25	20	20

试求:

(1)绘制此加工任务的计划网络图;

(2)计算各事项最早开始时间和最迟结束时间,并注明关键路线。

12.已知某工程项目的计划网络图(见图7-8)。

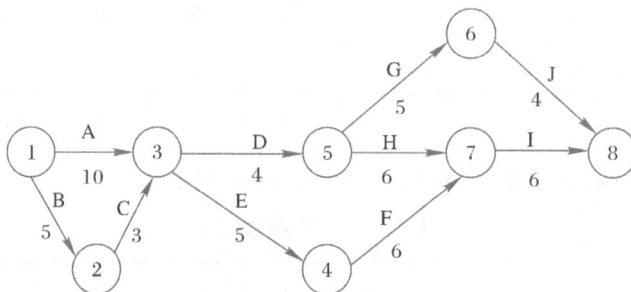

图7-8　习题图(2)

(1)建立求此问题关键路线的线性规划模型;

(2)确定关键路线。

13.已知某项工程工序及其关系如下(见表7-13):

表7-13　习题表(13)

工序代号	A	B	C	D	E	F	G	H	I	J
紧后工序	D,E	F,I	G	J	H,J	I	—	—	—	—
作业时间/天	4	3	4	5	5	3	3	5	6	8

(1)绘制网络图;

(2)计算各事项的最早时间和最迟时间;

(3)确定关键路线。

14.已知某项工程的下列资料(见表7-14):

表7-14　习题表(14)

工序代号	A	B	C	D	E	F	G	H	I
紧前工序	—	—	A	A	B,D	B,D	C,E	C,E	F,G
作业时间/天	2	3	4	2	1	2	3	5	1

(1)绘制网络图；

(2)计算各事项的最早时间和最迟时间；

(3)确定关键路线。

第三节　习题答案

一、填空题

1.时间；时间-资源；时间-费用　2.绘制网络图；计算时间参数；确定关键路线；网络优化

3.计划评审技术　4.关键路线法　5.工序　6.虚工序　7.零　8.紧前工序；紧后工序

9.路线　10.工序；事项；路线　11.最乐观；最可能　12.作业时间　13.三点时间估计法

14.事项　15.事项时差　16.关键路线　17.关键工序　18.关键事项　19.工序总时差

20.后继工序

二、选择题

1. D　2. ACD　3. B　4. AC　5. AD

三、判断题

1.×　2.×　3.×　4.×　5.√　6.×　7.√　8.√　9.×　10.×　11.√　12.×

13.×　14.×　15.×　16.√　17.√　18.×　19.×　20.×　21.×　22.×

23.√　24.×　25.√　26.×　27.√　28.×　29.√　30.√

四、简答题

1.(1)不许循环,即不允许出现循环路线。

(2)两点一线,即相邻两结点之间只能有一条箭线。

(3)首尾有圈,即箭线的首尾都必须有结点。

(4)始终唯一,即整个网络图上只能有一个始点和一个终点。

(5)编号有序,即结点(事项)编号不能重复,箭头结点编号必须大于箭尾结点编号。

2.完成一项任务的所有的工序用规定符号表示且连接起来的有向图。

3.在网络图中从最初事项沿工序箭线箭头方向到达最终事项的所经过的路径。

4.网络图中最长的路线。

5.关键线上的工序。

6.关键线上的事项。

7.①将任务分解为工序。②明确工序间的逻辑关系。③制定任务的工序明细。

8.指没有先行工序或没有后继工序的事项。

9. $t = \dfrac{a+4c+b}{6}$；a——最乐观时间；b——最悲观时间；c——最可能时间。

10. $T_E(1) = 0$；$T_E(j)\max[T_E(i)-t(i,j)]$

11. $T_L(n) = T_E(n)$；$T_L(i) = \min[T_L(j)-t(i,j)]$

12. 完成任务中，在工作内容、工作条件和组织管理上相对独立的活动。

13. 计划工作所涉及的全部活动。

五、计算题

1. 网络图如图7-9所示。图中□中的数字为事项最早开始时间，△中的数字为事项最迟完成时间，双线代表关键路线。

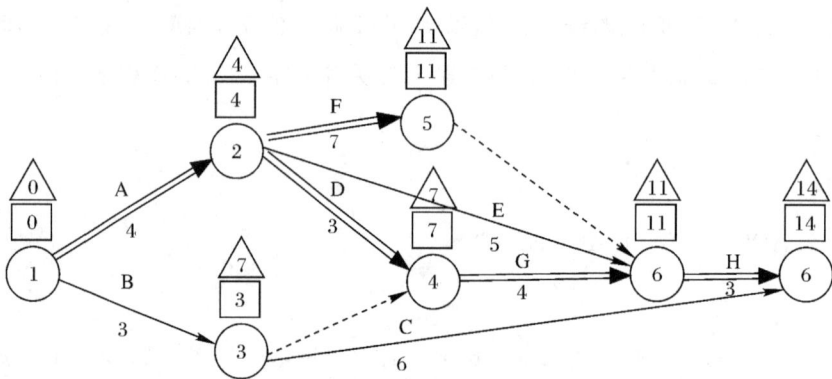

图 7-9 习题图(3)

2. 网络图如图7-10所示。图中□中的数字为最早时间，△中的数字为最迟时间，双线代表关键路线。

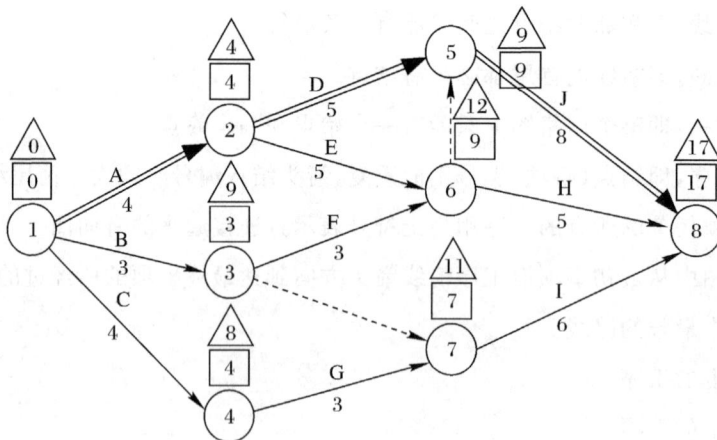

图 7-10 习题图(4)

3.(1)依据该作战计划可绘制其作战计划网络图如图7－11所示。

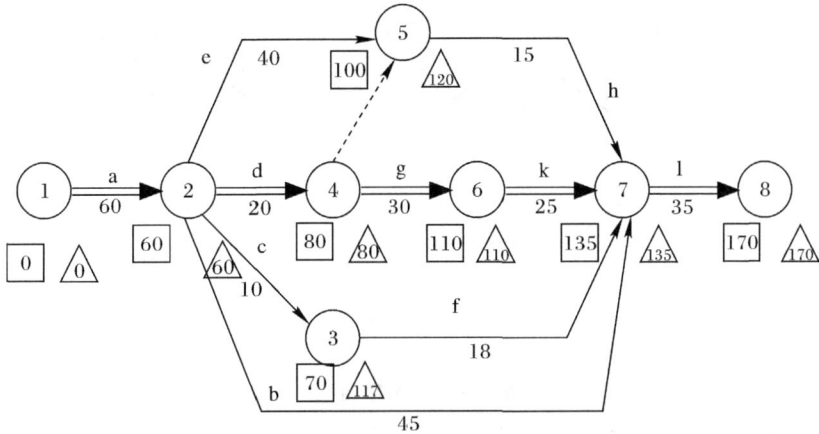

图7－11　习题图(5)

(2)事项时间参数计算如图7－11所示。

(3)找到总时差为零的关键工序,由关键工序所组成的从起点到达终点的路线即为关键路线:a→d→g→k→l。

4.绘制网络图如图7－12所示。

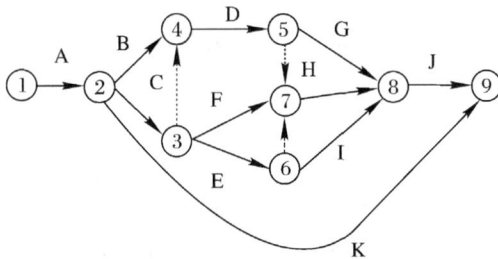

图7－12　习题图(6)

5.(1)绘制网络图如图7－13所示。

(2)图7－13□中的数字为最早时间,△中的数字为最迟时间,双线代表关键路线。

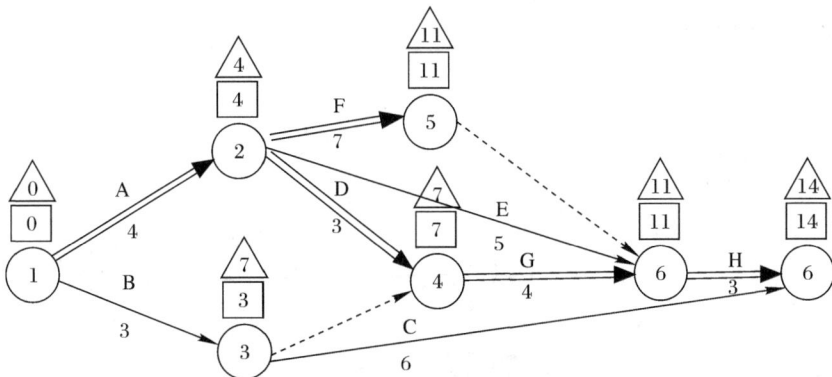

图7－13　习题图(7)

6.绘制网络图如图 7-14 所示。

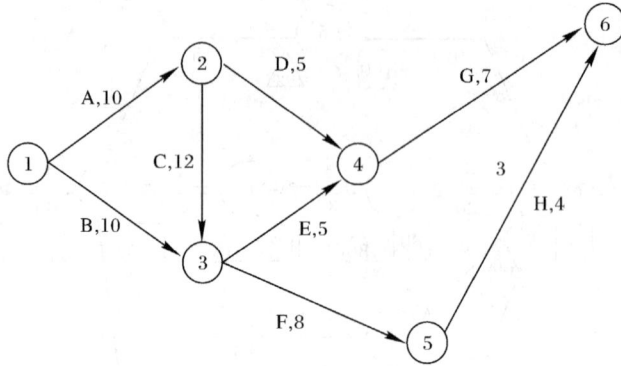

图 7-14 习题图(8)

7.(1)绘制网络图如图 7-15 所示。

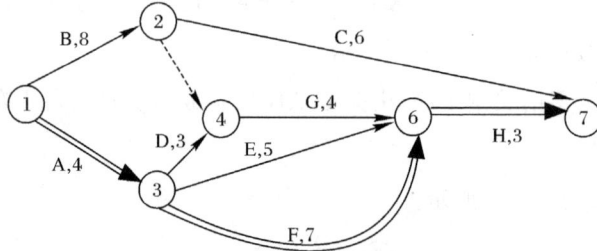

图 7-15 习题图(9)

(2)事项时间参数计算如下：

$$
\begin{array}{lll}
T_E(1)=0 & T_L(1)=0 & S_1=0 \\
T_E(2)=4 & T_L(2)=11 & S_2=7 \\
T_E(3)=8 & T_L(3)=8 & S_3=0 \\
T_E(4)=11 & T_L(4)=11 & S_4=0 \\
T_E(5)=13 & T_L(5)=15 & S_5=2 \\
T_E(6)=15 & T_L(6)=15 & S_6=0 \\
T_E(7)=18 & T_L(7)=18 & S_7=0
\end{array}
$$

(3)关键路线如图 7-15 中双线所示。

8.绘制网络图如图 7-16 所示。

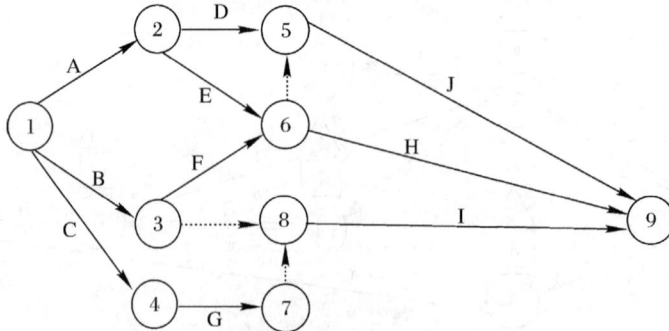

图 7-16 习题图(10)

9.（1）绘制网络图如图 7 - 17 所示。

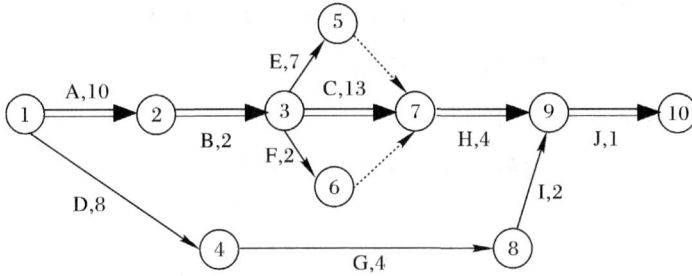

图 7 - 17　习题图(11)

（2）事项时间参数计算如下：

$$T_E(1)=0 \qquad T_L(1)=0 \qquad S_1=0$$

$$T_E(2)=10 \qquad T_L(2)=10 \qquad S_2=0$$

$$T_E(3)=12 \qquad T_L(3)=12 \qquad S_3=0$$

$$T_E(4)=18 \qquad T_L(4)=22 \qquad S_4=4$$

$$T_E(5)=19 \qquad T_L(5)=25 \qquad S_5=6$$

$$T_E(6)=14 \qquad T_L(6)=25 \qquad S_6=9$$

$$T_E(7)=25 \qquad T_L(7)=25 \qquad S_7=0$$

$$T_E(8)=22 \qquad T_L(8)=26 \qquad S_8=4$$

$$T_E(9)=29 \qquad T_L(9)=29 \qquad S_9=0$$

$$T_E(10)=30 \qquad T_L(10)=30 \qquad S_{10}=0$$

（3）关键路线如图 7 - 17 中双线所示。

10.（1）绘制网络图如图 7 - 18 所示。

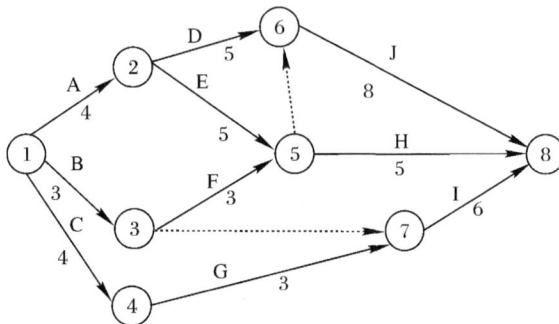

图 7 - 18　习题图(12)

（2）事项时间参数计算如下：

$$T_E(1)=0 \quad T_E(2)=4 \quad T_E(3)=3$$

$$T_E(4)=4 \quad T_E(5)=9 \quad T_E(6)=9$$

$$T_E(7)=7 \quad T_E(8)=17$$

11.(1)绘制网络图如图 7-19 所示。

(2)图 7-19□中的数字为最早时间,△中的数字为最迟时间。

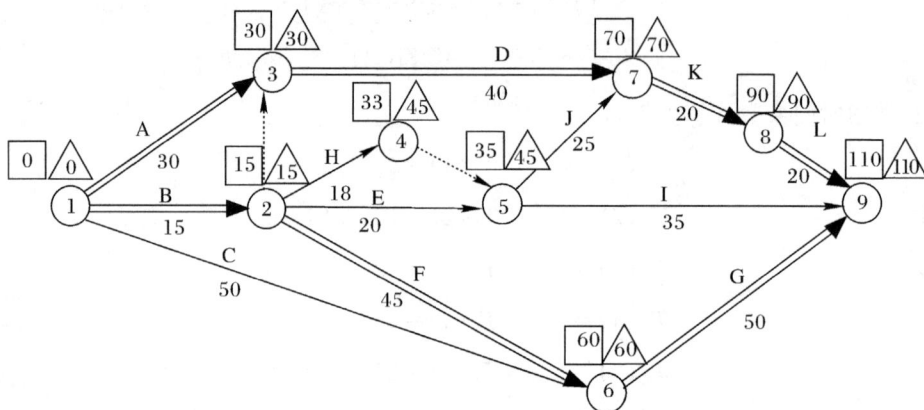

图 7-19 习题图(13)

12.(1)设 t_j 为事项发生的时间,则此问题关键路线的线性规划模型为

$$\min z = t_8 - t_1$$

$$\begin{cases} t_3 - t_1 \geqslant 10 \\ t_2 - t_1 \geqslant 5 \\ t_3 - t_2 \geqslant 3 \\ t_5 - t_3 \geqslant 4 \\ t_4 - t_3 \geqslant 5 \\ t_7 - t_4 \geqslant 6 \\ t_6 - t_5 \geqslant 5 \\ t_7 - t_5 \geqslant 6 \\ t_8 - t_7 \geqslant 6 \\ t_8 - t_6 \geqslant 4 \\ t_j \geqslant 0, j=1,2,\cdots,8 \end{cases}$$

(2)关键路线为 A→E→F→I。

13.(1)绘制网络图如图 7-20 所示。

(2)图 7-20□中的数字为最早时间,△中的数字为最迟时间。

(3)关键路线如图 7 – 20 中双线所示。

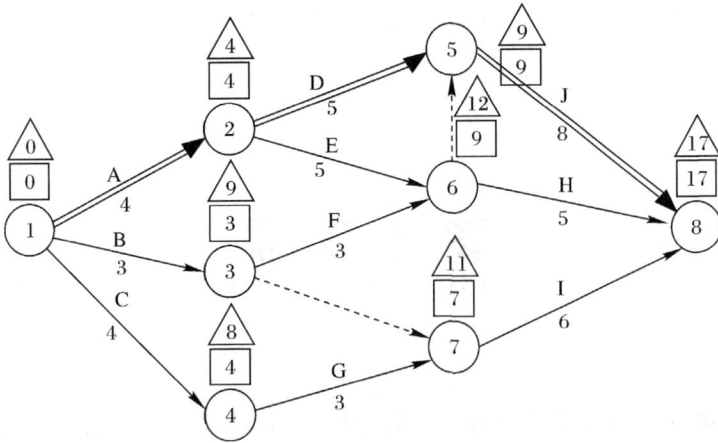

图 7 – 20 习题图(14)

14.(1)绘制网络图如图 7 – 21 所示。

(2)图 7 – 22□中的数字为最早时间,△中的数字为最迟时间。

(3)关键路线如图 7 – 21 中双线所示。

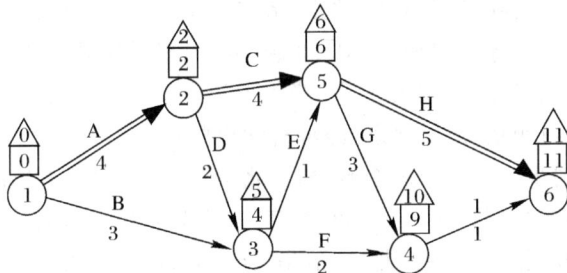

图 7 – 21 习题图(15)

参 考 文 献

[1] 史宪铭,赵美,程中华,等.装备系统工程[M].北京:兵器工业出版社,2020.

[2] 宋一中,李向东.运筹题库决胜考场[M].北京:军事谊文出版社,2003.

[3] 汪应洛.系统工程[M].5 版.北京:机械工业出版社,2016.

[4] 张晓冬.系统工程[M].北京:科学出版社,2010.

[5] 卢子芳.系统工程原理与实务[M].北京:人民邮电出版社,2020.

[6] 周华任.运筹学解题指导[M].3 版.北京:清华大学出版社,2022.

[7] 吴祈宗.运筹学学习指导及习题集[M].3 版.北京:机械工业出版社,2022.

[8] 胡运权.运筹学习题集[M].5 版.北京:清华大学出版社,2019.

[9] 王玉梅.《运筹学》习题集[M].北京:经济科学出版社,2018.

[10] 边文思.运筹学同步辅导及习题全解[M].北京:中国水利水电出版社,2014.

[11] 韩伯棠.管理运筹学习题集[M].3 版.北京:高等教育出版社,2010.

[12] 胡运权.运筹学教程[M].5 版.北京:清华大学出版社,2018.

[13] 《运筹学》编写组.运筹学[M].5 版.北京:清华大学出版社,2020.

[14] 白思俊.系统工程[M].4 版.北京:电子工业出版社,2023.

[15] 潘星.系统工程基础[M].北京:北京航空航天大学出版社,2022.

[16] 谭跃进.系统工程原理[M].2 版.北京:科学出版社,2018.

[17] 吴翠花.系统工程概论[M].北京:中国铁道出版社,2019.

[18] 商长安.军事运筹学[M].北京:兵器工业出版社,2010.

[19] 卓金武.MATLAB 运筹学[M].北京:清华大学出版社,2022.

[20] 许岩.运筹学实验与案例指导[M].北京:电子工业出版社,2023.

[21] 叶向.实用运筹学:运用 Excel 2010 建模和求解[M].2 版.北京:中国人民大学出版社,2013.

[22] 吴薇薇.运筹学实用教程习题与解答[M].北京:科学出版社,2013.

[23] 李志猛.运筹学基础学习指导和习题详解[M].北京:电子工业出版社,2022.